BASQUES
ET NAVARRAIS

LE PUY. — IMPRIMERIE MARCHESSOU, BOULEVARD SAINT-LAURENT, 23.

BASQUES

ET

NAVARRAIS

SOUVENIRS

D'UN VOYAGE DANS LE NORD DE L'ESPAGNE

PAR

L. LOUIS-LANDE

PARIS

LIBRAIRIE ACADÉMIQUE

DIDIER ET Cⁱᵉ, LIBRAIRES-ÉDITEURS

35, QUAI DES AUGUSTINS, 35

1878

A DON CAMILO HURTADO DE AMÉZAGA

Monsieur,

C'est vous qui, le premier, m'avez appris à connaître et à aimer l'Espagne, votre patrie. Permettez-moi de vous dédier ce livre comme un témoignage de reconnaissance et d'inaltérable affection.

L. L.-L.

15 février 1878.

AVANT-PROPOS

De toutes les provinces d'Espagne, celles que
nous connaissons le moins sont à coup sûr les
plus voisines de nous. Le touriste qui, sur la foi
des poètes et des romanciers, s'engage dans la
péninsule, ne prend pas le temps de s'y arrêter; emporté vers Madrid à toute vapeur, à
peine laisse-t-il tomber par la portière un regard distrait sur le panorama toujours nouveau
que la locomotive éveille en passant. Ce qui
l'attire, c'est l'Andalousie, cette contrée magique, où l'art et la nature ont multiplié les merveilles; c'est Tolède inclinant sur son fleuve
ses vieilles tours en ruines; Cordoue, la ville
des Kalifes, aux ruelles sombres, aux *patios*
parfumés; Séville, si jolie, toute bourdonnante
le soir du murmure des voix amoureuses et
du son des guitares, et Grenade, couronnée de
palais moresques, et Cadiz, avec ses maisons

blanches, reposant comme un cygne au milieu des eaux. Pourtant, si vantés que soient les bassins du Tage et du Guadalquivir, les provinces du nord ont aussi leurs beautés. Sans sortir du pays basque, quoi de plus imposant que les montagnes de la Navarre ou de l'Alava, de plus pittoresque que les côtes de Bizcaye, de plus vert et de plus frais que les vallées du Guipuzcoa? En outre, la Navarre a fait autrefois partie du royaume de France; les Basques d'outre-monts sont les frères de ces Français qui habitent nos départements du sud-ouest. C'est là, dans ce coin de terre, que se retrouvent les derniers débris d'une race mystérieuse, la première née de l'Europe; là que s'est conservée cette langue étrange que l'on n'a pu rattacher encore à aucun idiome connu; là enfin que vit, honnête et fière, toute une population de cultivateurs infatigables et de combattants sans peur.

Curieux pour nous à tant de titres, ce même petit pays emprunte aux événements politiques dont il vient d'être le théâtre un nouvel intérêt. Durant trois années et plus, avec ses seules ressources, devenu, si l'on peut dire, *le royaume de Don Carlos*, il a soutenu la lutte contre les forces réunies de l'Espagne entière. Depuis lors

usant des droits que donne la victoire, le gouvernement de Madrid a dépouillé les Basques
de leurs priviléges les plus précieux ; désormais
ils sont assimilés, ou peu s'en faut, au reste du
royaume. « Ah ! que n'êtes-vous donc venu
plutôt avant la guerre, me disait-on partout
d'un ton de regret, au cours de mon voyage ;
vous auriez vu une contrée plus riche et plus
heureuse de sa pauvreté que les autres de tous
leurs trésors ; vous auriez vu ce que peut, même
sur un sol ingrat, la liberté jointe à l'amour
du travail et au respect de la justice. Maintenant, nos maisons sont en ruines et nos champs
couvrent des cadavres ; et nous, vaincus, humi-
liés, nous nous demandons tout bas si nous
sommes bien les fils de ces hardis montagnards
qui surent défendre leur indépendance contre
toutes les invasions et toutes les conquêtes. »
Hélas ! il n'est que trop vrai ; les Basques ne
sont plus « ce petit peuple qui saute et danse au
haut des Pyrénées, » ainsi que le disait si
heureusement Voltaire ; néanmoins, il importe
de voir encore en quel état la guerre a laissé le
pays, de connaître précisément ce que pensent
les habitants, ce qu'ils veulent et ce qu'ils peuvent, d'étudier de près cette crise où menace de
disparaître l'antique nationalité euskarienne.

D'ailleurs il y aurait là plus qu'une curiosité égoïste à satisfaire. Ne pourrait-on pas apporter des paroles de conciliation entre les ennemis des deux rives de l'Ebre, conseiller aux uns la prudence, aux autres la modération, montrer à tous les avantages de la concorde et de la paix? Pour moi, si je savais en quelque mesure aider à ce résultat, je m'estimerais trop heureux et je croirais avoir payé une partie de ma dette à cette noble terre d'Espagne où j'ai rencontré tant de mains ouvertes et tant de cœurs amis.

BASQUES

ET

NAVARRAIS

LA NAVARRE

CHAPITRE PREMIER

Entrée en Navarre. — La vallée du Baztan. — Elizondo. —
La *laya*. — Pampelune, sa cathédrale et le *Vinculo*. —
Blocus de 1874.

C'est par une belle matinée du mois de mai
qu'il faut quitter la France et, franchissant le
pont-frontière de Dancharinea, entrer directement
en Navarre. La route traverse d'abord quelques
jolis vallons bordés par les hauteurs secondaires
qui, comme autant de contre-forts, flanquent de

ce côté la chaîne-maîtresse des Pyrénées ; à mesure qu'on avance, l'horizon s'élargit, la vallée s'évase, les montagnes s'écartent et forment dans leur retraite un amphithéâtre immense où chaque ondulation du sol figure un gradin. Sur le premier plan, une ligne de collines basses qui viennent mourir en pente douce jusque dans la plaine ; plus haut, des croupes arrondies que la variété des cultures marque de tons d'un vert différent ; puis des sommets sombres, couverts de bois ou tapissés de fougères et d'ajoncs ; au-delà enfin, perdus dans le ciel, de grands pics abrupts, décharnés, gardant encore aux anfractuosités du roc de longs filons d'une neige blanche qui étincellent au soleil comme des lames de cristal poli. Ce paysage est charmant de calme et de fraîcheur : la chaussée, fort bien entretenue, comme toutes les routes du pays basque, suit le fond de la vallée ; en contre-bas murmure le Baztan, qui va prendre bientôt le nom historique de Bidassoa ; la brise apporte par bouffées les senteurs amères des mûriers sauvages et des liserons en fleurs ; çà et là, par petits troupeaux, paissent tranquillement des moutons mérinos, appesantis par leur toison, dont les longs poils soyeux traînent jusqu'à terre. Des muletiers passent, chassant devant eux leurs bêtes. En ce moment éclate un joyeux carillon, quatre ou cinq cloches se répondent, et leurs notes claires s'égrenant dans l'air éveillent les échos.

d'alentour : une tour carrée, terminée en coupole, surgit à l'horizon. Quelques pas encore, et vous entrez dans Elizondo, capitale de la vallée du Baztan.

Le bourg d'Elizondo par lui-même n'offre rien de bien remarquable : beaucoup de vieilles maisons, mais tristes et maussades avec leurs murs épais, leurs toits pesants et leurs fenêtres grillées, plus sombres que des jours de souffrance ; la pierre même dont elles sont bâties aide à l'impression générale, une sorte de pierre rougeâtre, particulière au pays, qui semble garder toujours comme des traces de sang ou un reflet d'incendie. Les rues étroites sont pavées de petits cailloux roulés, plantés par le bout ; tout au long, servant de trottoir, court une file de pierres plates où marchent les piétons. Appuyé d'un côté à la grande route, de l'autre le bourg est traversé par le torrent ; mais cette disposition, commune d'ailleurs à la plupart des villes de montagne, n'ajoute guère à l'agrément ni même à la propreté du lieu. Pendant la saison des pluies, en hiver, ou au moment de la chute des neiges, le Baztan gonflé roule à pleins bords entre les deux rangées de maisons qui l'étreignent ; en temps ordinaire, beaucoup plus modeste, il ne peut remplir son lit ; des détritus de toute sorte s'entassent sur les rives demeurées à sec, tandis que les murs voisins étalent au grand jour leurs soubassements

rongés par l'humidité et verts de moisissures.
Lors de la première guerre civile, pris et repris
tour à tour, Elizondo successivement servit de
quartier général aux carlistes et aux *cristinos;*
cette fois les armées ont opéré beaucoup plus
bas, mais la petite ville est restée fidèle à ses
convictions anti-libérales. Quand je la visitai,
deux mois à peine après la conclusion de la
guerre, des troupes du gouvernement y étaient
installées et logeaient chez l'habitant. Si j'ai bien
vu, l'entente n'est rien moins que complète entre
les adversaires de la veille : la bougeoisie se tient
à l'écart, ferme ses portes aux officiers libéraux;
le peuple, de son côté, fait aux soldats mauvaise
figure; les femmes ne leur parlent pas, et les
hommes, dans la rue, passant près d'eux, détour-
nent la tête.

Isolées dans la montagne ou groupées en villages, les maisons basques, pour la plupart, sont
distribuées de même façon. L'ensemble présente
un caractère de solidité qui tient lieu d'élégance
et d'autres qualités architecturales; elles n'ont
guère plus d'un étage et forment un carré à peu
près parfait : l'espace du reste n'y est point ménagé. Le bas tout entier est réservé aux mules et
au bétail; pour arriver à l'escalier qui mène aux
appartements d'en haut, il faut traverser ou longer l'écurie. Au palier aboutit un double corridor
qui conduit soit vers la cuisine, soit vers la

chambre principale, complétée le plus souvent par deux alcôves : sous le toit règnent des greniers. Toutes les pièces sont carrées, fort vastes ; par malheur, le plancher défoncé, les parois lépreuses, les poutres enfumées, les meubles eux-mêmes, noirs de crasse et de vétusté, témoignent trop souvent de l'incurie la plus complète. Serait-ce le voisinage des affreuses bourgades de la Vieille-Castille et de l'Aragon qui déjà se fait sentir? mais ces montagnards si honnêtes, si laborieux, si sincèrement attachés à la vie de famille, prennent en général fort peu de soin de leurs demeures. Du reste chaque maison, même la plus misérable, est ornée d'un ou deux écussons placés tantôt au-dessus de la porte, tantôt à l'angle du mur de façade, car tandis que chez nous les armoiries sont le privilége d'un nombre restreint de familles, tout individu d'origine basque se targue de pouvoir montrer ses quartiers de noblesse. Ces écussons affectent les formes et les dimensions les plus diverses : les uns sont d'un travail grossier, les autres au contraire fouillés avec art; plusieurs aussi sont accompagnés de devises. Les lions, les aigles, les léopards, les griffons, les sangliers, les licornes, tous les plus fiers animaux héraldiques, les tours crénelées, les têtes de Mores, les mains sanglantes, les épées s'entre-croisent et se confondent en un pêle-mêle savant où la sagacité du vieux d'Hozier lui-même se trouverait en défaut. Ce sont là proprement des armes parlantes destinées à remémorer quelque événement glorieux pour la famille ou le pays. Pendant la lutte où se distingua don Sanche le Fort, roi de Navarre, contre l'émir Mohammed-el-Nasr, et qui finit par l'éclatante victoire de las Navas de Tolosa, un bataillon de chrétiens, entièrement composé d'hommes du Baztan, jouait aux dames pour chasser l'ennui. Tout à coup retentit un cri d'alarme : les ennemis, à la faveur d'une surprise, sont parvenus jusqu'aux portes du camp ; il n'y avait point de temps à perdre : les joueurs quittent la partie, prennent leurs armes en toute hâte, tombent à bras raccourci sur les Sarrazins et ne s'arrêtent qu'après les avoir mis en déroute complète. Le roi don Sanche, enthousiasmé d'une telle conduite, donna à ces vaillants un damier pour blason : leurs descendants l'ont fièrement conservé, et maintenant encore on le retrouve à Almandoz, à Oyeregui, un peu partout dans les villages qui peuplent la vallée. Détail touchant et qui peint bien la délicatesse native de ces montagnards : quelque membre de la famille vient-il à mourir, l'écusson est voilé d'un crêpe, et, pendant une année entière, la demeure elle-même porte le deuil de celui qui vécut sous son toit et qu'on ne reverra plus.

Toute cette vallée du Baztan n'est à proprement

parler qu'une annexe de la Navarre ; pour pénétrer au cœur même de la province, il faut franchir le passage ou *port* de Velate, élevé de plus de 800 mètres au-dessus du niveau de la mer. C'est à la descente, près de Sorauren, que pour la première fois j'ai vu travailler la terre avec la *laya :* cet instrument de culture est propre au pays basque ; l'escarpement des pentes, la nature du sol, fort et argileux, le peu d'étendue des parties cultivables, sont autant de causes qui rendent presque impossible l'emploi de la charrue. La *laya* consiste en une sorte de fourche en fer, à deux branches droites, longues de 30 centimètres environ, placées parallèlement à un demi-pied de distance et réunies par une traverse ; seulement le manche, au lieu d'être fixé au milieu, se trouve sur l'un des côtés. Pour s'en servir, le cultivateur en prend deux, une dans chaque main, les cloue devant lui dans le sol ; puis, mettant un pied sur chaque traverse et pesant sur elle de tout son poids, il leur communique avec le corps un mouvement de va-et-vient qui les enfonce davantage ; cela fait, sautant en arrière, d'un vigoureux effort il retourne complètement le bloc de terre qu'il a ainsi détaché ; il continuera de la sorte toujours en ligne droite et à reculons. Ce travail est des plus pénibles ; cependant les femmes, les enfants eux-mêmes, y prennent part. Le plus souvent

des voisins s'assemblent à quatre ou huit et
conviennent de travailler un jour chez l'un, le
lendemain dans le champ d'un autre : l'ouvrage
en va plus vite et n'en est que mieux fait. Les
Basques préfèrent de beaucoup la *laya* à la
houe, du moins pour la première façon qui
précède les semailles : elle entre en effet dans
le sol bien plus profondément, elle déracine
complètement les mauvaises herbes et fait prendre l'air à la terre. Un ou deux enfants suivent
les travailleurs et brisent les glèbes avec un
hoyau.

Le dernier village qu'on rencontre à la descente
est Villava; il se compose d'une rue unique,
étroite et longue, que suit la route; de droite
et de gauche les toits énormes, projetés en saillie,
semblent vouloir se rejoindre et forment comme
un *velum* par-dessus la chaussée ; quelques maisons, plus ornées, affichent orgueilleusement
une luxueuse décoration de fleurons, de rinceaux,
de cartouches, de chimères et de médaillons,
groupés et composés dans le style propre aux
artistes de la renaissance. C'était l'époque où
l'Espagne, riche de l'or du Nouveau-Monde,
maîtresse incontestée de la moitié de l'Europe,
invitait les beaux-arts à témoigner de son opu-
lence et se couvrait de palais. Mais ce village se
trouve situé aussi déplorablement qu'il se puisse
voir, à quatre mille pas environ d'une grande

ville fortifiée, et comme qui dirait, dans la zone militaire ; aussi a-t-il beaucoup souffert de deux guerres carlistes. Un escadron de lanciers y est caserné pour l'instant ; les chevaux qui vont à l'abreuvoir, effrayés au passage de la diligence, hennissent, se cabrent et détachent des ruades terribles contre les plinthes et les balustres délicatement sculptés, et plus haut des soldats goguenards, montrant à l'embrasure des fenêtres leur tête rase et leur buste en chemise, accrochent prosaïquement aux rampes de fer forgé les pièces de leur équipement équestre qu'ils sont en train d'astiquer. Tout à coup le décor change : une plaine immense apparaît, cernée à l'horizon par de hautes montagnes grises et dépouillées, dont une brume légère estompe les escarpements : c'est la *cuenca* de Pampelune. Je ne sais pas de site plus pittoresque, de panorama plus complet : dans le fond, sur un large plateau taillé presque à pic du côté de la plaine, la ville découpant au milieu des airs la fine silhouette de ses nombreux clochers ; en bas, l'Arga, petite rivière aux eaux troubles, une double ligne de peupliers en marque le cours sinueux ; au-delà, les champs de blé, interrompus de loin en loin par des bâtiments d'exploitation ou un bouquet de feuillage ; tout autour enfin, de petits villages piquant de leurs murs sombres la croupe verte des premiers coteaux. Les routes qui conduisaient vers la ville étaient ornées autrefois d'avenues magnifiques ; mais la guerre a passé par là, et les arbres ont été coupés : la municipalité s'occupe de les replanter.

On entre dans Pampelune par un chemin en retour et un pont-levis qui se relève tous les soirs. A l'opposé de tant d'autres villes fortes lacées trop dru dans leur corset de pierre, celle-ci respire et s'étend à l'aise au centre de ses remparts ; les rues, surtout dans les quartiers neufs, sont larges et bien percées ; les maisons, généralement bâties de briques, ont un air qui plaît d'aisance et de propreté. Deux promenades, se continuant l'une l'autre, longent à l'intérieur la ligne des remparts ; la *Taconera*, la plus belle, est ombragée d'arbres magnifiques. Chaque soir, en été, la population entière s'y donne rendez-vous. Jeunes femmes et jeunes filles passent par petits groupes, coquettes, sémillantes, confiantes dans leur beauté, sur leur tête la mantille noire, à leurs pieds le mignon soulier découvert qui fait crier le sable des allées ; les grands yeux noirs pétillent, les éventails frissonnent et claquettent, les jupes bruissent et se balancent. Selon l'usage espagnol, les hommes ne donnent pas le bras aux dames : ils se tiennent par derrière ou sur les côtés ; on rit, on cause, on s'interpelle à haute voix avec une liberté toute méridionale.

Longtemps les rois de Navarre ne portèrent

d'autre titre que celui de rois de Pampelune.
D'ailleurs la ville a conservé peu de souvenirs de
ces jours déjà lointains où elle était la capitale
d'un puissant royaume. Bâtie par Charles le Noble, la cathédrale est du gothique le plus pur. Un
lourd portail du siècle dernier, composé de colonnes corinthiennes et d'un fronton triangulaire,
en dépare l'entrée ; les deux tours elles-mêmes,
qui du bas de la route de Villava étaient d'un si
charmant effet, sont construites dans ce même
style gréco-romain dont la symétrie et la ligne
droite font presque uniquement les frais. Mais
dès qu'on a poussé la porte, que de magnificences ! l'œil en est ébloui. Le cloître surtout,
cette annexe indispensable des basiliques espagnoles, dépasse toute imagination ; non pas qu'il
soit de dimensions bien vastes, mais l'harmonie
même de ses proportions permet de goûter mieux
le fini des figurines, la légèreté des arceaux, la
délicatesse exquise des nervures et des colonnettes. La porte de droite, passant par l'église, est à
elle seule un chef-d'œuvre : toute cette pierre est
creusée, fouillée jusqu'au miracle. Au milieu du
cloître s'étend un petit jardin inculte : les fleurs
et les arbustes rendus à l'état sauvage confondent leur feuillage dans un désordre inextricable ;
des plantes grimpantes enroulent leurs jets vigoureux autour des colonnes et envahissent jusqu'aux architraves. Les racines, par un travail

lent, ont descellé les dalles qui délimitent l'en-
clos, une herbe épaisse et touffue cache les allées ; à l'un des angles, un cyprès solitaire, con-
temporain des vieux prélats qui gisent tout auprès
sous les voûtes dans leur froide couche de pierre,
dresse mélancoliquement sa tête sombre et son
tronc dépouillé. On est ému presque malgré soi :
cet abandon, ce silence, la fraîcheur même qui
règne dans ce réduit sépulcral, semblent inviter
l'âme au recueillement et à la prière.

Tout autre est l'impression ressentie dans la
sacristie des chanoines. En thèse générale, si
l'on visite une église d'Espagne, il faut bien se
garder de négliger la sacristie. Comme confort,
comme élégance, celle de Pampelune pourrait servir de modèle : les murs en sont tendus de damas
rouge ; de splendides peintures à fresque couvrent
les hautes voûtes ; plus bas, de tout petits tableaux,
d'un genre naïf, fort anciens, traitent de sujets
religieux ; partout des glaces, des menuiseries,
des dorures ; de gentilles consoles Louis XV,
aux pieds capricieusement contournés, à dessus
de marbre, occupent chaque encoignure ; dans un
enfoncement enfin, ménagé tout exprès, un vaste
lavabo de marbre gris fournit, par deux robinets
de cuivre, l'eau nécessaire aux ablutions du cha-
pitre. Appendu au mur de droite, à l'entrée, je
remarque un portrait d'assez grande tournure :
c'est celui du prélat qui fit, au siècle dernier,

construire et décorer cette salle à ses frais ; une inscription pompeuse rappelle, en même temps que ses vertus, ses noms, prénoms et qualités. Certes, nos bons chanoines ne pouvaient moins faire pour l'homme généreux auquel ils doivent d'être si bien logés !

Avec sa cathédrale, à défaut d'autres édifices précieux pour l'art ou par les souvenirs, Pampelune a le *Vinculo*. L'institution date déjà de 1527. En ce temps-là, des famines terribles désolaient périodiquement la Péninsule. La municipalité de Pampelune imagina de consacrer 10,000 livres navarraises à l'achat de grains qu'elle céderait ensuite au public, si le blé venait à manquer ; plus tard, elle voulut aussi fabriquer et vendre le pain : même elle obtint par privilége royal que nul boulanger ne pourrait exercer sa profession dans la ville. En 1836, la vente du pain fut permise à tous, mais le Vinculo subsista et servit à régulariser la hausse et la baisse des prix. Depuis lors il a pu, avec ses bénéfices, faire construire sur la promenade de Valence un magnifique établissement ; le pain y est fabriqué à la mécanique, et tous les perfectionnements de la science moderne s'y trouvent appliqués. Les familles qui veulent s'intéresser au Vinculo fournissent un certain nombre d'hectolitres de blé ; en retour, et moyennant une redevance annuelle, elles reçoivent le pain dont elles ont besoin pour leur consommation. Ce pain revient à peu près au même prix que partout, mais il est bien mieux fait et de meilleur goût.

La sollicitude municipale ne s'arrête pas là : les denrées de toute nature destinées à l'alimentation publique sont exactèment surveillées ; dans le marché, qui attient à la maison de ville, règnent un ordre et une propreté admirables. Le *contrapeso* surtout mérite l'attention : tout acheteur a le droit de faire contrôler par les balances publiques le poids de ce qu'il vient d'acheter. En outre, le municipe tient à son compte au marché un lieu de vente pour les objets de nécessité première, qu'il taxe au tarif le plus équitable. Qu'importe alors que les marchands, de concert ou séparément, élèvent à l'excès le prix des marchandises ? Le public ira se fournir aux boutiques municipales.

Au double titre de place force et de capitale, Pampelune devait exciter la convoitise des carlistes, mais ils n'étaient pas en force de ce côté : l'artillerie leur manquait pour faire un siége en règle ; ils se contentèrent de la bloquer. Parce que la ville a tenu tête aux armes du prétendant, il ne faudrait pas croire pourtant que toute la population y soit libérale ; là, comme partout en Navarre, les carlistes font la majorité. Comme je m'étonnais un jour devant un des députés de la province que les dames et les jeunes filles, à l'en-

contre de ce que j'avais cru voir ailleurs, fissent
si bon accueil aux officiers de l'armée : « Bon,
bon, n'allons pas si vite, interrompit mon interlocuteur; d'abord, ils sont charmants, ces petits
hussards de la Princesse, avec leur bel uniforme
blanc et bleu, leurs aiguillettes, leurs fines bottes
et leurs galons. Si entêtée qu'on soit de politique,
on n'est jamais fâchée, se sachant jolie, de faire
quelques tours de promenade aux côtés d'un gentil garçon, — et puis, quelle meilleure façon
d'endormir l'ennemi? Vous riez; rien n'est plus
sérieux cependant. Certes, je ne prétendrai point
que toutes nos belles dames soient disposées à
s'avancer aussi loin que le fit autrefois Judith
avec Holopherne dans l'intérêt du peuple de
Dieu; mais, tout compte fait, vous n'en trouverez pas dix qui n'aient leurs convictions arrêtées
et qui ne travaillent en dessous pour la cause de
don Carlos. » Pendant le siége, le chiffre de la
population était descendu de plus de vingt mille
âmes à seize mille; la plupart des jeunes gens
servaient dans l'autre camp; beaucoup de familles aussi s'étaient retirées dans les villes occupées par les carlistes, et parmi ceux qui restaient,
plus d'un était soupçonné d'entretenir des intelligences avec le dehors. La garnison, mille hommes à peine, se composait d'un bataillon incomplet de la réserve de Cadiz, — ces malheureux
Andalous mouraient littéralement de froid sous

ce ciel inclément, — plus un certain nombre de
gardes civils, de carabiniers, d'artilleurs. Aux
libéraux de la ville, organisés en milice, revient
pour une large part l'honneur de la résistance.
Une première tentative faite par le général Moriones pour ravitailler la place n'avait qu'à moitié
réussi. Homme d'action, hardi, très-suffisamment
habile, parfois battu, jamais découragé, Domingo
Moriones possédait sur les troupes et sur le peuple même un réel ascendant. On le connaît pour
ses opinions ouvertement républicaines. Compromis après tant d'autres dans un *pronunciamiento,*
il fut contraint, au temps d'Isabelle, d'offrir sa
démission. La révolution lui a rendu son épée.
Serait-ce dans l'intervalle, comme on le prétend,
que, pour occuper ses loisirs, il étudia la Navarre, son pays natal, cette terre classique des
surprises et des embuscades, aussi propice aux
opérations de la contrebande qu'à la guerre de
partisans? Toujours est-il qu'il partageait avec le
chef carliste Mendiry, son adversaire, un autre
Navarrais, le précieux avantage de connaître admirablement l'échiquier où il faisait manœuvrer
ses soldats. C'est lui qui, sous la régence de
Prim, avait si prestement délogé don Carlos de
Oroquieta et mis fin par ce coup de vigueur au
premier essai de soulèvement carliste. C'est lui
aussi qui plus tard, dans le nord, placé en face
d'un ennemi tout fier de succès imprévus, télé-

graphiait au gouvernement de Madrid : « Je n'ai
ni argent ni soldats, mais tout ce qu'on peut faire
avec rien, je le ferai. » A la fin du mois de janvier 1875, trompant Mendiry, qui l'attendait toujours dans ses formidables positions du Carrascal, il tourne à l'est, s'engage d'abord sur la
route de Sangüesa, se rabat ensuite vers le nord
et entre ainsi presque sans coup férir à Pampelune. Il était temps : grâce au Vinculo, on avait
encore du pain, mais le typhus commençait à sé-
vir. Les carlistes joués se replièrent sur Estella,
qu'ils occupaient déjà depuis plus d'un an.

CHAPITRE II

Estella. — Héroïque défense des libéraux. — Etat des esprits dans cette région. — Rôle des femmes et du clergé. — Le trou d'Iguzquiza. — Mort du maréchal Concha. — Don Carlos.

On a dit souvent que l'incurie et l'incapacité du gouvernement central avaient plus fait au début pour les progrès de l'insurrection que tout le talent des généraux carlistes ou le courage de leurs soldats : la prise d'Estella en est la preuve. Par une négligence impardonnable, alors que des bandes armées couraient déjà le pays, on n'y avait laissé qu'une garnison insuffisante à laquelle vinrent se joindre quelques volontaires républicains ; enfermés dans le couvent de San-Francisco, vaste édifice irrégulier, tant bien que mal transformé en forteresse et situé un peu en dehors du bourg, ces braves gens eurent à soutenir deux siéges successifs. Un officier de la plus grande énergie, lieutenant-colonel dans

l'armée, don Francisco Sanz, les commandait :
il est mort quelque temps après des suites de
ses fatigues. Il y eut là des actes d'héroïsme,
comme l'antiquité n'en cite pas de plus beaux.
Le couvent contenait une grande quantité de
poudre : un caporal des volontaires se chargea
de veiller auprès du dépôt, avec serment d'y
mettre le feu, si les carlistes parvenaient à
forcer l'entrée. Vainement Dorregaray, le chef
ennemi, avait offert aux assiégés de se rendre :
pour vaincre leur résistance, les carlistes eurent
l'idée d'amener sous leurs yeux leurs femmes,
leurs enfants, dont ils s'étaient emparés. Sanz,
froidement, fit répondre : « J'ai dit que je ne me
rends pas, et je ne me rendrai pas, — qu'aupara-
vant je mettrai le feu aux poudres, et je l'y
mettrai. Je ne veux plus de parlementaires. Je
vais donner l'ordre de faire feu sur quiconque se
montrera à découvert en avant du fort, et si ce
sont ma femme et ma fille qui se présentent et
que les soldats refusent de tirer, je les tuerai de
ma propre main. » Cela ne rappelle-t-il pas le
trait fameux de Perez de Guzman, qui, attaqué
par les Mores dans le château de Tarifa, comme
ceux-ci, qui s'étaient rendus maîtres de son
jeune fils, menaçaient de tuer l'enfant si la place
ne se rendait pas, pour toute réponse du haut
des murs leur jeta son poignard ?

Contraints par l'approche des colonnes libérales de s'éloigner un moment, les carlistes reparurent bientôt. Tout ce que peut imaginer la haine, aidée de la colère et du dépit, fut alors mis en œuvre : les bombes à pétrole, la mine, l'incendie. Par un raffinement de cruauté atroce, les cloches de la ville ne cessaient de sonner le glas et la musique militaire des assiégeants exécutait des marches funèbres. De leur côté, les assiégés avaient arboré sur le fort un large drapeau noir : ils savaient trop ce qui s'était passé naguère à Cirauqui, gros bourg des environs, où une troupe de volontaires républicains, enfermés dans l'église et forcés de capituler, avaient été, au mépris des conventions, odieusement massacrés. Cependant ce second siége durait depuis huit jours ; l'explosion d'une mine avait ébranlé les murs de briques du couvent ; sur 500 hommes que primitivement comptait la garnison, 40 à peine restaient sans blessures : il fallut se rendre. Mais les carlistes eux-mêmes avaient été touchés de tant d'héroïsme : les défenseurs du fort obtinrent de se retirer libres, quoique sans armes, à travers les lignes ennemies, et cette fois la capitulation ne fut point violée.

On se rend à Estella par la route qui mène de Pampelune à Logroño. Après avoir surmonté les hauteurs qui entourent la *cuenca,* on continue à s'élever par une série de sommets en étage ; le paysage est triste et sévère : le sol rocailleux ne produit qu'une végétation maigre et rare, touffes de thym et de bruyère, d'une teinte uniforme tirant sur le roux. Sur l'autre versant, rentrant dans la plaine, on trouve Puente-la-Reina, entourée d'eau de trois côtés : tout son territoire est planté en vignes, et le vin qu'elles produisent est fort estimé. Naguère encore, des promenades séculaires voilaient comme d'un rideau vert l'entrée de la ville : elles sont tombées sous la hache des soldats ; les troncs énormes apparaissent seuls coupés au ras du sol avec leurs racines noueuses qui ne veulent pas mourir et d'où le printemps fait jaillir en gerbe une foule de vigoureux rejetons. Puente-la-Reina se compose de trois longues voies horizontales reliées par plusieurs ruelles : un grand édifice la termine au nord, qui fut anciennement un couvent de templiers. Quelle belle fabrique on en pourrait faire ! Les longs cloîtres, les salles profondes semblent n'attendre qu'une foule d'ouvriers joyeux dont les métiers ou les marteaux réveillent cette solitude, secouent ce silence de mort ; mais l'industrie ici n'existe pas. Telle est la malechance de l'Espagne, que les mesures de la paix ne lui sont pas moins funestes que les dévastations de la guerre ; à bien voir, l'expulsion des Moresques et la suppression des ordres religieux ont fait autant de ruines dans la Péninsule que les armes des

Abder-Rhaman ou les soldats de Napoléon Ier.

De petits fortins, en forme de blockaus, couronnent les hauteurs voisines : ces ouvrages, élevés par les libéraux à mesure qu'ils gagnaient du terrain, communiquent entre eux par un système de signaux. On sort de la ville par un vieux pont de pierre, terriblement renflé en dos d'âne, étroit comme un couloir. Au-delà, un faubourg détruit étale tristement sous la lumière crue du soleil ses bâtisses éventrées, ruines de briques et de pisé. Pendant trois ans, carlistes et libéraux se sont disputé ce terrain pied à pied. Voici d'abord Mañeru, que domine un fort imposant; plus loin, Cirauqui et son église, où fut commis le massacre des volontaires. Trente-sept de ces malheureux périrent, vingt-trois seulement parvinrent à se sauver. Parmi les survivants était un jeune homme de figure imberbe et placide, mais singulièrement résolu, Tirso Lacalle, surnommé le Boîteux, qui avait juré de venger ses camarades, et qui tint parole : à la tête d'une contre-guerilla, il ne tarda pas à devenir la terreur du parti contraire. Avec lui, point de quartier; après chaque affaire, il allait-lui-même compter les morts; et, quel qu'en fût le nombre, on l'entendait murmurer : « Il m'en manque encore trente-sept! » Viennent ensuite Lacar et Lorca, deux localités tristement connues par une surprise dont furent victimes les généraux alphonsistes. La route, qui descend rapidement, rampe, tourne, se tord et fuit comme un serpent aux pentes des montagnes. Déjà se dressent dans le lointain les sombres masses du Monte-Esquinza et de Santa-Barbara, positions redoutables, fortifiées à grands frais par les libéraux, et d'où leurs batteries foudroyaient toute la campagne autour d'Estella ; dans le bas enfin, la foule des villages carlistes aux souvenirs sanglants, sales, délabrés, quasidéserts. Villatuerta surtout est épouvantable à voir ; le pinceau seul pourrait rendre cet amas désordonné de masures lépreuses aux toits croulants, aux murs défoncés, aux fenêtres privées de châssis ; le sol lui-même, aride et rougeâtre, où poussent les cailloux, complète sinistrement l'harmonie du tableau. C'est là que fut arrêté par les carlistes ce capitaine Schmidt, correspondant d'un journal allemand, dont l'aventure a fait quelque bruit dans la presse ; entré le premier dans le village, comme il n'apercevait pas d'ennemis, il aurait fait signe avec son mouchoir aux soldats libéraux qui le suivaient à distance ; mal lui en prit, car il fut saisi et aussitôt passé par les armes sans autre forme de procès.

Cependant Estella n'apparaît pas encore : l'horizon est fermé par des montagnes grises qui font comme un mur à pic ; une avenue de beaux arbres, heureusement épargnés, suit le cours de l'Ega et mène droit à l'obstacle ; il semble qu'on s'y va briser, quand tout à coup le fleuve fait un coude et la route avec lui. A cet endroit commence Estella, et le défilé est si étroit, les pans de roc sont si rapprochés, qu'ils laissent à peine assez de place pour une seule rue-droite et profonde, pavée de pierres plates ; bientôt les voies se multiplient, la ville s'étend en largeur, et l'on débouche sur la grande place, presque complètement entourée d'arcades. Estella porte une étoile comme arme parlante, en espagnol *Estrella*. En dépit de cet emblème, quoique bien bâtie, l'aspect général n'en est pas brillant. Son importance fut grande au moyen âge. Les juifs l'avaient choisie pour un de leurs centres principaux. Quatre ponts de pierre, dont un seul subsiste, réunissaient alors les deux bords de l'Ega : le quartier de la rive gauche s'allonge entre le fleuve et le socle d'un pic fort élevé, très-pointu, qui domine la ville. Morne et silencieux, ce quartier servit jadis de premier noyau à la population : ainsi l'attestent ses vieilles églises et ses palais à demi détruits. Un peu plus haut, sur un plateau isolé, pointent les ruines d'un couvent de dominicains, celles-ci beaucoup plus récentes : elles datent de la confiscation des biens du clergé. A travers les voûtes écroulées, les rosaces et les fenêtres béantes veuves de leurs verrières, circulent librement le soleil et la lumière ; les longs murs sans appui découpent dans les airs leur si-

lhouette décharnée, mais majestueuse encore ; le
lierre, grimpant jusqu'au faîte, a tapissé de son
vert feuillage tout un des flancs de la chapelle. A
l'intérieur, au milieu des tombes violées, des sta-
tuettes mutilées, des colonnes et des pendentifs
gisant à terre, les habitants de la pieuse ville ont
gravé sur les parois, en prose, en vers, selon
l'inspiration du moment, leurs regrets, leurs désirs et leurs espérances.

Ces espérances, ces désirs, on les conçoit sans
peine : Charles VII sur le trône, la révolution
abattue, les couvents restaurés, — car nous sommes ici en plein foyer de réaction politique et
religieuse. Estella, comme on l'a dit, est la cité
sainte, la Mecque du carlisme. Déjà en 1835 le
premier prétendant, Charles V, y avait établi sa
cour, le petit-fils y a demeuré quelque temps ; au
lieu que dans les trois provinces l'immense majorité est *fueriste*, soucieuse avant tout des vieux
priviléges du pays, en Navarre, où les *fueros*, depuis 1841, ont en partie disparu, on est plus proprement *carliste;* c'est plus que du respect, c'est
un véritable culte que l'on porte à la personne et
à la famille royales. Une seule chose égale ce dévoûment à la monarchie prétendue légitime : la
haine profonde, inexprimable, que tous ces gens-
là ont vouée aux idées libérales, même constitu-
tionnelles et à leurs représentants. « Des libéraux
ici ! — s'écriait une vieille dame, fort respectable

assurément, le ton ardent, l'œil en feu, un sourire
tout particulier plissant ses lèvres minces, — des
libéraux, nous n'en avons pas, Dieu merci!... Dix
ou douze peut-être, que l'on voit parfois passer
dans la rue, et comme on les reconnaît bien à
leur tête de renégats ! » Ces derniers mots étaient
dits avec un air de triomphe, un accent sauvage
qui me frappa. Et de fait, croirait-on que, sur une
population de 6,000 âmes à peine, Estella ait pu
fournir 800 hommes à l'insurrection? Pour les
autres villes navarraises, à Puente-la-Reina, à
Elizondo, la proportion était la même. Dans certaines vallées, on ne trouvait plus que des femmes et des enfants, les vieillards même étaient
partis.

Comment expliquer un tel enthousiasme si dé-
sintéressé, si général? Les raisons politiques n'y
suffisent point. Si grands que fussent le respect
et l'affection dont ils entouraient encore la branche cadette des Bourbons, les Basques ne songeaient nullement à revendiquer ses droits par
les armes, comme le prouve surabondamment la
longue tranquillité dont le pays a joui pendant le
règne si troublé d'Isabelle II : abandonné à lui-
même, le parti absolutiste s'en allait mourant en
Espagne comme un peu partout. C'est le parti
théocratique qui seul a fait sa force, qui a galva
nisé ce corps glacé et lui a rendu pour un moment un semblant d'énergie. Il ne s'agit pas ici

seulement de ces prêtres-guerriers, comme Santa-
Cruz, les curés de Flix ou de Prades, qui, prê-
chant d'exemple, sabre au côté et revolver au
poing, ont conduit eux-mêmes leurs paroissiens
à la bataille ; mais sur tous les tons et dans tous
les styles, les organes religieux se sont plu à présenter le prétendant don Carlos comme le défenseur et le bras droit du catholicisme outragé. Les
persécutions de l'église, les souffrances du pape-
roi, la présence d'Amédée, un étranger, le fils de
l'*excommunié*, sur le trône, les nouvelles réformes
sociales, la liberté de conscience hautement pro-
clamée, toutes les circonstances politiques et religieuses de l'Europe en général et de la Péninsule
en particulier, ont été mises à profit, commentées
avec une habileté et une insistance qui n'a pas
manqué de porter ses fruits. Que parmi ces apô-
tres de la guerre sainte beaucoup aient agi et
parlé selon leur conscience, nous ne le nierons
pas ; les excès même de la révolution, la faiblesse
du gouvernement d'alors, certaines théories malsonnantes émises en pleine chambre, devaient
froisser bien des convictions, blesser aussi bien
des intérêts. Toujours est-il que le clergé espagnol presque tout entier a soutenu plus ou moins
ouvertement la cause de don Carlos. Je me trouvais à Mugairi, point de rencontre des diligences
aux environs d'Elizondo : on s'arrête quelque
temps en ce lieu et les voyageurs descendent

pour déjeuner dans la *posada*. Parmi les convives étaient deux ecclésiastiques : ils causaient bas entre eux ; tout à côté un capitaine de carabiniers en uniforme, jeune, la moustache noire et les traits énergiques. Durant le repas, il fut, comme on dit, d'une humeur massacrante, oubliant comme à dessein de passer les plats, maugréant sans relâche contre la cuisine, contre le vin, contre le service, toutes choses dont on ne s'inquiète guère dans une auberge espagnole. A l'appel d'un des conducteurs les prêtres se levèrent, payèrent leur quote-part et sortirent ; l'officier eut alors un soupir de satisfaction, et, comme je le regardais en face, éclatant tout à coup : « Eh bien ! oui, c'est plus fort que moi, je ne puis les voir d'aussi près, *Santa Virgen !* — Chacune de ses phrases était ainsi coupée de la façon la plus bizarre par une pieuse exclamation. — Eux, les ministres de paix, ils soufflent la guerre. *Madre de Dios !* voilà tantôt trois ans que je bataille de Carthagène à Saint-Sébastien et de Bilbao à Peña-Plata, j'ai croisé beaucoup de curés sur ma route ; eh bien ! vous pouvez m'en croire, je n'en ai pas rencontré un seul, pas un, m'entendez-vous ? qui ne nous souhaitât d'être écharpés par les carlistes à la prochaine occasion. *Por Dios !* sommes-nous donc des chiens enragés ? Aussi moi, à mon tour, je leur ai déclaré la guerre. J'avais été élevé dans la religion tout comme un autre ; j'étais apostolique romain, *señor*, mais maintenant j'en suis revenu ; *Maria santissima!* je suis athée, je ne veux plus croire à rien. » Le brave garçon exagérait, il n'était rien moins qu'un sceptique : il croyait encore, quoi qu'il en eût, à une foule de choses ; seulement il était en colère, et franchement il avait bien raison.

Sans parler de la Catalogne ou de l'Aragon, qui ont fourni au prétendant des volontaires par milliers, il ne manque pas de gens dans le reste de la Péninsule qui, pour divers motifs, abhorrent les idées libérales : les carlistes pullulent à Madrid et tout aussi bien dans le Sud, à Tolède, à Séville ; mais nul terrain par nature n'était plus favorable que le pays basque pour soutenir la lutte projetée contre la révolution, nulle part non plus les populations n'étaient mieux disposées à recevoir les semences de défiance et de haine qu'on voulait y faire germer. On ne saurait croire combien dans ces montagnes la foi est restée vivace. La religion n'est pas là, comme dans les villes, affaire d'habitude, elle est la grande chose de la vie ; par suite, la tolérance n'existe pas : pour peu qu'on les y poussât, ces bonnes gens renouvelleraient les massacres de juifs et d'hérétiques ; ils ont encore là-dessus les idées du moyen âge. Tel commandant de don Carlos, interné quelques mois à la Rochelle après la guerre et de retour dans ses foyers, se plai-

gnait devant moi du temps qu'il avait séjourné
en France ; sait-on ce qui l'avait choqué le plus ?
C'est qu'à la Rochelle la moitié des habitants fussent protestants. « *Jesu-Maria!* est-ce bien possible ? » exclamaient en chœur, en joignant les
mains, les bonnes femmes qni l'écoutaient.

Un écrivain du plus haut mérite qui est en
même temps un grand homme d'état, M. Canovas del Castillo, le principal auteur et le premier
ministre de la restauration, dans une étude sur le
pays basque, cite un exemple bien frappant de
cette ferveur dévote des montagnards. « C'était,
écrit-il, le 16 juillet 1872, jour de la Vierge du
Carmen. Préoccupé des maux que pouvait amener
la guerre civile et qui peut-être n'étaient pas les
plus grands dont fût alors menacée l'Espagne, je
me dirigeais par Elizondo vers la frontière : point
d'incident jusque-là qui fût digne d'être noté,
sauf la rencontre de trois ou quatre petites bandes carlistes insignifiantes, qui laissaient tranquillement passer la diligence. La soirée s'annonçait paisible, la chaleur pendant le jour n'avait
pas été excessive, et nous suivions rapidement la
descente qui, contournant un peu la vallée d'Ur-
dax, conduit à Dancharinea, quand tout à coup
apparut une femme qui du bas de la côte accourait en criant : « Il est ici, il est ici, et il a déjà
communié ! » Aux questions des voyageurs sur-
pris de ces paroles, dont ils ignoraient le sens, la

femme répondit comme folle : « C'est Charles VII qui a communié en arrivant !.. » Tel qu'il est, le cri de cette bonne femme, expression d'un fait peut-être imaginaire, symbolise fort bien à mon sens la situation présente. « Il a communié, il a communié ! » cela veut dire : « L'homme qui vient maintenant pour nous commander communie comme nous, comme nos maris et nos fils, au lieu que les autres, ceux de Madrid, non ! Bienvenu donc soit-il sur cette terre ! » Et M. Canovas poursuit : « Si contraires que nous soyons à la cause carliste, pouvons-nous méconnaître qu'il n'y ait là quelque chose de grand et qui mérite le respect? Savez-vous bien, vous qui parlez sans cesse du règne des idées et de la supériorité des principes sur les choses réelles, que ces gens-là sont aussi des hommes d'idées, eux qui sincèrement, de gaîté de cœur, sacrifient à leur conviction, à leur foi religieuse, tout intérêt matériel, toute affection terrestre, et vont jusqu'à compromettre leurs priviléges historiques. »

On ne saurait mieux dire, ni plus justement. Le malheur est que la simplicité des Basques, leur ignorance les rende si faciles à égarer, et que leur caractère ardent les entraîne si vite sur la pente du fanatisme. Le clergé a su admirablement tirer parti des éléments qu'il avait sous la main : à ces hommes naïfs, on a dit que la révolution n'épargnerait rien du passé, que

l'église même était en péril, qu'il fallait marcher,
et ils se sont levés comme pour une croisade.
Dans son œuvre de prédication, le clergé n'a pas
eu d'auxiliaire plus actif ni plus utile que les
femmes : chez les nations catholiques en effet,
celles-ci conservent plus vivants que l'homme
les sentiments religieux. N'a-t-on pas vu tout
récemment, à Madrid même, les dames de la
plus haute société signer des suppliques en
faveur de l'unité religieuse menacée dans les
chambres par leurs maris ? En Navarre, cette
religiosité des femmes est poussée à l'extrême ;
le prêtre est le maître absolu de leur volonté et
de leur conscience : avec cela douées d'une
énergie toute virile, à peine le mot de guerre
était-il prononcé, les Navarraises se changeaient
en autant de furies. Excitant les timides, exaltant
les forts, elles attachaient de leurs propres
mains sur la poitrine de leurs époux et de leurs
fils le scapulaire orné du Sacré Cœur de Marie,
et les envoyaient résolûment tuer ou mourir en
défense de la religion. Mais à côté de la persua-
sion, la force, elle aussi, a joué son rôle. En
dépit de leur dévotion sincère, bon nombre de
ces braves montagnards n'eussent pas demandé
mieux que de rester chez eux et de cultiver en
paix leur lopin de terre. La première tentative
d'insurrection, si promptement réprimée à Oroquieta, avait fait sur les esprits en Navarre une

profonde impression. Il fallait à tout prix réveiller l'enthousiasme. Alors se mit à fonctionner ce système d'intimidation et de violence qui, désavoué diplomatiquement par les chefs, n'en rendit pas moins au parti les plus réels services. Des bandes d'aventuriers sans aveu parcouraient la campagne, pénétraient par surprise dans les villages et les maisons isolées et racolaient tous les jeunes gens en âge de prendre les armes : ainsi s'est complété plus d'un bataillon des *volontaires* de don Carlos. Dans le pays basque, les femmes ont la coutume de porter en deux tresses retombant par derrière leurs cheveux, qui sont fort beaux ; ces nattes leur descendent parfois jusqu'aux genoux. A toutes celles qu'ils soupçonnaient d'appartenir au parti contraire, les bandits impitoyablement tranchaient les cheveux. Ce procédé barbare leur était même devenu si familier, qu'ils n'allaient guère sans porter, pendue à la ceinture, une de ces énormes paires de ciseaux qui servent là-bas à tondre les mules ; mais leurs exploits ne se bornaient pas là. Ils savaient aussi rançonner, égorger, fusiller ; au milieu de la perturbation générale, les haines particulières trouvaient à se satisfaire. Il est, non loin d'Estella, un endroit connu sous le nóm de la *cima*, le trou d'Iguzquiza ; une heure de marche y conduit. Qu'on se figure un précipice affreux, en forme de puits, s'ouvrant à pic dans la mon-

tagne ; de hautes bruyères et des arbres verts
poussent sur les bords et masquent l'ouverture ;
mais, en se penchant un peu, on peut apercevoir
en bas une nappe d'eau qui tremble et scintille.
Tous les alentours sont incultes et déserts ; pas
la moindre cabane ; seuls les sentiers étroits qu'a
laissés aux flancs des montagnes le passage des
pâtres et de leurs troupeaux révèlent l'existence
de l'homme : c'est par là qu'un des *cabecillas* les
plus tristement connus pour sa férocité, Rosa
Samaniego, fit précipiter plus de deux cents
personnes. Ancien journalier, compromis dans
une affaire de vol et forcé de quitter la ville, il
avait à se venger des habitants d'Estella. Son
exécuteur des hautes œuvres portait le sobriquet
bizarre de *Jergon,* toile à matelas. Peu après la
guerre, Jergon fut arrêté et conduit à Pampelune ;
sur la place de la Constitution, la foule voulait le
mettre en pièces : il est resté plusieurs mois en
prison et sa photographie se vendait dans les
rues. C'était un homme d'une trentaine d'années,
barbu, robuste, les épaules larges, l'œil petit et
froid. On vient enfin de le récompenser selon ses
mérites. Du reste, il ne convenait pas de toutes
les exécutions dont on l'accuse ; il parlait d'une
quarantaine au plus. Quant à Rosa Samaniego,
plus heureux, il a réussi de bonne heure à passer
en France, où les traités d'extradition ne sauraient l'atteindre. N'a-t-il pas, comme Santa-Cruz,

joué un rôle politique, et les crimes qu'il a pu commettre n'ont-ils pas leur excuse dans les besoins de la sainte cause ?

Par sa position stratégique, par le caractère de ses habitants, par les souvenirs même qui se rattachent à son nom, Estella devait être le principal objectif des libéraux en Navarre, et en effet, après la délivrance de Bilbao, le maréchal Concha, alors à la tête de l'armée du Nord, résolut de marcher sur cette ville et d'achever la victoire. Le 27 juin 1874, au matin, les adversaires se préparaient pour un suprême effort. La bataille engagée durait depuis deux jours ; une série d'attaques vigoureusement conduites avaient rendu les libéraux maîtres des villages qui couronnent les hauteurs à l'est en avant d'Estella. Le maréchal se trouvait à Abarzuza, où ses troupes étaient entrées la veille à la nuit ; son mouvement enveloppant avait réussi : il avait sur toute la ligne refoulé les ennemis et débordait leur aile gauche. Restait à emporter le mont Muru, clé de la position, car de là on dominait la ville et l'on prenait en flanc les tranchées carlistes. Pour bien faire, il eût fallu attaquer dès le matin, mais un convoi de vivres qu'on attendait depuis trente-six heures, retardé par le mauvais temps, égaré par ses guides, n'arrivait pas. Le maréchal, bouillant d'impatience, fait distribuer en hâte à la colonne d'avant-garde le contenu de quelques barils de

lard que les carlistes ont abandonnés la veille
dans leur fuite : puis, comme la journée s'avance,
il donne l'ordre d'attaquer. « Je dînerai ce soir
dans Estella », avait-il dit en se levant de table.
Pendant ce temps, Abarzuza brûlait : quelques
maisons incendiées, par mégarde ou autrement,
dans ce désordre d'une prise d'assaut et d'une
occupation armée, avaient communiqué le feu à
la moitié du village.

A cet endroit, la route d'Alsasua à Estella,
après avoir franchi un petit ruisseau, s'élève graduellement jusqu'à 150 mètres environ d'un mamelon qu'elle contourne par la gauche ; le sommet de ce mamelon est occupé par une maison
isolée, le *caserio* de Muru, qui lui a donné son
nom. Les carlistes, mettant à profit les avantages
de la position, avaient établi sur la pente qui regarde la route des terrassements et des fossés en
manière de réduit ; en outre, les montagnes, couvrant leur gauche, étaient sillonnées de plusieurs
rangs de tranchées étroites, justes assez larges
pour laisser passer un homme, mais amplement
garnies de défenseurs. Mendiry avait recom-
mandé à ses Navarrais de ne pas se découvrir,
de soigner leur tir, et, le moment venu, de fondre sur l'ennemi à la baïonnette. Cette tactique,
bien comprise et bien exécutée, devait décider du
succès de la journée. Les jeunes soldats de Concha s'étaient lancés à l'assaut avec ardeur ; la

route était longue, la côte âpre à gravir ; le mauvais temps redoublait, le vent qui leur chassait la pluie dans les yeux leur dérobait la vue de l'ennemi, tandis que les balles carlistes les frappaient à coup sûr : ils avançaient pourtant peu à peu, glissant dans la boue à tous les pas, s'aidant pour monter des buissons et des aspérités du sol. Quelques-uns parviennent ainsi jusqu'aux tranchées carlistes, mais épuisés, séparés, sans ordre : une charge à la baïonnette, exécutée par les défenseurs des tranchées, les balaie facilement. En bas du plateau, malgré le feu plongeant qui les décime, ils se reforment et remontent ; une fois encore ils pénètrent dans les lignes carlistes, et de nouveau sont ramenés en arrière. Ce qui fut dépensé d'héroïsme en cette lutte fratricide, le chiffre des pertes suffirait à le dire. Jamais, même en ses jours de triomphe, l'armée libérale n'avait montré plus de courage et d'abnégation.

Au même moment, une autre attaque contre le village voisin de Murugarren était également repoussée. Dorregeray, général en chef de l'armée carliste, vient de commander un retour offensif sur toute la ligne. Concha sent la victoire lui échapper : la nuit tombait ; il envoie à la division qui flanque sa droite l'ordre de combiner ses efforts contre Monte-Muru, rassemble toutes les troupes qu'il a sous la main, les réunit aux débris

de la brigade d'avant-garde, et une troisième fois
les lance à l'assaut; peut-être eût-il mieux valu
accepter franchement la défaite et ne pas s'obsti-
ner dans une lutte qui devenait de plus en plus
inégale. Le combat recommence aussi terrible
que jamais. Lui-même, à cheval, la lorgnette à
la main, le maréchal s'est porté en avant : il est
seul avec une ordonnance; tous ses officiers d'é-
tat-major vont çà et là portant des ordres, lorsqu'une balle partie des tranchées de gauche le
frappe en pleine poitrine; il tombe sans avoir pu
dire un mot. Aux cris de son ordonnance, quelques soldats, des officiers accourent et l'emportent respirant à peine dans la même maison où il
avait passé la nuit.

Ce n'était pas un homme ordinaire celui que la
balle d'un montagnard inconnu venait de renverser dans tout l'éclat de sa gloire. La presse euro-
péenne s'est complu à répéter qu'il était octogé-
naire; or il n'avait à sa mort que soixante-six ans.
Né en 1808 à Tucuman, ville des anciennes colonies espagnoles, don Manuel Gutierrez de la
Concha s'était voué de bonne heure à la carrière
des armes. Nommé brigadier à l'issue de la
grande guerre carliste, il prit, comme tous les
autres généraux de son temps, une part assez
active à la politique; une expédition heureuse en
Portugal pour soutenir la reine doña Maria lui
valut dès 1847 le titre de marquis del Duero. Il

s'intéressait beaucoup à l'art militaire, et il avait même écrit sur ce sujet des livres fort estimés. Bien pris de corps, les traits nobles et accusés, une épaisse moustache en brosse couvrant la lèvre supérieure, il était le vrai type du soldat vaillant et fier. On raconte de lui des traits d'une énergie singulière. La garnison de Monjuich, citadelle de Barcelone, s'était révoltée : il s'y rend seul, hardiment, se présente aux soldats mutinés, et, loin de chercher à les ramener par la douceur, prenant un ton irrité, les traite de misérables et leur déclare qu'ils vont être décimés ; l'exécution eut lieu sous ses yeux. Domptés par tant d'audace, les rebelles fusillaient eux-mêmes leurs camarades désignés par le sort. Avant de partir, il avait donné ordre à son second, demeuré dans la ville, d'ouvrir le feu sur la citadelle si avant une heure elle n'amenait pas son drapeau.

Ses qualités militaires ne sont pas les seules qui doivent rendre la mémoire de Concha chère aux Espagnols. Ce stratégiste, ce soldat, s'occupait aussi d'agriculture. En un pays où l'initiative privée fait absolument défaut, où chacun met tout son esprit à suivre la routine, c'était une autre façon, et non la moins heureuse, d'avoir du courage. Ses entreprises agricoles lui coûtèrent, cela va sans dire, des sommes considérables ; mais ni son argent ni sa peine n'auront été perdus : autant que personne il a contribué au relèvement de la culture de la canne à sucre dans la province de Malaga. Déjà pratiquée des Mores, reprise successivement sous Philippe IV et Charles III, l'industrie du sucre était complètement tombée en oubli. De nos jours, grâce à la persévérance et aux sacrifices de quelques propriétaires fonciers, elle promet d'être avec le vin une des grandes richesses de la contrée. Concha surtout prenait plaisir à multiplier les essais, et cette vie si active, si bien employée, il était appelé à la terminer glorieusement sur le champ de bataille, justifiant ainsi la noble devise de sa famille : *un buen morir dura toda la vida*, une belle mort dure éternellement !

La maison où il avait été transporté fait l'angle d'une petite place, un peu à l'extrémité du village ; sur la façade, on remarque une fenêtre protégée à l'extérieur d'une grille en fer, et l'indispensable écusson au-dessus de l'entrée. Passé la porte, laissant au fond l'écurie et l'escalier de bois, sept ou huit marches de pierre conduisent par la gauche à une grande pièce oblongue carrelée de briques, que recouvre un tapis de sparterie ; toujours à gauche, en entrant, s'ouvre une alcôve vitrée assez obscure, malgré ses murs blanchis au lait de chaux : pour tous meubles, un petit lit de fer et deux ou trois chaises ; au pied du lit, un grand tableau sombre traité à la manière espagnole et représentant le Christ sur la croix. C'est là que fut déposé le maréchal ; quelques gouttes de sang tachent encore les carreaux. Moins de deux ou trois heures après, il expirait sans avoir repris connaissance, et l'on se hâtait d'emporter son corps. Horrible chose que la guerre civile ! L'Espagne venait de perdre un de ses plus glorieux enfants ; mais, tandis que la consternation se lisait sur le visage des officiers et des soldats libéraux, les habitants d'Abarzuza avaient peine à déguiser leur joie. Outre que tous comptaient des parents ou des amis dans les rangs contraires, ils s'étaient persuadés bien à tort que Concha était le premier auteur de l'incendie allumé la veille, et leur foi barbare voulait voir dans sa défaite et dans sa fin si prompte une juste punition du ciel.

J'avais tenu à visiter le lieu du combat ; un petit garçon, enfant d'une douzaine d'années, carliste comme père et mère, me conduisait. Parlant des libéraux, il ne les appelait jamais que les *cristinos,* comme autrefois. Les retranchements de Monte-Muru, aujourd'hui comblés par ordre de l'autorité militaire, n'en sont pas moins reconnaissables ; sur la gauche, la terre remuée se détache par sa couleur jaune sur le fond fauve de la chaîne et marque nettement la place des tranchées carlistes, enveloppant toutes les pentes comme d'un réseau. De cette hauteur, l'œil embrasse une immense étendue de pays. Çà et là

pointent les villages où l'on s'est battu : Abarzuza,
Murugarren, Zurucain, Zabal, Grocin ; l'enfant
me les montre du doigt en disant leurs noms.
Dès le lendemain de la lutte, avec toute la population d'Estella, il s'était empressé d'accourir sur
le champ de carnage. Il me racontait ce qu'il avait
vu : les moissons piétinées, anéanties, les arbres
hachés par les balles ; sur la route, en bas de
Muru, les cadavres des libéraux étaient si nombreux qu'ils se touchaient. Les vainqueurs les
avaient tous indistinctement dépouillés de leurs
vêtements, et pendant plus de deux jours les
corps nus restèrent sans sépulture, exposés aux
outrages ; maintenant ils reposent un peu partout
dans les champs, et le maïs sur leur tombe pousse
plus vert et plus haut. La vue d'Abarzuza cause
une impression douloureuse. Le feu n'est point
arrivé jusqu'à l'église ; par contre, plus de soixante
maisons ont été détruites : la grande place n'est
qu'un amas de décombres. Un peu plus loin, à
Zabal, même désolation. Or il faut savoir combien le paysan, celui-ci surtout, est attaché à son
foyer, pour comprendre quels sentiments de colère et de haine grondent encore au cœur des
victimes. « Il nous a fait bien du mal, me disait
une vieille femme, obéissant, elle aussi, à l'opinion populaire, qui veut sans autre preuve que le
maréchal Concha ait lui-même ordonné l'incendie,
oui, bien du mal ; mais maintenant il expie son

crime. Comprenez-vous cela, *señor* ? Détruire les maisons ! S'il avait à se plaindre des hommes, eh bien ! qu'il les fusillât ; mais que lui avaient donc fait ces pauvres murs qui nous abritent ? »

Volontaire ou non, l'incendie d'Abarzuza devait avoir de sanglantes conséquences. Le lendemain de la victoire, sous prétexte de représailles, Dorregaray faisait saisir tous les officiers libéraux qu'il avait dans les mains, plus un sur dix des soldats prisonniers, et les condamnait à être passés par les armes. En avant de la maison où mourut Concha s'étend une petite place formant terrasse du côté de la campagne ; au milieu se dresse une croix de pierre : ce fut le lieu choisi pour l'exécution. Ils étaient là une centaine, pressés au pied de la croix, qui tous pleuraient, s'embrassaient ; on venait les chercher par groupes de vingt, on les amenait en bas du talus, puis on les fusillait. Mon jeune guide avait assisté à l'horrible scène, et, pour dire vrai, il n'en paraissait pas plus ému. L'Espagnol en général, qu'il s'agisse des autres ou de lui-même, ne fait pas grand cas de la vie humaine ; affaire de tempérament et de climat, dira-t-on, mais compte-t-on pour rien vingt siècles de guerres civiles, de proscriptions, de massacres, qui ont couvert d'ossements et de ruines la Péninsule entière ? Pour résister à l'envahisseur étranger, cette cruelle indifférence peut avoir son utilité, sa grandeur, mais entre gens du même pays et du même nom, je ne sais rien de plus triste et de plus odieux.

Moins de huit mois après la mort de Concha, Estella tombait aux mains des libéraux. Cette fois l'attaque eut lieu par un autre point. A peu de distance au sud de la ville s'élève le mont Jurra. Sombre et décharné, droit comme un mur du côté d'Estella, il s'abaisse vers les plaines de l'Ebre en pentes prolongées, mais âpres encore, coupées de fondrières et de ravins. A ses pieds, au bord de la route se trouve l'antique monastère d'Irache, dont la fondation remonterait aux rois goths : ce monastère appartint à l'ordre des bénédictins et jouit longtemps d'une grande réputation, il eut une université où fut professée la philosophie jusqu'en 1833 ; depuis lors propriété nationale, il est resté presque complètement abandonné. Les bâtiments sont distribués en quatre cours entourées de galeries avec fontaines d'eau jaillissante ; la cave, la cuisine, le lavoir, sont aménagés avec ce soin scrupuleux et cette entente du confort particulière aux maisons religieuses. Aussi, pendant la guerre, les carlistes avaient-ils eu l'heureuse idée d'établir à Irache leur hôpital principal ; des médecins et chirurgiens français étaient chargés du service ; on avait même élevé à quelque distance, dans un petit bois, pour plus de salubrité, une baraque en planches spécialement destinée aux opérations. La veuve d'un des plus riches banquiers

de Madrid, Mme Calderon, avait pris sur elle tous
les frais de l'installation. Aussitôt après la conclusion des hostilités, on s'est hâté d'évacuer les
hôtes de l'hôpital ; au mois de mai cependant,
quelques-uns demeuraient encore qui achevaient
de mourir, je montai les voir dans les grandes
salles transformées en dortoirs : un soleil printanier entrant par les carreaux éclairait leurs vi-
sages pâles et amaigris et dessinait sur les murs
de belles bandes dorées comme pour leur rendre
plus amers encore le sentiment de leur sacrifice
inutile et le regret de la vie. Je leur donnai quelque argent, des cigares : — Merci, monsieur, —
me dit en français l'un d'eux, qui m'avait reconnu
à mes vêtements et à mes traits.

Dans les derniers temps, les carlistes avaient
établi une batterie sur la cime même du Monte-
Jurra. On distingue nettement le chemin tracé en
zigzag aux flancs de la montagne qui leur servit
à hisser les pièces. L'opération dura trois grands
jours : quand ils touchèrent au sommet, ils pouvaient dire comme plus tard Primo de Rivera :
« Nous sommes où nichent les aigles. » La batterie du Monte-Jurra se composait de quatre canons
Withworth; deux bataillons y veillaient sans cesse
sous le commandement du brigadier don Carlos
Calderon, carliste ardent comme sa mère. Malgré
tout, la position fut emportée sans beaucoup de
peine, et cette perte entraîna celle d'Estella.

3*

Le matin du 18 février, deux officiers avec leurs compagnies opéraient une reconnaissance. La veille, Primo de Rivera, établi à Dicastillo, avait fait une imposante démonstration, mais sans résultat. Dès le principe, les soldats libéraux s'aperçoivent que les ennemis, après avoir tiré leurs coups de fusil, lâchent pied ; ils se mettent à suivre et se rapprochent de la redoute ; ce que voyant, les officiers envoient précipitamment demander du renfort. A plusieurs reprises on le leur refuse, on craint une embuscade ; deux comgnies arrivent enfin : réunies aux deux premières, elles franchissent la hauteur au pas de charge et pénètrent dans les retranchements. En quelques minutes, tous les défenseurs de la redoute sont tués, expulsés ou faits prisonniers ; le commandant Calderon lui-même est forcé de se rendre ; quant aux vainqueurs, ils n'osaient croire encore à leur succès.

Comment eut lieu cette surprise ? Les Navarrais ne se font faute de l'expliquer à leur façon. Suivant eux, leur bataillon venait à peine d'être relevé, après les fatigues de la nuit et du jour précédent, et ils ne songeaient qu'à se reposer ; les Alavais, à qui revenait la garde, furieux de combattre hors de leur pays, auraient cédé sans vergogne aux premiers coups de feu. Le fait est qu'à l'intérieur de la redoute même, lorsque déjà les libéraux y pénétraient de toutes parts, les

Navarrais tentèrent de résister à la baïonnette ;
puis, jugeant la partie perdue, bon nombre se
précipitèrent en bas des rochers ; quelques-uns
se sauvèrent grâce à leur agilité merveilleuse,
malgré l'effroyable chute et les balles qui les
poursuivaient ; d'autres, moins heureux, parvinrent jusqu'à un torrent voisin et s'y noyèrent.
D'ailleurs, si les Alavais sont pris à partie, le
commandant Calderon n'est pas plus épargné ;
l'opinion publique est unanime sur son compte ;
il a trahi, lui aussi. A ce propos, je me rappelle
certain petit couplet qui se chante dans tout le
pays :

> Ellio a vendu Bilbao
> Et Mendiry le Carrascal,
> Calderon le Monte-Jurra,
> Et Perula... ce qui restait.

Triste manie des vaincus, — nous en avons
souffert nous-mêmes, — de crier toujours à la
trahison et de ne chercher les causes de leur défaite que dans l'indignité des chefs ! Dans leur
impatience de combattre, les Navarrais ne songeaient qu'à courir en avant ; ils ne comprenaient
rien aux marches et aux contre-marches. Aux
derniers jours de la guerre, quand, sur l'ordre
formel de don Carlos, qui avait résolu de concen-
trer la résistance dans la Haute-Navarre et le
Guipuzcoa, Perula eut abandonné Estella avec la

plus grande partie des bataillons qui la défendaient, le découragement et la colère furent extrêmes dans le peuple. L'histoire dira peut-être
un jour si réellement quelques offres furent faites
et acceptées, des conventions établies ; en principe, il faut rejeter ces accusations banales qui
ne tendraient à rien moins qu'à rabaisser la victoire des uns en enlevant aux autres le mérite de
la résistance. Les généraux carlistes ont commis
des fautes ; plusieurs, comme Perula le notaire
ou Calderon le fils du banquier, ne connaissaient
ni peu ni prou l'art militaire. Est-ce à dire qu'ils
se soient vendus, et leur intérêt même n'était-il
pas de vaincre ? A tout prendre, eussent-ils été
bien plus habiles et beaucoup plus savants, la
partie était trop inégale entre l'Espagne entière
et les quatre provinces du nord ; tôt ou tard la
lutte devait finir par l'écrasement complet du
parti carliste. J'ai pu voir don Carlos Calderon à
Tudela où il était retenu prisonnier : l'œil ferme,
la voix haute, les traits ouverts, il n'a rien de la
figure ou des façons d'un traître. Comprend-on
d'ailleurs cet homme qui, sans parler des dangers
courus, aurait compromis une immense fortune
et dépensé 7 ou 8 millions en faveur de don Carlos pour le seul plaisir d'être ensuite marchandé
par les libéraux ?

En bonne conscience, si l'on devait s'en prendre
à quelqu'un de l'échec de l'insurrection, ce ne

sont pas des généraux plus ou moins incapables, mais dévoués, c'est don Carlos lui-même qu'il faudrait mettre en cause. Qu'on lise. le dernier numéro du journal carliste officiel, *el Cuartel real,* publié à Tolosa le 17 février, la veille même de la prise du Monte-Jurra ; tous les articles d'un bout à l'autre expriment le même vœu et la même espérance : « Que notre roi monte à cheval, qu'il veuille bien se montrer à la tête de ses troupes, et du même coup l'ennemi sera balayé. » Le roi n'en fit rien. Sans doute à ce moment il était trop tard, mais que serait-il arrivé deux ans plus tôt, alors que le trône était vide à Madrid, que les communistes arboraient dans Carthagène leur odieux drapeau, que le faisceau si péniblement rattaché des provinces espagnoles était près de se rompre, que serait-il arrivé, le sait-on ? si don Carlos eût osé faire tout ce que ses fidèles attendaient de lui ?

A Dieu ne plaise que nous insultions jamais au malheur : d'ailleurs le duc de Madrid est maintenant l'hôte de la France [1] et cela seul lui serait un titre à nos respects ; mais il ambitionnait une place dans l'histoire et désormais il

---

1. On sait que depuis lors et à la suite d'une lettre par lui adress'e au peuple Basque sur la suppression des fueros, don Carlos a été prié officiellement d'avoir à quitter notre territoire.

l'aura. « Vainqueur ou vaincu, aurait-il dit en mettant le pied sur la terre d'Espagne, je veux que cette guerre soit une épopée ! » Singulière odyssée, en vérité, celle qui commence à Oroquieta pour finir à Peña-Plata. Ardent au plaisir comme la plupart des Bourbons, il a trop oublié ce qu'exigeait de lui ce rôle si difficile de prétendant. Puente-la-Reina, Elizondo, Estella, toutes ces pauvres villes si dévouées, qui tour à tour lui servirent de résidence, gardent encore le souvenir des fêtes et réjouissances où s'endormait sa joyeuse petite cour, et ce ne sont point ses partisans les moins sincères qui en parlent aujourd'hui avec le moins d'amertume. Certain jour, un vieillard aux convictions bien connues se présente devant le quartier royal, à Durango, et demande à parler au roi. Il avait besoin d'un sauf-conduit pour voir son fils, capitaine au titre carliste, tué plus tard dans le Carrascal. On le fait attendre un peu, car à onze heures et demie don Carlos était encore au lit, et comme, introduit enfin auprès de sa majesté, il ne pouvait déguiser sa surprise, presque son mécontentement : « Que veux-tu, père ? dit le prince avec cette familiarité des monarques espagnols envers leurs féaux sujets, je me sentais un peu fatigué ; nous avons beaucoup dansé hier au soir. » Et pendant ce temps le canon grondait, et l'on se battait à 4 lieues de là ! J'ai entendu,

en France même, comparer don Carlos à Henri IV
et porter bien haut ce jeune homme, qui, tel que
son aïeul, seul énergique en un siècle abâtardi,
allait bravement conquérir son trône à la pointe
de l'épée : par malheur pour le prétendant, la
comparaison n'est pas juste. Henri IV, on le sait,
renversait la marmite pour courir au feu ; s'il
aimait les plaisirs, il trouvait du temps pour le
devoir, et son panache blanc n'était pas des
derniers au chemin de l'honneur. Pour moi, s'il
me fallait chercher dans nos annales un prince
auquel comparer le duc de Madrid, ce n'est pas
Henri de Béarn, c'est Charles de Valois, un autre
Charles VII, que je choisirais, alors qu'il s'appelait « le petit roi de Bourges » et que l'héroïque
exemple de Jeanne d'Arc ne l'avait pas encore
réveillé de sa honteuse inaction. Comme, occupé
des préparatifs d'une fête, il montrait à Lahire le
palais tout resplendissant de fleurs, de tentures
et de lumières, et lui demandait son avis :
« Sire, lui dit le vieux guerrier d'un ton bourru,
on ne pourrait perdre un royaume plus gaie-
ment. » Don Carlos aura su perdre le sien avant
même de l'avoir gagné.

CHAPITRE III

Si l'on sort de Pampelune du côté opposé à
Estella, et qu'après avoir cheminé quelque temps
en droite ligne, on remonte vers le nord, on
arrive à la vallée fameuse de Roncevaux, où
périrent Roland, le bon duc, Turpin, l'archevêque,
et les autres pairs. A dire vrai, ce souvenir
historique fait l'unique intérêt du lieu ; une
vingtaine de pauvres maisons, au centre un vieux
couvent crénelé, voilà le village. Quant au
paysage, il n'a rien du caractère terrible que lui
prêtaient fantastiquement les légendes : point
de ces blocs énormes que la main des montagnards basques eût pu faire rouler sur les envahisseurs ; point de défilés sauvages, de sentiers

abrupts et d'abîmes sans fond. La vallée au contraire s'étend verte et tranquille ; elle est tout entière cultivée en prairies ; les sommets qui l'environnent offrent des pentes faciles où fleurit la bruyère, le genêt et l'ajonc ; l'un d'eux, le mont Altabizcar, a donné son nom au chant héroïque, vieux déjà de près de dix siècles, par lequel les gens du pays célèbrent encore leur triomphe. Il ne m'étonne point que nos voisins d'outre-monts se glorifient de nous avoir vaincus en la personne de Charlemagne et de nos pères, les Francs ; pourtant je songe qu'au-delà du Rhin le même Charlemagne, qui tant de fois battit les Saxons, est officiellement reconnu comme un empereur allemand, et puisqu'ici nous sommes associés à ses défaites, n'est-il pas singulier que là-bas nous n'ayons point le droit de revendiquer ses victoires ? Au-delà de Ronce-vaux, suivant le col de Valcarlos, on a bien vite atteint la frontière : c'est par cette route que le prétendant rentrait en France le 28 février 1876, après trois ans d'une lutte aussi sanglante que stérile.

Redescendons vers le sud. Sanguësa occupe sur la rive gauche de l'Aragon le centre même d'une vaste plaine à peine élevée au-dessus des eaux. A plusieurs reprises, la rivière grossie pénétra dans ses murs et la ravagea. Au xve siècle, elle comptait parmi les cités les plus importantes

de la Navarre ; les rois ne dédaignaient point d'y
faire de longs séjours et la cour avec eux. Tout
ce que l'art gothique, sur le point de finir et pres-
sentant déjà la renaissance, imaginait de plus délicat, de plus capricieux, de plus fleuri, servait à
décorer la demeure de ces hauts et puissants barons. Maintenant plus de fêtes et plus de bruit :
les cris de chasse, les chants après boire, les accords des hautbois et des théorbes se sont tus ;
confiés à la garde d'un vieil intendant, les grands
palais, sauvés des eaux, s'écroulent dans un
abandon sinistre, plus funeste pour eux que le
voisinage du fleuve ou l'action du temps, sans
que jamais le maître indifférent qui les reçut en
héritage daigne les visiter. Du reste, les habitants, en ce qui les touche, prennent facilement
leur parti de cette déchéance : n'ont-ils pas toujours pour se consoler leurs riches coteaux plantés de fructueux vignobles, et plus bas la plaine
verte, *la pastoriza,* où, sur une étendue de plus de
deux lieues carrées, leurs moutons paissent par
milliers ?

Une fois par an, le 2 décembre, Sanguësa semble secouer son voile de tristesse, les rues en-
dormies retentissent du passage des voitures et
du tumulte de voix ; de tous côtés, la foule est
accourue pour célébrer l'anniversaire du ver-
tueux François-Xavier, patron de la Navarre. Le
castel où naquit le saint se trouve sur une émi-

nence, à 3 kilomètres à peine de la ville : une
école pour les enfants a été établie dans le bas et
la grande cour centrale transformée en chapelle ;
à part cela, on a pris un soin religieux de conserver à l'édifice son aspect et ses dispositions
primitives. Ce respect des Navarrais se comprend : il est peu de figures, en effet, aussi sympathiques, aussi touchantes que celle de ce noble
jeune homme, riche et honoré, qui, dévoré de
charité, brûlant de catéchiser les païens, s'en va
mourir, au bout de l'Asie, de fatigues et de misè-
res ; la douceur de sa voix, l'éclat de ses yeux, où
brillait la conviction, la pâleur de ses traits amaigris par un feu intérieur, tout en lui attirait,
charmait, subjuguait. A Mozambique, à Melenda,
à Goa, il fait des conversions sans nombre ; les
populations ignorantes, émues de sa divine éloquence, se ruaient à ses pieds pour recevoir l'eau
du baptême, et lui-même, dans une lettre écrite à
Rome, disait un peu naïvement « qu'à force de
baptiser, il ne pouvait déjà presque plus lever le
bras. » Non loin du château de Xavier apparaissent
les ruines de l'ancien monastère de Leire qui servit de sépulture aux premiers monarques de la
Navarre : douze rois et sept reines y étaient enterrés ; leurs restes, réunis en un même coffre reposent aujourd'hui dans l'église voisine du pauvre village de Yesa. Leire avait passé des
Bénédictins aux mains de l'ordre de Citeaux ; il

eut sous sa dépendance cinquante abbayes, soixante-onze églises ou monastères, et quand on supprima les ordres religieux, il possédait encore des revenus considérables. Il fut déclaré monument national et laissé depuis lors à l'abandon que ce titre comporte.

La Navarre se divise en deux zones bien distinctes : celle du nord et celle du sud, la montagne et la plaine. Le point le plus avancé de la ligne des montagnes se trouve près de Tafalla; on se rend à cette ville par le chemin de fer de Pampelune à Saragosse, à travers un pays assez triste, coupé de collines pelées et de plateaux déserts; mais, dès qu'on débouche dans la plaine, le spectacle change : la terre, de couleur brune, révèle au premier coup d'œil son incomparable fertilité : les arbres fruitiers, la vigne, l'olivier, y forment comme un verger non interrompu. Je ne ferai qu'un reproche à ce paysage : c'est d'être un peu aride, un peu sec. La ville elle-même manque d'eau potable; celle que lui fournit le Zidacos, un des affluents de l'Aragon, est terreuse et désagréable au goût; aussi les habitants, pendant l'hiver, sont-ils forcés de recueillir l'eau de pluie qu'ils conservent pour l'été dans de grands vases d'argile fabriqués à cet usage. *Tafalla, flor de Navarra,* disait le vieux proverbe. Charles III s'y était fait construire un palais tenu pour une des merveilles de l'époque; les jardins, prudemment

fermés d'une enceinte de hautes murailles et de
tours crénelées, occupaient un espace considérable ; le poëme du Tasse en avait fourni le modèle : promenoirs et portiques, kiosques et pavil-
lons, rompaient la monotonie des bosquets. La
salle à manger, *el cenador del rey,* était remarquable entre toutes par sa richesse et son élégance :
sept arcades ogivales dessinaient un polygone irrégulier sans toiture, garni de siéges de pierre et
fermé de grilles de fer délicatement travaillées ;
chaque pilier portait un petit clocheton surmonté
lui-même d'une girouette à musique, qui, par un
ingénieux mécanisme, tournait au moindre souffle, tandis qu'au centre de la pièce, une fontaine
jaillissante distribuait sa fraîcheur aux convives : les eaux étaient amenées d'une source voisine par un aqueduc et répandues à profusion
dans toutes les parties du parc. Durant la guerre
de l'indépendance, la garnison française qui occupait Tafalla détruisit l'aqueduc et brutalement
arracha les grilles du *cenador*. Le mal pourtant
était peu de chose. Les jardins n'avaient rien
perdu de leur disposition originale ; le palais lui-
même réservait encore au visiteur mille détails
précieux de l'art de l'époque. Qu'en reste-t-il
maintenant ? Rien qu'une immense place vide, au
sol bosselé, une haute tour encore debout, le fameux *cenador* aussi, mais mutilé, pleurant ses
stalles et ses clochetons ; contre un mur ruiné,

des traces de peintures décoratives. Tafalla était comme le centre d'opération des libéraux en Navarre : Moriones y tint longtemps son quartier-général. Chaque maison porte encore écrit sur sa façade, en gros caractères le nombre d'hommes et de chevaux, le grade et les fonctions des officiers qu'elle logeait. Les abords de la place avaient été soigneusement dégagés ; pour plus de sûreté, l'autorité militaire fit construire deux forts, lourdes bâtisses blanches et nettes, odieusement régulières, et comme on n'avait pas de temps à perdre, ce fut l'antique palais royal qui fournit aux travailleurs les moellons nécessaires. Les Espagnols parlent sans cesse du vandalisme des soldats de Napoléon Ier, qui ont stupidement gâté tant de chef-d'œuvres, mais de quel nom flétrir cette barbare destruction accomplie dans leur propre pays par une armée nationale ?

A défaut de Tafalla, il nous reste Olite ; cependant je ne sais si cette consolation ne contribuerait pas plutôt à aviver mes regrets. Une heure de distance à peine sépare les deux villes. La campagne intermédiaire est la plus fertile et la mieux cultivée du monde : les vignobles et les oliviers s'étendent vers la gauche à perte de vue ; à droite, une ligne de coteaux baignés d'une lueur fauve termine l'horizon. De petits murs en terre battue entourent les jardins que sillonnent en tous sens mille canaux où l'eau vive murmure

et coule à pleins bords ; une immense avenue de
peupliers blancs aux souches énormes donne son
ombre à la chaussée ; elle a malheureusement
souffert de la guerre, et par les larges trouées
qui la déchirent paraît la ville d'Olite. Tout d'a-
bord on peut se croire transporté dans le monde
des rêves, tant ces constructions multiples s'entassent et s'entremêlent en un pêle-mêle bizarre
que fait mieux ressortir le ton azuré du ciel qui
sert de cadre au tableau. On marche, on entre
dans la ville et l'illusion continue. Comme toutes
les places fortes du moyen âge, Olite occupe une
éminence de forme ronde, bien détachée, commandant la plaine et facile à défendre ; l'ancienne
enceinte, assez peu étendue, est intacte et forme
un cercle parfait. La grande rue est à elle seule
tout un musée : couvents fortifiés aux noires fenêtres treillagées de grilles, sombres demeures
seigneuriales timbrées d'écussons gigantesques,
larges portes bardées de métal, garnies de clous
à tête ciselée, gros comme des œufs, balcons et
balustres en vieux fer forgé, vastes toitures sur-
plombant d'un mètre et surchargées d'ornements ; les mœurs et les coutumes d'un temps disparu réapparaissent là tout entières. Avec cela,
peu d'animation et comme le regret du passé ;
Tafalla, mieux situé, absorbe tout le commerce de
la contrée. N'étaient les soldats, qui sont caser-
nés ici comme partout dans le pays basque et

dont une compagnie passe en ce moment au retour de l'exercice, le remington sur l'épaule, les
clairons sonnants, je chercherais en vain dans
cette nécropole quelque chose qui rappelle le siècle où nous vivons. Au centre même de la ville
s'ouvre une place fort large ; une plaque de marbre est encastrée au mur d'une maison ; je m'approche et je lis qu'en ce lieu, le 10 juillet 1811,
huit citoyens d'Olite, dont les parents ou les fils
servaient dans les *guerillas*, furent fusillés par les
troupes françaises. Volontiers je salue les noms
de ces malheureuses victimes de la guerre ; mais
sur ce point encore les Espagnols sont-ils complétement sans reproches ? Si une plaque de marbre devait rappeler chacune des fusillades et des
exécutions sommaires accomplies tour à tour par
l'un et l'autre parti durant les deux dernières luttes civiles, tout le nord de l'Espagne en serait
pavé !

Le château qui faisait la principale défense de
la ville en est encore le plus bel ornement ; donnant d'un côté sur la campagne, il ouvre à l'intérieur sur la place et occupe ainsi avec ses dépen-
dances presque le quart d'Olite. Il s'était
conservé intact jusqu'à notre siècle ; mais vers
1840 un incendie, allumé par les *cristinos*, le con-
suma : fort heureusement les flammes ne purent
que dévorer les parquets et les lambris, et res-
pectèrent le corps même de l'édifice. Pourvu seu-

lement que de nouvelles discordes politiques ne
viennent pas compléter leur œuvre et détruire
même les ruines. Ce serait grand dommage!
Ces murs de pierre lisse, hauts comme des
montagnes, ces massifs énormes, appuyés sur
des arcades pleines, gigantesques, ces clochetons
en poivière suspendus comme par la main au-
dessus du vide, ces tourelles de toutes formes
se haussant sur des tours plus larges ainsi qu'un
jeune enfant sur les épaules de son frère aîné,
ces créneaux pointus et qui, mathématiquement
alignés, semblent encore en longue file monter
la garde sur l'ombre de leurs vieux rois, ces
guettes, ces barbacanes, ces brèches même, ouvertes par l'incendie, offrent à l'œil l'ensemble
le plus imposant et le plus pittoresque qui se
puisse voir. Mais je voudrais visiter l'intérieur :
je frappe quelques coups à une poterne, une jeune
personne vient m'ouvrir, la fille de l'intendant du
lieu, vêtue d'une de ces robes claires qui plaisent
tant sous ce ciel si pur ; elle consent à m'introduire et, passant devant moi, me recommande de
marcher avec précaution. En effet, le chemin est
obscur, obstrué de gravats ; nous avançons par
une série de couloirs étroits et d'escaliers en co-
limaçon dont les marches manquent souvent : la
violence du feu a fait craquer toutes les pierres.
Ici est le premier étage : les voûtes se sont effon-
drées pour la plupart, les portes ouvrent sur le

vide. Tout d'abord, sur un des côtés d'une cour
intérieure, je remarque une double rangée d'arcades superposées, aux trèfles précieux découpés
à jour, aux colonnettes pareilles à des fuseaux,
si sveltes, si élancées que le moindre coup de
vent, semble-t-il, va les faire crouler; plus loin,
contre les parois d'une salle d'honneur, quelques
parties de l'ancien revêtement de stuc, couvert de
fines arabesques. A mesure qu'on s'élève, le chemin devient plus périlleux : les escaliers tournent
et s'allongent aux flancs des hautes tours creu-
ses, vides du haut en bas; un moment de vertige,
un faux pas, vous précipiterait dans l'abîme. J'at-
teins ainsi un petit réduit appelé fort impropre-
ment « le boudoir de la reine. » Arrivé là, je
m'arrête; pour aller plus loin il me faudrait l'agilité et l'habitude des petits garçons du pays, qui,
courant nu-pieds sur la crête des murs branlants,
vont au sommet des dernières ruines dénicher les
oiseaux. Voici la tour des Quatre-Vents couronnée
d'arcades, dont chaque baie regarde un point de
l'horizon : puis la tour de l'Horloge, cette fameuse horloge qu'un mécanicien était occupé
à remonter jour et nuit; à côté *el pozo*, le puits
citerne, aujourd'hui à sec, au dessus duquel je
me penche en passant : c'est une tour également,
aussi haute aussi vaste que les autres, mais sans
étages et sans jours, béante au ciel; dans cet immense réservoir, admirablement cimenté, l'eau

de pluie s'amassait en quantité suffisante pour que jamais, même en cas de siége, la population de la ville et la garnison du château n'eussent à souffrir de la soif. Je sors de là au bout de deux heures, ébloui, comme halluciné.

L'antique basilique de Santa-Maria attient au château et, même après lui, mérite une visite. Pour l'élégance et la profusion des ornements le portail n'a point qui l'égale. Ce qui m'y plaît surtout, c'est le précieux motif de sculpture : un long entrelacement de branches de vigne qui, partant des jambages de la porte à hauteur d'appui, entoure et dessine l'ogive. Les rameaux noueux où l'on croit voir circuler la séve, les feuilles dentelées, découpées comme à l'emporte-pièce, les vrilles capricieuses. grimpent, s'enroulent, s'élancent et se détachent du mur avec une vigueur, une exubérance de vie admirable ; l'artiste aura pris pour modèle cette vigne miraculeuse dont parle la Bible et dont une seule grappe de raisin faisait plier deux hommes sous le faix. Grâce à la nature de la pierre fort dure, l'œuvre est intacte dans ses moindres détails ; il n'ent est pas de même, hélas ! du petit cloître si harmonieux qui précède l'église : des troupes y campaient naguère, la flamme des bivouacs a léché les murs de sa langue noire, rongé les pierres des assises ; et partout des fûts renversés, des arcs mutilés. Ne pourrons-nous donc faire un pas sur cette malheureuse terre sans y rencontrer les souvenirs odieux de la guerre civile ?

Au-dessous de Tafalla, à l'extrémité même du losange que dessine la Navarre, se trouve Tudela, la dernière ville importante de la province ; elle est située au-delà de l'Ebre, que le chemin de fer traverse sur un pont métallique long de 700 mètres et plus ; les carlistes, de gaîté de cœur, en on fait voler plusieurs arches ; quand je passai par là, des ouvriers étaient en train de les rebâtir, mais lentement, posément, avec une gravité toute orientale, si bien qu'on ne pouvait prévoir s'ils en finiraient jamais ; en attendant, on franchit le fleuve sur un bac. Du reste il ne faudrait pas croire que la largeur normale de l'Ebre soit ici en proportion avec l'étendue du pont : son cours sinueux, les bancs nombreux de sable et de cailloux qui encombrent sont lit immense, ses rives rongées, déchiquetées, sans arbres, le font ressembler à la Loire auprès d'Orléans. Comme la Loire aussi à certains moments, il a des crues subites et des colères inconsidérées. D'après d'anciens documents, l'Ebre fut navigable, pendant la plus grande partie du moyen âge, depuis Tudela jusqu'à la mer ; mais l'incurie des premiers conquérants chrétiens et les transformations graduelles subies par le talweg du fleuve, ont privé le pays de ce précieux moyen de communication. Le canal impérial d'Aragon, œuvre magnifique com-

mencée par Charles-Quint, n'a pu réparer tout le
mal : plus de 250 kilomètres manquent encore
pour le compléter, entre Saragosse et Tortosa.
Ce canal d'ailleurs est à deux fins : il sert de voie
au commerce et fournit de l'eau pour fertiliser les
terres ; l'irrigation est fort en honneur dans tous
ses parages ; l'usage en remonte aux Mores, qui
ont occupé longtemps la contrée, et partout ont
laissé des preuves bienfaisantes de leur séjour.
A Tudela, même après la conquête, ils vivaient
encore en grand nombre. Aujourd'hui la ville
n'offre plus trace de mosquée ; en revanche, les
églises et les couvens y abondent, tous édifices
bâtis de briques, vieux sans antiquité, absolument dépourvus d'intérêt ; seule la cathédrale,
avec sa voûte majestueuse, ses chapelles surchargées d'ornements churriguerresques, sa vaste
sacristie où sont réunis les portraits en pieds
des donateurs, arrête l'attention. Tudela en
somme m'apparaît sous un jour triste et froid ;
ses rues étroites sont plus que suffisantes pour
une population qui ne dépasse pas 4,000 âmes ;
tout au travers coule la Queiles, minuscule affluent de l'Ebre, encaissée entre deux superbes
quais de pierre qui feraient envie à un vrai fleuve :
rien d'inoffensif en apparence comme cet imper-
ceptible filet d'eau, où les femmes du peuple vont
d'ordinaire laver leur linge ; mais le voisinage de
l'Ebre le rend parfois dangereux. Non loin de là,

vers la gauche, le vieux pont fortifié aligne au-
dessus des eaux troubles du fleuve ses dix-sept
arches inégales ; ce pont, monument bizarre où
tous les peuples ont mis la main, où tous les siècles ont posé leur pierre, figure comme arme parlante sur l'écusson de la cité.

Dès la sortie de la ville, les plantations d'oliviers commencent et se prolongent sur plusieurs
lieues. Pour qui n'a vu jamais que nos oliviers
de Provence, maigres, rabougris, souffreteux,
ou même ceux d'Estella, que les vents du nord
gênent dans leur croissance, il est difficile de
s'imaginer à quel développement superbe peut
arriver cet arbre bien cultivé, sous un ciel et sur
une terre qui lui conviennent de tout point. Ici
chaque plant projette ses rameaux à plusieurs
mètres à l'entour : le feuillage en est d'un vert
sombre, brillant et métallique, formant un couvert si épais qu'il donne de l'ombre comme un
chêne ; autour de chaque pied court un système
de rigoles qui lui permet d'être inondé régulièrement. Cette terre est fertile à l'extrême, mais il
lui faut de l'eau ; sans humidité, toute culture est
impossible, la végétation disparaît : à peine
sommes-nous au milieu du mois de mai, et
déjà le sol se crevasse sous les rayons d'un
soleil de feu. A cette lumière plus crue, à ce
ciel plus bleu, on sent que l'on approche de la
véritable Espagne ; pour s'en convaincre, il

suffirait de voir le long convoi de voitures qui
en ce moment passe sur la route, soulevant
après lui d'épais nuages de poussière. Des
Aragonais le conduisent, reconnaissables à leur
costume national : veste et culotte de drap brun,
mouchoir de fil à carreaux noué autour de la
tête, sandales de cordes et guêtres longues, sans
oublier l'ample ceinture de couleur qui huit ou
dix fois leur fait le tour de la taille. Ces bonnes
gens, de mine un peu rébarbative, s'étaient
chargés d'un transport de vivres au compte de
l'administration militaire, et maintenant ils ren-
trent chez eux après avoir rempli leur traité.
Arrêtons-nous, il est temps, à quelque pas est
l'Aragon.

La majeure partie de la Navarre est occupée
par des montagnes boisées ou non, mais généralement impropres à la culture ; même dans la
zone inférieure, à l'est, entre les rivières de
l'Ebre et de l'Aragon, s'étendent des déserts
immenses, les *Bardeñas*, tout à fait semblables
à nos landes avant l'introduction des pins, et où
de rares troupeaux paissent mélancoliquement
quelques brins d'herbes aromatiques. La Navarre n'en est pas moins une des provinces les
plus riches de l'Espagne : cela tient à la fertilité
extraordinaire de ses vallées et aussi à l'énergie,
à l'amour du travail qui distinguent ses habitants.
A Puente-la-Reina, à Peralta, la vigne réussit

fort bien ; l'olivier, aux environs d'Estella et de
Tudela ; quant au blé, il vient partout : ce fut
là toujours la grande ressource du pays. Jusqu'au XIVᵉ siècle, faute de numéraire, les monarques navarrais payaient avec un certain nombre
de mesures de blé partie de la solde de leurs
officiers et des fonctionnaires publics ; eux-
mêmes percevaient en nature les contributions
des villes et des villages. Dès cette époque, la
Navarre récoltait plus de grains qu'il ne lui en
fallait pour sa consommation personnelle. L'empereur Charles-Quint, de glorieuse mémoire,
avait auprès de lui un confesseur, un chapelain
et un médecin, nés tous trois dans les provinces
du Nord ; c'est ainsi qu'il avait appris quelques
mots de basque, l'idiome le plus difficile qui
soit au monde, et il aimait à s'en servir. Or un
jour, rencontrant en chemin un muletier navarrais, il lui demanda dans sa langue : — Muletier, d'où viens-tu ? — Et l'homme aussitôt : —
De Navarre. — Et en Navarre il y a beaucoup de
blé ? poursuivit l'empereur. — Oh ! oui, seigneur,
beaucoup de blé, répondit l'autre. — L'ambitieux
monarque, qui avait tant d'armées à nourrir dans
l'un et l'autre monde et qui, comme son aïeul,
était toujours sans argent, conclut sous forme
d'aparté : — Oui, oui, beaucoup pour vous, mais
il ne m'en revient rien à moi. — La Navarre,
comme on sait, en vertu de ses *fueros*, ne payait

point de contributions à la Castille, et cet état de choses a duré jusqu'en 1841. Grâce à l'abondance des céréales, la fabrication des farines est particulièrement florissante : en 1868, il existait dans la province 237 moulins dont 32 à deux ou plusieurs meules ; à part cela, peu de commerce, peu d'industrie, de rares filatures, quelques fabriques de drap ; 60 mines environ de cuivre, de plomb ou de fer sont en exploitation et comme 20 forges en activité. Bref, le vin seul, avec le blé, fournit à l'exportation un article de quelque importance.

On s'est étonné souvent que, sur un territoire aussi restreint, les carlistes aient pu soutenir une lutte aussi longue. Les trois provinces basques en effet réunies à la Navarre ne comptent pas même 2 millions d'hectares ; elles aussi pour un tiers et plus sont occupées par des montagnes complètement improductives ; en tenant compte de la partie qui était aux mains des libéraux, à peine restait-il aux carlistes pour subsister 700,000 ou 800,000 hectares de terre plus ou moins cultivée. On a cru alors de bonne foi que toutes leurs ressources provenaient du dehors, et de fait à l'étranger, dans certaines classes au moins, les sympathies ne leur ont pas manqué ; les souscriptions ont été publiques, les enrôlements ouvertement provoqués, les armes et les munitions au su de tous achetées, emballées, expédiées. Est-ce à dire que ces manœuvres ou ces envois aient influé beaucoup sur la durée de la guerre ? Un Espagnol de mes amis, esprit fin et judicieux, tenait devant ses compatriotes le raisonnement qui suit : « Les contributions volontaires, dès que le but dépasse certaines limites, demeurent toujours en dessous ; sans chercher plus loin, en Espagne même ne voulait-on pas vers 1860 procurer au gouvernement, par souscription publique, toute une flotte de guerre ? On recueillit à peine de quoi fréter une chaloupe. D'ailleurs, si quelquefois on peut réunir de la sorte une somme déterminée, il y a loin de cet effort momentané à la dure obligation de verser chaque jour, pendant cinq années, l'argent nécessaire à l'entretien d'une armée en campagne. »

Et cette armée, nous savons sa force, cinquante mille hommes au bas mot. C'est par centaines de millions qu'il faut alors chiffrer la dépense ; que là-dessus les partisans de don Carlos, légitimistes de France et catholiques d'Angleterre, aient libéralement fourni leur appoint, le fait n'est pas contestable ; mais, fort heureusement pour lui, le prétendant trouvait sur place d'autres ressources plus sérieuses et bien plus durables. « Dans le pays basque, par la nature même du terrain, il ne peut y avoir de grande culture ; chaque ferme ne comprend guère qu'un hectare de bonne terre, auquel il faut joindre un autre

hectare dans la montagne pour le pacage des
bestiaux ; grâce à un travail opiniâtre et à l'entente parfaite de ce qui convient à ses champs,
le paysan basque peut payer pour l'hectare qu'il
cultive une rente annuelle de 100 francs ; le propriétaire reçoit donc, l'un dans l'autre, 50 francs
par hectare. Or, pendant trois ans, don Carlos a
été le maître absolu de la contrée ; la majorité
des grands propriétaires sont libéraux : les uns
ont vu leurs biens vendus ou séquestrés et n'ont
partant, rien perçu de leurs rentes ; les autres,
qui ont fait un accord avec les autorités carlistes,
ont dû, avec la rente, fournir quelque chose en
surplus ; pour les propriétaires résidents carlistes, ils ont conservé leurs biens, mais ils avaient
à supporter des charges énormes qui leur enle-
vaient au moins la moitié de leur revenu. En
calculant sur 800,000 hectares, bon an mal an,
don Carlos n'a pas dû toucher moins de 35 millions de francs. Ajoutez-y la contribution directe,
personnelle, très-rigoureusement exigée ; chaque
famille payait jusqu'à 3 douros (15 francs) par
mois ; cela fait, pour dix mille familles, à peu
près 20 millions ; avec les contributions indirectes, car trop longtemps l'exportation de
certains articles, tels que le vin, ne fut point
interdite au-delà du territoire libéral, et les
douanes carlistes fonctionnaient régulièrement,
vous aurez encore de ce fait une dizaine de

millions, soit en tout 60 millions de francs, somme bien plus considérable qu'il n'en fallait au prétendant pour munir ses soldats de canons Krupp et de fusils Berdan. Par rapport aux vivres, aux subsistances, la question se résout plus simplement encore : le pays basque, essentiellement agricole, ne connaît point le luxe ; l'argent même y est assez rare, mais l'argent ne fait pas la vraie richesse, il ne sert qu'à faciliter les échanges. Là-bas, en Navarre surtout, les articles de première nécessité abondent : le blé, l'huile, le vin ; la vie est peu chère ; comme les femmes ont l'habitude de travailler la terre, les champs ne sont point restés en friche après le départ des maris ou des fils, et pendant toute la durée de la guerre les récoltes n'ont pas diminué sensiblement ; en outre, chaque famille, à cause du voisinage des montagnes, possède quelques têtes de bétail dont le fumier lui sert à améliorer son champ. Les réquisitions ne manquaient donc pas d'être fructueuses, et l'on peut poser en principe que jamais les carlistes n'ont souffert de la faim. Il est certaines localités, comme Viana, qui, situées aux approches des deux armées, étaient forcées de les recevoir et de les héberger à tour de rôle ; si elles ont pu y suffire aussi long-temps, — ainsi concluait mon Espagnol, — cela ne prouve-t-il pas clairement les profondes ressour-ces de la contrée qui, par elle-même, subvenait

à tous les besoins qu'une intendance militaire
bien organisée eût été tenue de prévoir ailleurs. »

Bien qu'elle fasse partie du pays basque au
double point de vue ethnologique et géographique, la Navarre, dans sa plus grande étendue au
moins, a depuis longtemps désappris « la noble
langue des fils d'Aïtor. » Les habitants des hautes
vallées parlent encore l'idiome primitif ; mais
dans tout le sud et dans l'est, à Pampelune, à
Monreal, à Lumbier, on se sert d'un castillan
mélangé de termes locaux. Les femmes en général
sont petites, la taille lourde, les traits vulgaires
et sans agrément ; l'homme a mieux conservé,
dirait-on, le type de la race aborigène ; le corps
souple et nerveux, le visage ovale, le nez droit,
les pommettes saillantes, les cheveux drus em-
piétant sur le front. Les Navarrais ont aussi leur
caractère particulier : ils sont plus sombres,
plus fermés que leurs voisins de la Bizcaye ou
du Guipuzcoa, ils rient peu ; d'aucuns les accu-
sent d'être sournois. Du moins leur courage est-il
incontestable : on les a vus au Monte-Jurra, pour
charger à la baïonnette, ramper comme des
jaguars aux flancs de rochers à pic. On a coutume, il est vrai, d'établir une distinction entre
les habitants de la montagne et ceux de la plaine.
Les premiers auraient, à ce qu'on assure, des
mœurs plus douces et plus patriarcales ; les

autres, au contraire, n'aimeraient rien tant que
la guerre, les rixes et les coups : le climat plus
chaud en serait cause et peut être aussi le vin,
plus abondant. Pour ma part, et sans nier la
justesse de cette observation en temps ordinaire,
j'ai pu voir chez tous les Navarrais, du nord au
sud et de Leire à Vera, le même esprit d'indépendance, le même orgueil surexcité jusqu'à la
rage par les luttes récentes et la défaite suprême.
Ces montagnards, si placides et si doux, sont
aujourd'hui les plus terribles, et la haine sauvage
qu'ils portent à leurs vainqueurs ne cherche
même pas à se déguiser.

En Navarre, l'état de l'instruction est des plus
prospères ; c'est un des bienfaits de cette autonomie, de cette administration locale dont la province a pu jouir jusqu'à ce jour. Dès l'an 1781,
une loi est portée par les cortès siégeant à Pampelune dans le but de régler, organiser et dévelop-
per l'enseignement primaire ; en 1794, l'instruction
est rendue obligatoire pour les enfants des deux
sexes, et chaque absence de leur part à l'école
punie d'un réal d'amende aux frais du père ou du
tuteur. N'est-il pas curieux vraiment qu'une mesure qui chez nous soulève tant de colères et
d'appréhensions ait été appliquée sans résistance,
depuis près d'un siècle, dans le pays le plus religieux et le plus catholique de la chrétienté? En
1829, nouvelle loi sur l'enseignement : les écoles

primaires reçoivent un règlement général; les maîtres toucheront un traitement de 3, 4 ou 6,000 réaux au minimum, selon leur catégorie. Bien plus, Pampelune est dotée d'écoles normales : l'une pour les hommes avant 1840, l'autre pour les femmes en 1847, alors qu'il n'existait en Espagne aucun établissement de ce genre et que, dans le reste de l'Europe, ils étaient comptés. Depuis lors le progrès ne s'est pas ralenti : on ne saurait traverser un des villages de la Navarre sans apercevoir une ou même deux maisons d'école, pour filles et garçons; et certes ces maisons ne sont ni les moins propres, ni les moins bien tenues. En somme, près des trois quarts des Navarrais savent lire, et cependant, le croirait-on? il ne s'est pas encore trouvé parmi eux un seul poète pour chanter leurs gloires, leurs traditions, leurs regrets; ils ont peu d'écrivains, peu d'artistes; le fond de la race est excellent, mais un talent supérieur ne s'en dégage pas. Quand on rapproche de cette stérilité l'exubérance et la force de vie des provinces du sud comme l'Andalousie, où les génies de toute sorte poussent sans préparation, sans culture, du sein d'une ignorance séculaire, on reste un moment étonné. Il faudrait donc étendre à la Navarre ce qu'un de nos penseurs disait de l'Amérique du Nord : que la supériorité vraie d'un peuple n'est pas nécessairement en rapport avec le développement de l'instruction primaire, et que, là même où tout le monde sait lire, une aristocratie intellectuelle peut faire défaut!

L'ALAVA

CHAPITRE IV

Les vins de la Rioja. — Le château de la Guardia. — Un commandant rébarbatif. — Les gardes civils. — Le cachot de Peñacerrada et la prison de Vitoria.

La province d'Alava, la plus petite de toute l'Espagne, compte environ cent mille habitants, ni moins ni plus qu'une ville de troisième ordre, et cette petite population vit dispersée sur une étendue de 116 lieues carrées, entre une foule de bourgades, de hameaux, de *caserios* ou maisons isolées. Ainsi le veut la nature du terrain fort accidenté, coupé de vallées étroites et de hautes montagnes ; il s'applanit pourtant vers le sud, dans la partie qu'on appelle la Rioja Alavesa et qui confine aux rives de l'Ebre. Par sa fertilité et sa situation, la Rioja correspond assez bien à la Ribera navarraise : elle est surtout connue pour ses vignobles [1]. Les vignes d'Espagne sont en général d'espèces beaucoup plus fortes, plus feuillues et plus vivaces que les nôtres ; vers cent ans, elles sont en plein rapport, du moins dans les fonds argileux : j'en ai vu qui, suivant la tradition, avaient atteint déjà près de trois siècles et ne semblaient nullement affaiblies. On les plante très-profondément, dans des fossés de 1 mètre et plus. Les grappes sont fort nombreuses à chaque pied et les grains du raisin si pressés, qu'ils se chassent les uns les autres et se gênent pour mûrir. Du reste, les cultivateurs d'outre-monts emploient pour la fabrication du vin les procédés les plus primitifs. A mesure qu'il arrive de la vigne, le raisin est déversé dans de vastes réservoirs carrés en maçonnerie : c'est là qu'on le foule aux pieds, qu'on le presse ; au bout d'un temps plus ou moins long, on soutire le moût que l'on transporte dans les cuves ; il y séjourne jusqu'au milieu du mois de mars, époque où l'on s'occupe de le transvaser par crainte des chaleurs. A part cela, aucun souci de l'exposition des celliers, de la dimension des cuves, du degré de fermentation. Quant aux opérations multiples en usage chez

1. La Castille elle aussi à sa Rioja également très-fertile, et comme dit un vieux proverbe, assez difficile à traduire : *Si Castilla fuera vaca, la Rioja seria su riñonada.*

nous : l'ouillage, le soufrage, le fouettage, nul n'y songe ni ne les connaît. Aussi ce vin n'est-il jamais dépouillé et garde-t-il un fort goût de terroir : « épais, plat et violent, » tel Saint-Simon le jugeait en trois mots et tel il resté depuis. De plus il s'aigrit très-facilement ; il faut le consommer dans les deux ou trois ans qui suivent la récolte ; on cite même certaines localités de l'Aragon où il ne se conserve guère plus d'une année. Ajoutez à cela l'odeur de l'outre en peau de bouc dans laquelle on l'enferme communément pour le vendre en détail, et vous comprendrez sans peine la répugnance qu'ont manifestée tous les voyageurs pour ce grossier breuvage, empoisonné à plaisir.

Une fois sorti de la cuve, le vin est mis non pas dans des tonneaux ou des barriques, comme chez nous, mais dans des foudres de dimensions colossales, contenant parfois jusqu'à 10,000, 12,000 et 15,000 litres. Afin d'écarter autant que possible le danger constant d'un retour de fermentation, les caves sont très-profondes et très-fraîches. On m'a montré celles d'El Ciego, non loin de Logroño ; un peu distantes des habitations, elles forment à elles seules un village distinct ; la plupart datent déjà de plusieurs siècles et témoignent d'une prospérité disparue. Le sol de la montagne a été creusé, fouillé, souvent à une profondeur de deux ou trois étages ; de gros piliers soutiennent les

voûtes. Là s'alignent symétriquement des tonneaux monstres, dignes des caves d'Heidelberg ;
comme ils ne pourraient jamais passer par la
porte ou par les étroits couloirs ménagés au long
des parois, c'est sur place qu'on les construit,
qu'on les emplit, qu'on les répare ; vus ainsi à
la lueur des lampes fumeuses, avec leurs proportions énormes dont l'ombre encore agrandie
se reflète fantastiquement sur les murs, on se
prend à regretter davantage que le liquide qu'ils
contiennent soit si fort au-dessous de la réputation et de la valeur qu'il devrait avoir.

A la vérité, la députation générale de la province s'est inquiétée de cet état de choses ; on
a tenté, à plusieurs reprises, d'appliquer aux
vins de la Rioja les procédés usités dans nos
contrées, et d'obtenir ainsi un produit moins
grossier ; mais la routine a toujours été la plus
forte. J'ai rencontré moi-même à El Ciego,
un de nos compatriotes, vigneron girondin,
transplanté en Espagne avec sa famille depuis
quelque quinze ans. Il était venu d'abord officiellement mandé par la province, aux appointe-
ments annuels de 3,000 francs ; il allait de
village en village, donnant des leçons pratiques, enseignant aux gens du pays la manière
dont on fait et dont on soigne le vin : peine
perdue. Cinq ou six viticulteurs à peine se décidèrent à suivre ses conseils, encore étaient-ils

mal installés, plus mal outillés : ils ne pouvaient se résoudre aux dépenses les plus nécessaires. Pourtant notre homme est demeuré au compte d'un grand propriétaire, le seul qui ait sérieusement persévéré et que n'aient point effrayé les difficultés du début. M. le marquis de Riscal avait longtemps vécu à Bordeaux, le vrai pays des vins rouges, il avait pu suivre sur les lieux les meilleures méthodes de culture, de fabrication ; jaloux d'être utile à ses compatriotes, il a entrepris de doter l'Espagne d'un vin de table qui, sans être identique, pût rivaliser avec nos grands crûs. Mais une industrie aussi perfectionnée ne s'établit pas de toutes pièces, surtout dans un pays arriéré ; d'ailleurs le moindre échec eût semé la défiance pour l'avenir et découragé les imitateurs. C'est là l'originalité de M. de Riscal qu'il est prudent jusque dans ses audaces, marchant d'abord à petit pas, multipliant les essais, cherchant sans cesse les améliorations, puis, la certitude une fois acquise, poussant dans cette voie hardiment et engageant de gros capitaux. Non-seulement il a introduit dans son exploitation les appareils les plus nouveaux et les plus pratiques, mais il a fait transporter là-bas, longtemps avant l'invasion du phylloxera, un nombre considérable des plus fins cépages du Médoc. Bien que les vignes bordelaises produisent beaucoup moins que

les vignes du pays, le fruit en est infiniment
supérieur et les raisins Malbec, Sauvignon,
Sémillon, vendangés avec les autres, donnent à
l'ensemble de la récolte une finesse et un parfum
tout particuliers ; enfin ce vin a l'avantage de pouvoir être mis en bouteilles et de se conserver
indéfiniment. A l'exposition vinicole, tenue à
Madrid tout récemment, M. de Riscal a présenté
des échantillons de ses vins portant les dates
successives des quinze dernières années ; or,
il n'est pas un autre propriétaire de vins rouges en Espagne qui, de bonne foi, pût en faire
autant. A défaut d'un marché national, avec
ses qualités agréables, son léger bouquet, son
faible degré alcoolique, le vin de *Torrea* est
assuré d'un débouché en Angleterre où la consommation du *claret* augmente de jour en jour ;
déjà même les envois ont commencé et ont été
favorablement accueillis. Les autres viticulteurs
voudront-ils enfin secouer leur torpeur et suivre
l'exemple qui leur est donné ? Ils ont tout à y
gagner ; mais si jamais, comme il est permis de
le croire, la Rioja devient l'un des centres principaux de l'exportation des vins espagnols à
l'étranger, c'est à M. de Riscal qu'elle le devra,
à son initiative intelligente, à sa persévérance,
à sa prudence, à son désintéressement aussi qui
lui fait mettre au service de tous le résultat de
ses peines et de ses dépenses.

A une heure de marche d'El Ciego environ, se trouve la petite ville de La Guardia, qui fut le théâtre d'un des plus brillants faits d'armes de cette guerre de surprises. Dans les premiers jours du mois d'août 1874, presqu'à la barbe des libéraux dont le quartier général, situé à Logroño, n'était distant que de 3 ou 4 lieues à peine, le brigadier carliste Alvarez s'approche de la place ; il avait avec lui deux bataillons renforcés de quatre petites pièces de montagne, Mettant à profit l'incurie de la garnison, il fait à la nuit occuper par une compagnie une masure abandonnée qui se trouvait près d'une des portes, avec ordre de se jeter dans la ville dès qu'on baisserait le pont-levis, comme cela se pratiquait tous les matins ; lui-même, avec le reste de ses forces, va se poster sur les hauteurs voisines. La ruse réussit à souhait : les carlistes pénétrèrent dans la ville pêle-mêle avec le faible détachement qui occupait la porte et qu'une attaque soudaine avait effrayé ; dans les rues, les libéraux reprenant courage, un combat assez vif s'engage ; mais déjà Alvarez accourait et mettait ses pièces en batterie. Après une courte résistance, la garnison, réduite à trois cents hommes, fut obligée de capituler. Peu curieuse en somme, la ville ne se distingue point des autres places fortes du moyen âge ; elle est bâtie sur une éminence dont son enceinte crénelée dessinait les

contours ; aujourd’hui les tours, écrêtées, coiffées
de toits et percées de fenêtres, servent d’habitations particulières. Toutefois le château, vieux
du temps des rois navarrais, était remarquable
de conservation ; on m’en avait dit l’aspect élégant
et solide à la fois et je m’étais promis de le visiter. Mal m’en prit, comme on va le voir. J’avais
quitté El Ciego sous une pluie battante, « par un
temps d’hérétiques, diraient ces bons Espagnols ;
j’avais gravi la rampe caillouteuse qui monte vers
La Guardia, j’avais reconnu une partie de l’ancienne enceinte, puis, franchissant une porte
basse ouverte au flanc d’une grosse tour massive
et carrée qui sert en même temps de clocher à
l’église, j’étais entré dans la ville. Là, de tous
mes yeux, je cherchai le fameux château ; hélas !
j’aurais pu chercher longtemps ; depuis deux ans
déjà il n’existait plus. Après la prise de la ville,
les carlistes, peu soucieux d’y soutenir un siége
à leur tour, s’étaient empressés de démanteler
l’enceinte ; le château lui-même avait été livré
aux flammes ; c’est ainsi qu’un peu plus tard les
libéraux purent entrer dans la place presque sans
coup férir ; mais, pour prévenir tout nouveau coup
de main, avec les matériaux mêmes et sur l’emplacement du château démoli, ils construisirent
à la hâte une sorte d’ouvrage avancé ; le donjon
seul restait debout, sillonné du haut en bas par
une large crevasse : on s’en servit comme de

magasin pour serrer les poudres et les munitions.

Or ce jour-là, ignorant encore de tous ces détails, je m'avançais sans défiance, les pieds dans la boue et le nez au vent, comme un vrai curieux que j'étais ; je ne me lassais pas de regarder, je crois même que naïvement, pour éclaircir mes doutes, j'interrogeais quelques paysans qui passaient par là, quand tout à coup je me sens frapper sur l'épaule, je me retourne, un caporal de la troupe était devant moi qui, joignant le geste aux paroles, m'ordonne de le suivre et me déclare que, sans plus tarder, on va me conduire devant le gouverneur de la place ; presqu'au même instant, quatre hommes m'entourent, baïonnette au canon. Plus de doute : on m'aura pris pour un espion : ces bons libéraux, à ce que je vois, depuis leur mésaventure avec Alvarez, ont appris à être prudents. Encore eût-il été plus logique que le caporal désignât simplement deux soldats pour m'accompagner, au lieu d'engager d'un coup toutes ses forces disponibles et de rester seul, comme il fît, à la garde du poste. Mais quoi ! on ne songe pas à tout. Déjà l'escouade s'était mise en marche et me conduisait, haut le pas, par la grande rue, à travers la foule des femmes et des enfants qui s'amassaient sur les portes et m'accueillaient au passage de mille épithètes sonores et peu flatteuses.

Jusque-là pourtant, l'incident m'avait peu

ému; à tout prendre, le caporal n'avait fait que
son devoir en m'arrêtant; je n'avais pas voulu
discuter avec lui, mais devant ses chefs je n'aurais point de peine à me justifier. J'alléguerais
de l'ignorance absolue où j'étais que La Guardia
eût conservé une telle importance militaire; je
déclinerais mon titre inoffensif de littérateur en
voyage; je montrerais à l'appui mon passeport
visé, paraphé, timbré moyennant finances par le
consul d'Espagne à Bordeaux. En tout cela, je
comptais sans mon hôte, c'est le gouverneur que
je veux dire. Un terrible homme en vérité, ce don
Antonino Garcia Galan, lieutenant-colonel du régiment de Tolède; brusque, maussade, à cheval
sur le règlement, dur aux touristes et aux archéologues. Je crois le voir encore avec ses sour-
cils froncés, sa grosse taille portée en avant,
dans toute sa personne cet air d'autorité dont
certaines gens se couvrent comme de bonnes
raisons. Il parlait sec et regardait de haut. Bref,
ni mes explications, ni mon passeport, ni ma
mine, rien n'eut le don de lui plaire. Aidé par
un jeune officier qui se trouvait là et qui prenait
pitié de ma peine, je lui traduisis de mon mieux
les notes bien innocentes que j'avais prises sur
mon carnet; je lui offris d'envoyer chercher à
mes frais, dans la ville de Logroño où ils étaient
restés, mes papiers et mes bagages qui lui per-
mettraient de constater mon identité : le tout en

vain. Don Antonino était de ces sourds qui ne
veulent rien entendre. « Eh quoi ! j'avais osé
violé la consigne, pénétrer sans permission
dans la zone militaire, étudier les fortifications
d'une place de guerre comme La Guardia ! — Il
avait pour parler de cette bicoque, défendue par
un bataillon au plus et quatre pans de mur qu'on
renverserait d'un coup de pied, une façon d'en-
fler la voix des plus divertissantes ; — une pareille audace méritait châtiment. D'ailleurs j'étais
Français, autant dire suspect ; sans doute je
voyageais au compte du parti carliste ; qui sait
même si la France, elle aussi, ne nourrissait pas
quelques intentions secrètes contre l'Espagne ?
— Et comme j'avais un geste d'étonnement :
— La chose s'était déjà vue, poursuivait-il d'un
ton sentencieux, on ne pouvait prendre trop de
précautions. Après tout, mes explications lui
semblaient bien peu naturelles : se déranger,
venir de si loin, pour quoi voir ? Un vieux château qui n'existait plus, et par un temps pareil
encore, dans la boue, sous la pluie, est-ce que
cela était vraisemblable ? Tout bien considéré, il
me tenait, et il me gardait : c'était son dernier
mot. » Devant une argumentation aussi bien suivie, je n'avais plus qu'une chose à faire, me résigner et me laisser conduire en prison, ce qui
fut fait tout aussitôt. Don Antonino avait donné
l'ordre aux soldats : *pero que no le maltraten,* mais

qu'on ne le maltraite pas ! eut-il la gracieuseté d'ajouter en se retirant.

Je passai tout un jour, gardé à vue, dans une chambre de la petite maison humide et nue, attenant aux remparts, qui servait de poste principal à la garnison, et le surlendemain matin, dès l'aurore, je fus remis aux mains de deux gardes civils, avec un compte-rendu détaillé de mon arrestation. Dans un petit conseil de guerre tenu à mon intention eutre le colonel et ses officiers, il avait été convenu que je serais conduit par étapes jusqu'à Vitoria, capitale de la province ; que là je m'expliquerais tout à loisir et que les autorités supérieures décideraient de mon sort : ce brave colonel, qui trouvait d'excellentes raisons pour me faire arrêter, ne voulait pas même savoir s'il n'en était pas de meilleures pour me relâcher. Il m'avait cru de bonne prise : cela lui suffisait ; de tout le reste, il se lavait les mains comme Pilate et m'envoyait pendre ailleurs, s'il y avait lieu. Mais pourquoi donc s'avisa-t-il d'inscrire sur son rapport, comme je l'appris plus tard, qu'au moment même où je fus arrêté, j'étais en train de tracer des dessins et de lever des plans ? A mon grand chagrin, je l'avoue, je n'ai su de ma vie tenir un crayon et les papiers saisis sur moi pouvaient en faire foi au besoin.

La même curiosité qui m'avait accueilli lors de mon arrivée par la grande rue m'attendait au départ. On a beau être fort de sa bonne conscience, très-légèrement compromis en somme et plein de confiance dans l'arrêt des juges de Vitoria ou de Madrid, c'est une position délicate, quand on n'en a point l'habitude, que de cheminer ainsi entre deux gendarmes. Pour moi, lorsque j'y songe, je devais en l'occurrence faire assez triste figure. Ces regards de côté, ces sourires, ces réflexions malsonnantes qui m'éclaboussaient au passage et me frappaient à la face comme de la boue, tout cela m'était fort pénible, je dois le dire, et je mets cette journée-là parmi les plus mauvaises de ma vie. La route d'ailleurs était fort jolie ; la pluie avait cessé, et la nature rafraî-chie se montrait dans tout l'éclat de son épanouis-sement printanier. Les arbres, les blés, les maïs étaient d'un vert éblouissant. Nous nous élevions lentement pour franchir la haute crête qui de ce côté borne la Rioja. Parfois un muletier, quelque petit propriétaire du pays, passait perché sur sa bête ; on s'arrêtait pour causer un peu, échanger une cigarette ; et lui, tout en allumant, sans pa-raître me regarder, s'informait de moi à voix basse ; puis je le voyais cligner de l'œil et hocher la tête d'un petit air satisfait. A certain moment, mes guides, qui avaient l'habitude des lieux, pour éviter les nombreux lacets et les détours interminables du chemin royal, tracé au flanc de la montagne, me proposèrent de couper au plus

court par un sentier à eux familier. J'acceptai
assez volontiers, et soufflant, suant, grimpant
des pieds et des mains, nous parvînmes enfin au
sommet. Si grandiose était le panorama qui se
déroula sous mes yeux, que j'oubliai un instant
dans quelles conditions j'étais appelé à le contempler. A perte de vue s'étendait l'horizon tout
drapé d'une buée légère que les rayons du soleil
levant n'avaient pas encore complètement dis-
sipée. Les deux Riojas, l'alavaise et la castillane,
étaient devant moi avec leurs villages sans nombre, couleur de brique, tranchant sur le fond vert
des vignobles et des champs de maïs. A cette
distance, les hauteurs semblaient se fondre et
n'apparaissaient plus que comme d'imperceptibles renflements de terrain ; dans la campagne
lumineuse, l'Èbre promenait son cours sinueux ;
les arbres poussaient plus pressés sur ses rives,
et de loin en loin, au travers du feuillage, on
voyait ses eaux scintiller au soleil comme les
écailles mobiles d'une couleuvre d'argent. Derrière nous enfin, au-dessus de nos têtes, bâti sur
le roc à pic dont il continue les anfractuosités et
dominant toute la contrée, s'élevait le château de
San-Leon, invisible et presque imprenable de ce
côté-là. Bientôt nous rejoignîmes la grande
route ; mes gardes firent halte près d'un parc à
bestiaux ruiné par la guerre et me remirent, contre un reçu, à deux autres de leurs camarades

qui s'étaient assis en nous attendant et avec lesquels je devais achever l'étape.

Braves gardes civils ! sincèrement j'aurais tort de conserver trop longtemps rancune à don Antonino, puisque c'est à lui que je dois de les avoir connus. Institués sous Isabelle II par le duc de Ahumada, à l'imitation de la gendarmerie française, ils sont peut-être, avec les douaniers ou *carabineros*, le corps le plus méritant et le plus respecté de l'armée espagnole. Eux aussi, ils vont deux par deux d'ordinaire ; c'est ce qu'on appelle un couple, *una pareja ;* leur uniforme est en tout semblable à celui que nous connaissons : redingote et pantalon de drap bleu, larges buffleteries jaunes, sans oublier le traditionnel tricorne posé droit sur le front ; seulement cette coiffure, par économie, au lieu de galons d'argent, n'est bordée que de coton. Durant les quatre jours que s'est prolongée ma captivité, j'ai pu les voir de près, étudier leur esprit, leurs mœurs, leur caractère ; comme de raison, ils se montraient d'abord assez froids et se croyaient forcés de me tenir à distance, mais ils ne tardaient point à s'humaniser, et me parlaient alors à cœur ouvert. Le métier de gendarme n'est guère aisé en Espagne ; les têtes sont chaudes dans le peuple, les mains promptes ; avec cela un grand mépris de la vie ; pour un oui, pour un non, sous le prétexte le plus futile, les *navajas*

sortent de la ceinture, les escopettes partent
toutes seules ; qu'il y ait mort d'homme, l'assas-
sin gagne la sierra. Et cependant si les brigands
sont encore là-bas plus nombreux que chez nous,
ce n'est point la faute de la garde civile, de son
courage ni de son dévoûment ; en dépit des montagnes dont elle-même connaît admirablement
toutes les retraites et tous les sentiers, elle eût
depuis longtemps déjà purgé le pays ; mais les
événements politiques l'ont détournée trop souvent de cette tâche nécessaire. A chaque moment de crise ou même d'embarras, comme on
les sait fidèles, incapables de trahir leur devoir,
le gouvernement a recours aux gardes civils.
Combien de fois leur a-t-il fallu, au détriment de
la sécurité publique, s'interrompant dans la poursuite des voleurs ou des assassins, se mêler au
jeu de la politique, aider au pouvoir des uns,
surveiller l'ambition des autres, déjouer les in-
trigues et les complots ! Tout récemment, pendant la guerre, gardes civils et carabiniers ont
été employés contre les carlistes, au même titre
que les troupes régulières ; que la nécessité fût
grande, le péril imminent, toujours est-il qu'en
leur absence les lignes de douanes restaient ouvertes et les campagnes privées de surveillance.
Forcés de vivre, eux et leurs familles, — car ils
peuvent se marier, — d'une modique solde très-
irrégulièrement payée, ces braves gens ne ces-

sent d'exposer leurs jours pour la défense de l'Etat ou de la société; puis, quand l'âge est venu, on les congédie avec une petite pension; mais de cette pension même, s'ils n'ont pas quelque protecteur puissant, ils risquent fort de ne jamais percevoir un sou; la pénurie du trésor ne permet point de payer les vieux soldats ailleurs qu'à Madrid ou dans les grandes villes. Que faire alors? Ils vont travailler aux champs, et ceux qui n'ont plus la force ou la santé se mettent à mendier; qu'on ne crie pas à l'exagération, la chose s'est vue. Voilà ce qu'ils me racontaient, euxmêmes sans récriminations, sans colère, mais d'un ton attristé qui trahissait la crainte de l'avenir et qui m'allait au cœur.

Des deux gardes formant la *pareja* qui m'emmenait vers Peñacerrada, il en est un surtout dont je me souviens avec reconnaissance. C'était un caporal; sa longue figure maigre, sa moustache rousse, ses membres osseux, son corps haut et fluet rappelaient d'assez près le type de don Quichotte, mais de don Quichotte à pied; il cheminait par grandes enjambées, le dos un peu voûté, hochant parfois la tête et mâchonnant tout bas comme font les vieux grognards; au demeurant, le meilleur cœur du monde. Plus clairvoyant que le colonel, avec ce tact que donne la fréquentation habituelle des vrais coquins, il avait compris tout de suite que je n'étais pas un criminel ordinaire, et, sans se faire prier, il s'était mis à causer avec moi. Sa conversation était pleine d'enseignements : « Et d'abord, me disait-il, faisant allusion à ma mésaventure, il ne faut pas vous chagriner pour si peu ; j'en sais plus d'un qui a passé par là comme vous et que ça n'a point gêné pour faire son chemin. Connaissez-vous le général Topete? Il était bel et bien accusé de complot. Je vous parle du temps de la reine ; on l'avait arrêté à Santoña, où il prenait les bains, et j'étais chargé de le conduire jusqu'à Madrid. Le voyage se fit à ses frais : deux jours entiers en voiture ou en wagon, et toujours aux premières places! J'étais assis à côté de lui ; pensez si je me trouvais bien, moi qui ai l'habitude de mener mon monde à pied! A Madrid, où l'on nous attendait, je rédigeai mon rapport et je fis remise de mon prisonnier : je ne l'ai plus revu depuis ; mais j'ai appris par les journaux qu'il avait su se tirer d'affaire ; on en a fait un minis-tre, je crois. C'est comme le général Moriones ; un jour, quelques camarades et moi, nous reçûmes l'ordre de l'arrêter, toujours histoire de complot. Que lui importe maintenant, n'a-t-il pas eu un bel avancement, lui aussi? Moi seul je suis resté au même point que jadis, et je ne m'en étonne pas trop ; mais vous voyez par là, jeune homme, que rien n'est encore perdu pour vous, et que bien souvent les gardes civils auraient tout profit à changer de place avec leurs prisonniers. »

Tout en causant de la sorte, nous étions arrivés au terme de l'étape ; par une vraie fatalité, un bataillon de passage faisait halte en ce moment dans Peñacerrada : sur la grande place, on voyait les sacs répandus par terre, les fusils appuyés aux murs des maisons ; réunis par petits groupes, les hommes fumaient et riaient ; il me fallut passer au milieu d'eux, subir de nouveau ces regards curieux, ces lazzis, qui déjà m'avaient été si pénibles. D'ailleurs j'allais dire adieu à mes deux compagnons de route ; une seule étape me séparait encore de Vitoria, où deux autres de leurs camarades devaient me conduire sous peu. Ils échangèrent quelques mots avec un petit vieux qui raccommodait des chaussures à l'entrée d'une grande maison humide et sombre ; le vieux se leva, me regarda en ricanant, me débarrassa prudemment du bâton que je portais à la main ; je me sentis poussé dans un endroit ténébreux ouvert au fond de l'allée, à droite, puis une grosse porte munie de verrous et percée d'un judas se referma sur moi. J'étais dans la prison de Peñacerrada ; et quelle prison, grand Dieu ! C'est bien le plus vilain endroit où jamais honnête homme ait été forcé de mettre les pieds. Qu'on se figure un espace à peu près carré, sorte de basse-fosse

qu'éclaire à demi un étroit soupirail en pente
placé près du plafond, hors de la portée de la
main; le sol de terre battue est jonché d'immon-
dices et de débris suspects, les pieds littéralement enfoncent dans le fumier; dans un coin,
pour tous meubles, un lit de camp aux planches
pourries, et par-dessus, pourrie également, réduite en bribes, empestée, un tas de paille de
maïs qui s'étale et déborde de tous côtés. Désormais je pourrai dire sans métaphore que j'ai
connu la paille humide des cachots.

Après mûr examen, comme il me répugnait de
m'asseoir dans toute cette ordure, je pris le parti
de rester debout; alors, par désœuvrement, un
peu aussi par curiosité, l'idée me vint d'examiner
les inscriptions et les dessins dont, selon l'usage,
mes prédécesseurs avaient illustré les murs de
l'endroit. Autant que je pus comprendre, à l'occasion de la guerre carliste, il avait dû servir tour à
tour aux prisonniers des deux partis. Tout d'abord,
près de l'entrée, une inscription en grosses lettres, à l'orthographe indépendante, attire le regard : elle raconte mélancoliquement l'histoire
de deux pauvres diables, deux libéraux, qui restèrent dix-neuf mois au pouvoir de leurs ennemis; tout le jour ils travaillaient dans les mines
des environs, le soir on les enfermait dans ce
bouge; si j'en juge par moi-même, ils ont dû
trouver le temps long! Sur un autre mur, à

droite, est le portrait en pied de don Carlos, fort ressemblant ma foi, et largement traité aux deux crayons, plâtre et charbon : c'est l'œuvre, à n'en pas douter, de quelque carliste convaincu, car il a pour exergue ces mots tracés d'une main ferme : *Viva Carlos septimo el rey;* le duc de Madrid porte l'uniforme qu'il avait à la tête de ses troupes, le poing droit fièrement campé sur la hanche, l'autre main au pommeau du sabre, grandes bottes et béret à gland. Que de portraits officiels ne valent point celui-là ! D'autres carlistes ont écrit sous leur nom le bataillon et la compagnie auxquels ils appartiennent ; puis viennent des pensées, des exclamations, qui ne sont d'aucun parti, mais qui n'en semblent pas moins sincères : cette prison est pire que l'enfer ; — des vers, des injures aussi, des ordures, tout ce que la colère et l'ennui peuvent inspirer à des hommes privés de liberté.

Quoi qu'il en soit, j'eus bien vite épuisé ce genre de distraction, car le cachot n'était pas grand ; à moins de graver moi-même mon nom sur les murs, qu'allais-je faire pour tuer le temps ? Les heures s'écoulaient avec une lenteur désespérante, je me sentais pénétré de froid jusqu'aux os ; de plus, l'obligation de passer la nuit dans des conditions semblables ne contribuait pas peu à assombrir mes idées. Je profitai d'un moment où le savetier, mon gardien, venait curieusement glisser un coup d'œil par le guichet de la porte, et, du plus poliment qu'il me fût possible, je le priai de transmettre mes réclamations à qui de droit. Les seules autorités de la ville étaient alors le maire ou *alcade* et un sergent de la garde civile. Tous deux, fort obligeamment, se rendirent auprès de moi; mais l'alcade, on le comprend, qui occupait avec les siens l'étage supérieur de la maison même dont le bas servait de cachot, ne tenait guère à m'offrir l'hospitalité; de son côté, le sergent semblait réfléchir : il hésitait entre l'exécution stricte de sa consigne et je ne sais quelle bienveillance naturelle qui se trahissait dans ses paroles. « Oui, j'en conviens, me disait l'excellent homme en promenant un regard de dégoût sur le lit de camp odieusement souillé, on ne peut pas vivre ici; ce lieu n'est pas convenable, même pour un criminel. Que voulez-vous? la guerre n'a permis de rien entretenir; pourtant prenez patience, dès demain vous serez à Vitoria et là vous vous trouverez tout à fait bien, je vous le promets. La prison de Vitoria est toute neuve, et claire et propre; avec celle de Vergara, je n'en connais pas de plus belle. Vous verrez vous-même, » ajouta-t-il naïvement sans y entendre malice. Or, le croirait-on? cette perspective séduisante ne me consolait qu'à moitié; j'insistai de nouveau, je dis que je consentais à être enfermé partout où l'on voudrait, pourvu que ce ne.fût pas dans une fosse à fumier ; je jurai mes grands dieux que je ne tenterais aucune évasion et que je resterais toujours prêt à répondre au premier appel. Bref, au bout d'une heure j'étais installé dans le propre *quartier* des gardes civils ; ce moyen terme conciliait tout, la responsabilité du sergent et le bien-être du prisonnier. Foin du vieux savetier qui m'avait donné un verre d'eau où nageait une araignée ! La femme d'un des gardes se mit en cuisine à mon intention ; on me servit le *puchero* national, les sardines frites à l'huile selon la mode d'Espagne, et, je dois le dire, jamais régal improvisé ne me parut si délicieux.

Cependant, à peine arrêté, j'avais prévenu par dépêche un de mes amis les plus dévoués de la sotte situation où je m'étais mis ; je comptais à Madrid même plusieurs personnes qui s'intéressaient à moi et qui connaissaient déjà le but de mon voyage : le malentendu ne pouvait plus être de longue durée. Le soir, à la veillée, tous les hôtes du *cuartel* étaient réunis dans la cuisine autour de la grande cheminée ; là aussi on parlait de la guerre ; un des assistants, au milieu du silence général, racontait cette première et terrible attaque de Somorrostro à laquelle lui-même avait pris part, quand un bruit soudain d'armes et de chevaux ébranla les rues caillouteuses de Peña-cerrada et fit trembler les vitres fouettées par la pluie. C'était un détachement de la garde civile, commandé par un capitaine, qui arrivait de Vitoria avec ordre de me relâcher immédiatement. Quel meilleur usage pouvais-je faire de ma liberté, à cette heure et par l'horrible temps qu'il faisait alors, que de profiter jusqu'au bout de la gracieuseté de mes hôtes? J'allai me mettre au lit, et le lendemain seulement, après avoir serré cordialement la main au brave sergent et à ses compagnons, je pris à pied la route de Vitoria. Cette fois encore je marchais avec la *pareja*, que les besoins du service appelaient vers la ville, mais librement, en camarade. Aussitôt mon arrivée dans la capitale de la province, je me hâtai d'aller rendre mes devoirs au général Quesada, commandant en chef de l'armée du Nord : c'est à son empressement de bon goût que j'avais dû de ne point connaître, après les autres, la prison de Vitoria. J'ai eu plus tard l'occasion de la visiter, cette fameuse prison : elle est réellement fort belle, spacieuse, aérée, commode, et mérite bien sa réputation ; bâtie selon les systèmes les plus nouveaux, elle est de forme circulaire ; elle ne comprend qu'un étage et se compose, en haut comme en bas, de trois galeries disposées en rayons et percées de cellules qui convergent vers un même point ; du centre de l'édifice l'œil en embrasse toutes les parties ; pendant le jour, les détenus, sortant de leurs cellules, causent,

fument et se promènent dans le préau du bas
sous la surveillance incessante de trois gardiens
armés. En ce moment, ils étaient près d'une centaine, neuf parmi eux avaient les fers aux pieds,
des fers très-lourds qu'ils traînaient à grand
bruit ; ceux-là étaient les hommes dangereux,
les assassins ; un surtout, robuste, les bras ve-
lus, coiffé d'un bonnet rouge, me frappa par son
air bestial ; enrôlé dans une bande, il avait,
m'assure-t-on, fait la guerre pour son propre
compte et commis des atrocités. Pour dire vrai,
quand je vis les compagnons d'infortune que le
hasard m'avait un moment destinés, je ne son-
geai plus à me plaindre, et tout bas je me féli-
citai de n'avoir eu à partager avec personne mon
cachot infect de Peñacerrada !

CHAPITRE V

Vitoria ; ses monuments anciens et nouveaux. — Le maréchal Quesada. — Le soldat espagnol. — La guerre de
Cuba.

Vitoria porte dignement son nom sonore et fier ;
ses rues nouvelles percées au cordeau, ses maisons blanches, ses *miradores* ou balcons vïtrés
comme autant de cages de verre, ses places, ses
jardins, entretenus avec un soin dont Madrid
même pourrait être jaloux, la mettent au rang
des plus charmantes cités de l'Espagne. Les monuments publics y sont nombreux, comme il convient à une capitale : c'est d'abord le palais de la
députation provinciale, édifice gréco-romain, d'un
style un peu lourd, mais dont j'aurais mauvaise
grâce à contester le mérite architectural, tant les
Alavais paraissent l'avoir en vénération : en bas
est la salle des réunions, où les cinquante-six députés des communes, élus chacun selon des procédés différents, discutent et décident en commun

des affaires de la province; en haut se conserve,
dans les archives, l'exemplaire original des *fueros*
ou priviléges d'Alava; c'est encore, outre la prison, le théâtre, fort bien installé, l'hôpital, merveilleusement tenu, enfin cet admirable hospice
des enfants trouvés qui n'a pas son équivalent
chez nous. La maison, secourue simultanément
par l'argent de la province et les dons volontaires
des particuliers, ne compte pas moins de cinq
cents pensionnaires inscrits, et de l'air, de l'espace pour les loger tous; mais là-dessus une
cinquantaine sont en apprentissage dans la ville,
les autres pour la plupart vivent aux environs chez
des cultivateurs qui les habituent aux travaux des
champs. Cette mesure a donné les meilleurs résultats. Dès qu'ils ont atteint quartoze ans, leurs
maîtres sont tenus de payer annuellement pour
eux une petite somme : mise de côté, elle sert à
leur composer une *masse* qu'ils trouveront en sortant; du reste l'administration les suit jusqu'au
jour de leur mariage, et même alors elle leur
fournit les moyens d'entrer en ménage. A quelque moment que ce soit, l'enfant réclamé est aussitôt rendu sans aucuns frais à ses parents; pour
éviter toute confusion, un registre spécial contient le détail exact des moindres circonstances
où il fut déposé; beaucoup de ces petits malheureux portent sur eux un objet quelconque, un
coin de linge marqué d'initiales, un bijou, et

tous ces indices sont précieusement conservés.
Ce sont des sœurs qui s'occupent de la direction
intérieure de l'hospice, avec quel soin, quelle
propreté, quelle vigilance, je ne saurais le dire
assez ; successivement elles me montrèrent, avec
une petite fierté bien légitime, les grands dortoirs parquetés, cirés, resplendissants, la lingerie
pleine jusqu'au faîte de serviettes et de draps
empilés, la cuisine aux chaudières reluisantes ;
mais la chambre du *tour* surtout m'intéressait :
au fond d'une grande salle claire, ouvrant sur les
jardins, sont deux petits lits en fer, garnis de ri-
deaux blancs ; dans l'un, pendant la nuit, couche
la sœur de garde ; l'autre attend toujours la pauvre créature que la misère ou la honte viendra
confier à la charité ; à droite, encastré dans la
muraille, tout tapissé de langes comme un berceau, le *tour*, qui vire sur lui-même avec un bruit
de sonnettes ; il donne de l'autre côté sur une petite ruelle sombre, abandonnée, propice au mystère. Au tintement bien connu de la sonnette, la
sœur se lève, l'enfant est recueilli, adopté, et la
mère coupable n'est plus tentée d'ajouter le
crime à la faute. Parmi ces infortunées qui con-
fient aux bonnes sœurs de Vitoria le fruit de leurs
entrailles, il est, m'a-t-on dit, plus d'une femme
française venue pour chercher en Espagne le secret de son déshonneur que la loi de notre pays
ne lui permet pas ; peut-être, dans l'intérêt même

de la société et de la morale, pourrions-nous être plus indulgents. Ne vaut-il pas mieux pour le nouveau-né le *tour* et son discret asile que le lit du fleuve ou la bouche de l'égout? D'ailleurs, il ne semble pas que le voisinage de l'hospice rende, en Alava, la débauche plus fréquente ; bien loin de là, cette population est des plus honnêtes de l'Espagne, et l'infanticide y est absolument inconnu.

Tous ces édifices qui composent proprement dit la ville moderne s'étendent dans la plaine à proximité du chemin de fer, dont la gare déverse autour d'elle l'animation et la vie ; mais Vitoria garde aussi des titres à l'admiration des archéologues. Bâtie de toutes pièces en 1181 sur l'emplacement du minuscule village de Gasteiz par don Sanche le Sage, roi de Navarre, que menaçaient alors ses voisins de Castille et d'Aragon, la vieille ville occupe les pentes et le sommet d'une éminence où l'on atteint par des rampes de pierre. Là se trouvait l'antique demeure seigneuriale de Villasuso, qui existait bien avant la ville et près de laquelle vinrent se grouper les habitations nouvelles ; en face était celle du comte de Salvatierra, le malheureux chef des *comuneros* : vaincu par Charles-Quint, il mourut misérablement en prison, tandis que ses biens étaient confisqués et que sur le sol de sa maison rasée on semait du sel en signe d'exécration ; l'emplacement en est occupé maintenant par des greniers publics. Vers le même endroit s'élève la curieuse église de San-Miguel, contemporaine de la fondation de la ville et depuis lors dépositaire du fameux couteau *vitorien,* sur lequel le syndic général de la cité était tenu de prêter serment : « Jurez-vous d'accomplir honnêtement et loyalement votre devoir ? demandait-on au futur magistrat. — Oui, je le jure ; répondait-il. — Si vous ne le faites pas, continuait la formule, c'est avec ce couteau qu'on vous coupera la tête. » On peut voir encore, dans la partie extérieure de l'abside, fermé d'une pierre plate et défendu par une grille en fer, le petit caveau où gisait la redoutable relique ; mais à la faveur des troubles qui, depuis quarante ans déjà agitent le nord de l'Espagne, la clé qui servait à ouvrir la grille s'est perdue, dit-on ; personne ne s'est plus occupé du couteau, qui doit être aujourd'hui complètement mangé par la rouille, et le sacristain lui-même, malgré son âge, déclare ne l'avoir jamais vu. Toutes les rues avoisinantes ont retenu, après cinq siècles, leurs noms marchands et pittoresques qui rappellent les corps de métiers : *calle* de la Herreria, de la Pintoreria, de la Cuchilleria, de la Zapateria, celle-ci toute pleine encore de savetiers, de pelletiers, de selliers, empestant la poix et le cuir ; les maisons elles-mêmes racontent le passé et trahissent leur date par la richesse de leur façade, la forme des arcs, la disposition des portiques et des tourelles. A plusieurs d'entre elles s'attachent des souvenirs historiques; des rois, des papes y logèrent : Adrien VI, François Ier, Alphonse le Sage d'Aragon. Aussi, dans *Notre-Dame de Paris*, M. Victor Hugo pouvait-il citer Vitoria comme « une ville gothique, entière, complète, homogène »; pourtant, il faut le reconnaître, cette appréciation devient moins vraie chaque jour. Par le fait de l'importance toute nouvelle que lui donne sa situation intermédiaire sur la voie ferrée d'Hendaye à Madrid, Vitoria semble destinée à se transformer complètement, Là, comme ailleurs, les nécessités de la civilisation moderne ont commencé à porter la pioche jusque dans les vieux quartiers; on nivelle les pentes, on élargit les rues, ont remplace les sombres boutiques et les appartements ténébreux par d'élégants magasins et des maisons aux gais balcons. N'était la guerre qui a retardé tous les travaux, la municipalité n'eût pas différé plus longtemps certaines améliorations jugées indispensables, mais qui changeront d'autant la physionomie de la vieille cité. Pour ma part, je n'y trouve point à redire : ce qu'il faut condamner, ce n'est point l'activité intelligente qui modifie, perfectionne, toujours en quête du mieux; c'est le vandalisme brutal détruisant pour détruire, sans une idée, sans un but, sans même le désir ou le pouvoir de réédifier jamais.

Comme Pampelune, Vitoria, quoique ville ouverte, a joué un rôle pendant la guerre ; profitant
de la période d'inaction qui suivit la mort de Concha, les carlistes avaient étendu leurs avant-pos-
tes jusqu'à ses abords, retranchés à la hâte, si
bien que, vers le mois de juin 1874, elle était entièrement coupée de ses communications. Au général Quesada revient l'honneur de sa délivrance.
L'ennemi, fort de 16 bataillons environ, occupait,
sous les ordres de Perula, une série de positions
qui allaient de Subijana à Treviño en passant par
Nauclarès ; Quesada le trompe sur ses intentions,
feint de vouloir se porter vers le centre, puis, le
moment venu, attaque énergiquement par la
droite. A l'autre bout de la ligne, l'aile gauche
des libéraux, abandonnée à elle-même devant des
forces supérieures, fut quelque temps compromise : une diversion brillante, due au colonel de
cavalerie Contreras, la sauva. Ce brave officier
ne disposait que d'une centaine de lanciers formant un escadron de marche attaché à la division ; mais c'est là le propre de ces guerres de
montagnes que les succès même les plus importants y dépendent bien moins de la proportion des
forces que de l'opportunité des manœuvres. Malgré le désavantage du terrain, il sut charger avec
un tel à-propos et une telle ardeur les Navarrais
qui attaquaient à la baïonnette que, saisis d'une panique inexprimable, ceux-ci lâchèrent pied et pri-

rent la fuite à travers les fondrières et les ravins,
où ils s'écrasaient en tombant. Bientôt après arrivèrent 4 bataillons de renfort qui rétablirent les
affaires. En même temps, grâce aux habiles dispositions du général en chef, Treviño était occupée
presque sans coup férir ; la position de Nauclarès, tournée par la droite, tombait d'elle-même
au pouvoir des libéraux : la route de Vitoria était
libre, et ce premier et glorieux avantage allait
avoir sur l'issue des opérations dans le nord une
importance décisive. A la paix, le vainqueur a été
nommé maréchal ; il s'était déjà fait connaître au
Maroc par ses qualités de prudence et de sang-
froid, mais cette distinction récompensait en lui
le caractère autant et plus que les services : un
caractère loyal, intègre, incapable de transiger
avec le devoir. Fils du général Quesada, mis en
pièces par le peuple de Madrid, et comme lui parfait *caballero*, il a toujours évité de se mêler de
politique, sa vie militaire est pure de tout *pronunciamiento*, et certes l'éloge a bien sa valeur
lorsqu'on réfléchit que la plupart des généraux de
l'Espagne, hommes d'honneur en tout le reste,
n'hésitent pas à *se prononcer*, c'est-à-dire à retour-
ner contre le gouvernement même qui le leur a
confié le pouvoir qu'ils ont dans les mains. Au
physique, de taille plutôt petite que grande, le
corps un peu replet, grisonnant, il a cet air à la
fois réfléchi et résolu qui dénote les hommes par-

venus surtout à force de persévérance, de travail et d'énergie.

La présence du quartier-général et d'une partie des troupes de l'armée du nord met en ce moment dans la ville encore plus de bruit, d'animation et de gaîté. Chaque matin, sous mes fenêtres, passaient un ou deux bataillons allant à l'exercice : les clairons de même forme, mais plus petits, plus durs que les nôtres, lançaient dans l'air leurs notes criardes et précipitées, les hommes suivaient d'un pas rapide, et c'était plaisir de les voir, le teint bronzé, l'air résolu sous leurs uniformes un peu fripés par la dernière campagne, défiler, puis disparaître en bon ordre au tournant de la rue. Les Espagnols sont peut-être les plus vaillants marcheurs que l'on connaisse : cela tient à l'habitude des courses forcées dans un pays privé de communications, semé d'obstacles de toute sorte. Or, depuis les succès récents de l'armée allemande, par une pente assez naturelle, qu'il s'agisse de détails d'exercice, de discipline ou de casernement, la mode est là-bas d'imiter un peu en tout les Prussiens : il n'est pas jusqu'à l'allure du soldat qu'on n'ait essayé de rendre moins fantaisiste, moins indépendante, moins méridionale en un mot. Quand le bataillon s'ébranle, c'est à qui, parmi ces braves garçons, élèvera bien exactement le genou d'un mouvement automatique à la hauteur voulue par la théorie et le rabattra pesamment sur le sol ; mais bientôt la théorie est mise en oubli, les jambes s'allongent souples et nerveuses, chacun reprend son allure ordinaire ; et sincèrement les chefs auraient tort de s'en plaindre, puisque c'est de ce même pas, élastique et léger, qu'on voit leurs hommes faire sans sourciller jusqu'à quinze lieues par jour.

Extérieurement, le fantassin espagnol a beaucoup de rapports avec le soldat français : petit de taille comme lui, nerveux, agile, bien découplé. Du reste, l'uniforme est identique : longue capote bleue et pantalon garance, tirant l'œil. Certes je ne désire ni ne prévois, comme l'estimable lieutenant-colonel du régiment de Tolède, que les affaires se brouillent de longtemps entre la France et l'Espagne ; pourtant, amis ou ennemis, à 800 mètres de distance, je mets en fait que deux corps de troupes des deux nations auraient grand'peine à se reconnaître, et la chose mérite d'être relevée. Seule, la coiffure est un peu différente : faite de cuir et de drap gris, plus légère que le schako, plus résistante que le képi, elle tient lieu de l'un et de l'autre. Quant aux chaussures, à tous les souliers réglementaires l'Espagnol préfère de beaucoup les *alpargatas,* ces sandales à semelles de corde que tout le monde connaît, garnies au bout d'un morceau de toile et retenues par deux cordons qui s'attachent en se croisant autour de la cheville ; rien n'est commode, surtout pour marcher dans les montagnes et l'habitude aidant, comme cette chaussure légère, silencieuse, qui laisse le pied libre et le protége sans le blesser : avec elle, il semble qu'on aille naturellement plus vite. Pourtant elle communique à l'ensemble de la tenue je ne sais quel air de misère et de délabrement qui sied mal chez un soldat, et je me rappellerai toujours l'étonnement dont je fus saisi quand, pour la première fois, je vis dans Pampelune, à la porte des monuments publics et des casernes, les sentinelles monter ainsi la garde, les pieds nus. En outre, par un temps de pluie ou de neige, les *alpargatas* perdent beaucoup de leurs avantages ; mais un bon Castillan ne s'inquiète pas pour si peu, et, s'il lui faut faire tout ou partie de l'étape avec ses sandales mouillées, il compte pour les sécher sur le soleil de l'après-midi ou le feu du prochain bivouac.

Comme force de résistance en effet, comme patience, comme énergie, le soldat espagnol n'a point son pareil dans aucune armée de l'Europe. Pourvu d'un grand fond de gaîté et de philosophie, ce petit *troupier*, comme nous disons, *el chico*, comme on dit là-bas, supporte indifféremment les privations, l'absence de sommeil, la fatigue, la pluie, le chaud et le froid ; sobre au-delà de toute expression, d'une sobriété qui tient à la race et dont l'intendance militaire abusa trop souvent pour se permettre dans les distributions de vivres les retards les plus imprudents, capable, par exemple, de vivre un jour entier avec un oignon cru, une feuille de salade et une cigarette ; avec cela très-discipliné, quoiqu'on en croie, tout disposé à obéir dès qu'il sent au-dessus de lui une autorité ferme et juste qu'il peut respecter. Dans les circonstances graves, son courage est à toute épreuve, sa solidité inébranlable ; il a en lui du sang de ses *anciens,* de ces vaillants *tiercos,* qui pendant plus d'un siècle, de Pavie à Rocroy, firent l'admiration et la terreur de l'Europe. Pourtant il n'apporte pas en face de l'ennemi ce mépris de la vie, cette témérité un peu fanfaronne qui semble pousser le soldat français vers un péril qu'il peut éviter et qu'on a définic assez justement : « le luxe coûteux du courage » ; en dépit de son tempérament méridional, il est alors calme, grave, presque réfléchi ; mais une fois parti, rien ne l'arrêtera plus. Sa gaîté, très réelle, est aussi moins bruyante, moins tumultueuse que la nôtre : un air de *jota,* quelques tours de danse et le voilà content. Pour divers motifs, dont le principal sans doute est une raison d'économie, la plupart des musiques militaires en Espagne valent peu de chose ou rien ; en revanche, il n'est pas de compagnie qui ne compte pour le moins cinq ou six guitaristes. Dans les expéditions, dans les marches, posé en

travers sur leur dos, au-dessus du petit sac de
toile bourré des mille bibelots du soldat en campagne, leur instrument les accompagne partout ;
certes la charge était déjà bien lourde à porter :
les vivres, parfois pour plusieurs jours, le fusil,
les cartouches, la couverture ; mais une guitare
en somme, cela pèse si peu, et ses flancs sonores
tiennent en réserve tant de joie et d'oubli ! Aussi,
en cas de pluie, c'est à elle qu'on songe avant
tout et nul n'hésite à se sacrifier pour la mieux
garantir. Puis pendant les haltes, aux veillées,
on la découvre religieusement, un grand cercle
se forme, le musicien pour préluder essaie quelques notes graves. Et maintenant si quelques
fillettes du voisinage, attirées par ce ronflement
bien connu, se présentent dans l'assemblée, la
fête sera complète, et les danseurs ne leur manqueront pas. Du reste tout se passe le plus cor-
rectement du monde, sans brutalités, sans ta-
page : une gourde de cuir, remplie d'eau, passant
de bouche en bouche, sert à désaltérer l'assistance. La musique et la danse ! Sur ces deux
points-là, carlistes ou libéraux, tout le monde se
rencontrait. On n'a pas oublié l'aventureuse expédition de Martinez Campos, s'engageant en
plein hiver au cœur du Baztan, au milieu même
des ennemis qui n'avaient plus qu'à se rabattre
sur lui pour le tenir enfermé comme dans une
ratière ; la colonne libérale fit route plusieurs

jours par un temps affreux, sans chaussures,
presque sans vivres, à travers des sentiers de
chèvres, obstrués de neige, où les hommes souvent étaient forcés de passer un par un; or à
peine entrés dans Elizondo, avant même de son-
ger à dormir ou de chercher du pain, les soldats
couraient après les filles de la ville et, séance
tenante, se mettaient à danser. De même dans
l'autre camp : après la dernière affaire de Peña-
Plata, la lutte finie, obligés d'abandonner leurs
armes en passant la frontière de France, les carlistes n'eurent garde de laisser leurs guitares
et les emportèrent avec eux à Poitiers, à Tours,
au Mans, dans les villes de l'intérieur où ils
devaient être internés.

On s'étonnera peut-être qu'avec de tels éléments l'armée espagnole n'ait pas obtenu, dès le
début du soulèvement carliste, des succès décisifs
et que la lutte contre les bandes à peine organi-
sées d'un Saballs ou d'un Santa-Cruz ait pu durer
assez longtemps pour leur permettre de devenir
une armée à leur tour; mais il faut tenir compte
des embarras intérieurs créés par la révolution
de 1868, puis par le départ du roi Amédée, de
la faiblesse des gouvernants, de la pénurie du
trésor, enfin du manque d'officiers suffisants.
Assurément, comme courage personnel, les chefs
valent les soldats; chez tous, à tous les grades,
la bravoure est incontestable : toujours les pre-

miers au feu, ils marchaient en avant, pincés
dans leur petite tunique de drap bleu, la cas-
quette crânement posée sur l'oreille, dans la
main gauche un revolver, dans la droite cette légère canne à pomme d'or qu'ils ont partout avec
eux et qui leur est comme un bâton de commandement, encourageant leurs hommes de l'exemple et de la voix, aussi calmes, aussi intrépides
que s'ils allaient à la promenade. Mais la valeur
et le sang-froid ne suffisent plus aujourd'hui, et,
sauf quelques exceptions brillantes, le corps des
officiers manque des connaissances et des qualités toutes spéciales qu'exige la guerre moderne : ils n'ont pas assez étudié. En général, ils
sortent beaucoup trop jeunes des écoles : on
heurte à chaque pas dans les rues des capitaines
imberbes et qui n'ont pas vingt ans, des lieutenants joufflus qu'on prendrait pour des collé-
giens en rupture de ban, et l'on ne peut se défendre d'une impression de malaise en entendant
ces enfants, ces *blancs-becs,* comme on les appelait chez nous, commander de leur voix jeunette
à de vieux soldats éprouvés. D'ailleurs les besoins de la dernière guerre et précédemment
aussi les nombreux *pronunciamientos* après lesquels chaque général révolté, heureux ou malheureux, recevait, à titre de récompense ou de
consolation, un grade de plus pour lui-même et
pour tous ses complices, ont fait, contre toute

prévision, monter au rang d'officiers des gens que leur seul mérite ou simplement leur caractère rendait indignes d'y aspirer jamais. Tout cela, joint à certains vices d'organisation, comme la séparation établie entre le grade et l'emploi, ou la possibilité pour les corps spéciaux d'obtenir de l'avancement dans les rangs de la ligne, nécessite de grandes réformes, et, si j'ai bien compris, les personnes les plus éclairées du pays et même de l'armée sont les premières à en convenir.

Dès le printemps de l'année dernière, une partie des troupes a pu rentrer dans ses foyers, toutefois le rôle de l'armée n'est point terminé : si les Basques ont posé les armes, cette soumission n'a pas été volontaire, longtemps encore ils regretteront leurs *fueros,* et jusqu'à ce que le calme soit revenu dans les esprits, des forces considérables, 60,000 hommes pour le moins, doivent occuper le pays carliste. En même temps, le gouvernement est forcé de faire face aux exigences toujours croissantes de la guerre d'outremer [1]. Neuf ans déjà se sont écoulés depuis qu'un jeune propriétaire créole, à la tête de quelques amis et de ses serviteurs, a soulevé dans un coin

---

1. Une dépêche récente de la Havane annonce que les derniers insurgés ont fait leur soumission et que la lutte est enfin terminée.

de l'île de Cuba l'étendard d'une nouvelle république et par un fait inoui, à travers des alternatives
de succès et de revers, l'insurrection dure encore.
En vain les Espagnols ne veulent-ils voir dans
leurs adversaires qu'un ramassis de nègres fugitifs et d'aventuriers sortis de toutes les nations ;
en vain chaque courrier de la Havane apporte-t-il
le détail de nouveaux succès et prédit-il pour la
quinzaine suivante l'anéantissement des bandes
rebelles ; en vain le gouvernement de Madrid ex-
pédie-t-il coup sur coup ses plus beaux régiments et ses meilleurs généraux, Jovellar après
Valmaseda, Martinez Campos après Jovellar :
l'argent, les hommes, les réputations mêmes
sombrent tour à tour dans cet abîme sans fond.
Aussi dans le peuple, malgré l'assurance des
journaux toujours bravaches et vantards, on
commence à ne plus parler de Cuba qu'avec une
sorte de terreur superstitieuse. Tant de beaux jeunes gens sont partis là-bas qui ne sont point revenus ! D'autres, plus heureux, ont pu revoir la
mère-patrie, mais ils ont dit ce qu'ils avaient
souffert : la guerre sauvage, sans quartier, l'ennemi insaisissable dans ses montagnes et ses
maquis, les longues marches à travers les ma-
rais empestés, les pluies, la misère, la faim, le
vomito plus meurtrier encore que les rifles ou le
machete des rebelles, la fièvre dévorante, les mois
entiers vécus à l'hôpital. Durant mon séjour

forcé à la Guardia, le jeune sous-lieutenant commis à la garde du poste avait sans façon lié connaissance avec moi ; de fil en aiguille, il m'apprit qu'il avait un frère déserteur de l'armée, devenu capitaine dans les rangs carlistes ; pendant cinq jours, à Bilbao, ils s'étaient trouvés l'un en face de l'autre aux avancées, tandis que leurs soldats tiraillaient sans relâche ; à la dispersion des troupes rebelles, le carliste avait passé en France, et pour l'instant il était interné dans le département de l'Aveyron, à Millau, où il se trouvait fort bien. « Mais, demandai-je, ne songe-t-il pas à obtenir l'*indulto* ? — Lui, nullement, me répondit l'officier ; comme déserteur il serait forcé d'aller servir quatre ou cinq ans à Cuba ; ce n'est pas une chose à faire : mieux lui vaut demeurer Français. » D'ailleurs le gouvernement n'ignore pas les sentiments de la nation et de l'armée à cet égard. Aussitôt la guerre du nord terminée, il s'était décidé à envoyer dans la grande Antille un renfort de 25,000 hommes, qu'on espérait, comme toujours, devoir être le dernier. Les exiger au nom de la loi, surtout en ce moment, pouvant paraître un peu sévère, on préféra s'adresser aux bonnes volontés : peut-être, parmi les anciens soldats que la conclusion des hostilités allait rendre à la vie civile, bon nombre consentiraient-ils à signer un engagement nouveau.

Dans toutes les villes, à Tudela, à Tafalla, à

Pampelune, à Vitoria, sur tous les murs des casernes et des édifices publics, s'étalaient de grandes affiches demandant des volontaires pour l'île de Cuba. Les conditions étaient réellement séduisantes : un franc de solde par jour, plus une gratification annuelle de 250 francs, sans préjudice de la haute paie et des autres avantages que le gouvernement particulier de la colonie accorde à ses défenseurs ; là-dessus 250 francs nets seraient touchés au lieu même de l'embarquement; l'engagement pouvait être contracté pour trois ans ou pour la durée de la guerre. Malgré tout, les vieux soldats ne se présentèrent pas en foule, et je me suis laissé dire que le gouvernement, pour compléter le nombre de bataillons qu'il s'était fixé, dut prendre au hasard dans les nouvelles levées. Cependant le train où je montai pour me rendre de Pampelune à Tafalla emmenait entre autres deux wagons remplis de réengagés militaires. Pourquoi ceux-là partaient-ils ? Quel désir ou quel regret les poussait à prendre cette dure résolution? la soif du gain, l'esprit d'aventure, l'absence d'une affection, d'un foyer? Ces trois motifs réunis peut-être. Il y avait là de simples soldats, tous décorés à profusion, — car, soit dit en passant et sans tirer du fait la moindre conséquence, je ne sache pas que dans aucune autre armée on pousse plus loin l'abus des croix et des rubans, — puis quelques sous-officiers et même des carlistes, portant encore sur la tête le béret bleu ou rouge avec la plaque de cuivre orné des trois mots fatidiques : *Dios, patria y rey*. Les ennemis de la veille fraternisaient, complètement oublieux des questions politiques. N'allaient-ils pas affronter ensemble une autre guerre bien plus meurtrière et bien plus terrible? Ne partageraient-ils pas désormais la même vie, les mêmes périls? Ils avaient arboré au dessus d'un wagon une grande bannière sur laquelle était écrit : *Voluntarios para Cuba;* tous riaient, chantaient avec une gaîté plus expansive que ne l'est d'ordinaire celle des Espagnols ; on eût dit que les pauvres garçons cherchaient à s'étourdir. Quand on apercevait un village que le train traversait en sifflant, c'étaient des cris, des appels aux paysans répandus dans la campagne, les bras s'étendaient par les portières, on agitait la bannière aux couleurs nationales; un ou deux clairons, qui allaient avec eux, allègrement sonnaient la charge; mais en arrivant à Tafalla, où l'on devait s'arrêter près d'une heure, la scène changea. Un certain nombre de soldats licenciés venus par le même train étaient attendus là par leurs parents ou leurs amis; toute cette foule, selon l'usage espagnol, se pressait, se bousculait sur les quais au bord de la voie. Bientôt commencèrent les reconnaissances, les effusions, les embrassades. En présence de cette joie sincère, la gaîté factice des volontaires tomba tout à coup ; songeant à ce qu'ils laissaient derrière eux, la patrie, la famille et, qui sait? l'espoir du retour, on eût pu les voir, comme embarrassés, se rasseoir à leurs places, tandis que les clairons se taisaient et qu'une main précipitamment rentrait la bannière.

CHAPITRE VI

Antique indépendance du pays Basque. — La basilique
d'Armentia. — La vierge d'Estibaliz. — Efforts de la
province en faveur de l'instruction. — Une auberge
alavaise.

Les Basques se vantent de n'avoir jamais eu de
maître. Retranchés dans leurs montagnes, ils auraient arrêté l'effort des différents envahisseurs qui
successivement ont conquis l'Espagne. Cette opinion leur tient d'autant plus au cœur qu'elle fournit
un nouvel argument en faveur de leurs priviléges, et depuis fort longtemps déjà leurs histo-
riens, leurs orateurs, leurs poètes, se sont employés à la faire prévaloir. En dépit de tant
d'assertions intéressées, tout porte à croire que
les Basques, s'ils furent toujours, comme ils le
prétendent, les alliés d'Annibal et des Carthagi-
nois, subirent, eux aussi, à l'égal des autres peuples de la Péninsule, la domination romaine ; sans
doute ils résistèrent, et avec courage, mais ils

furent enfin soumis : *Cantabros serâ domitos catenâ*, dit Horace lui-même. Les preuves du passage et du séjour des Romains abondent dans le pays basque ; sans sortir de l'Alava, dans une étude spécialement consacrée à la question, don Francisco Coëllo, ancien colonel du génie et géographe du premier mérite, un des hommes dont la science et le caractère honorent le plus l'Espagne moderne, a pris soin de relever les plus concluantes. Outre la voie militaire portée sur l'itinéraire d'Antonin qui allait d'Asturica à Burdigala en Gaule, en traversant la province, et dont plusieurs tronçons existent encore, une autre route de construction romaine menait de Puentelarra à Villasante dans la province de Burgos ; une dizaine encore, tant à cause des noms latins que des restes de toute sorte, ponts, mosaïques et inscriptions, que l'on rencontre sur leur parcours, semblent appartenir à la même époque. Dire avec Henao que ces ruines et ces inscriptions ont été apportées là plus tard par curiosité serait un pur enfantillage. Les Romains évidemment ont occupé ce territoire ; s'ils n'y ont pas fondé des municipes et des colonies puissantes, comme ils le faisaient partout ailleurs, c'est que la contrée bien moins encore qu'aujourd'hui se prêtait à l'établissement de grands centres de population ; du moins y possédaient-ils des postes fortifiés, camps et marchés comme Deobriga, Beleia, Suessátio, Tullónio,

Alba, Uxama-Barca, lesquels, reliés aux nombreux châteaux qui couvraient tous les environs, formaient avec eux un système de défense complet et suffisaient à maintenir le pays en soumission.

En ce qui concerne la conquête arabe, la prétention des Basques paraît plus justifiée. Orduña à l'ouest, le *port* San-Adrian à l'est, au sud les villages supérieurs de la Rioja Alavesa qui alors ne faisait point partie de la province, tels sont, d'après les documents, les points extrêmes où parvinrent les Mores, laissant ainsi en dehors de leur empire tout le territoire euskarien. Depuis longtemps déjà le pays basque, dans ses parties converties à l'Evangile, dépendait de l'évêché de Calahorra, une des plus anciennes métropoles de l'Espagne. Vers le milieu du viiie siècle, Calahorra étant tombée au pouvoir des Arabes, un grand nombre de chrétiens de la rive droite de l'Èbre, pour fuir le joug des infidèles, passèrent le fleuve et vinrent s'établir dans la plaine ou *concha* d'Alava. Cette plaine est élevée de près de 2,000 pieds au-dessus du niveau de la mer; aussi s'explique-t-on sans peine le contraste qui règne entre sa froide température et le climat beaucoup plus doux des côtes de la Bizcaye et du Guipuzcoa; pourtant le sol en est généralement fertile et sa position, défendue de tous côtés par de hautes montagnes, devait convenir aux émigrants. De cette époque date la splendeur de la ville d'Armentia, située à peu de distance au sud-ouest de Vitoria, qui n'était pas encore fondée. La tradition veut qu'elle ait compté jusqu'à vingt mille habitants, mais ce chiffre est sans doute bien exagéré ; néanmoins son importance était assez considérable pour qu'elle devînt le siége du diocèse en remplacement de Calahorra : c'est deux siècles plus tard seulement, en 1088, qu'elle fut rattachée à son ancienne métropole reconquise sur les infidèles. La basilique d'Armentia fut alors convertie en collégiale, rang qu'elle conserva jusqu'en 1458, où, tenant compte de sa décadence toujours croissante, les Rois Catholiques transférèrent son titre et son autorité à la paroisse de Santa-Maria de Vitoria.

Aujourd'hui Armentia est un des plus infimes entre les cent cinquante petits villages que l'œil du voyageur découvre du haut de la tour de Vitoria, et l'on aurait peine à reconnaître dans ce tas informe de pauvres maisons grossièrement bâties, la brillante cité dont parlent les chroniques. De longues avenues de grands et beaux arbres y conduisent, passant à travers champs. Toute trace de rues ou de murailles a complètement disparu ; l'état des lieux lui-même a subi de grandes transformations ; un petit lac qui s'étendait au cœur de l'ancienne ville, maintenant aux trois quarts comblé, n'est plus qu'un étang insignifiant et va bientôt disparaître. Pourtant

la basilique existe encore, au centre d'un petit
plateau, précédée d'une place irrégulière que
forme l'écartement des maisons du village. En
1776, comme elle menaçait ruine, sous prétexte
de la restaurer, des mains maladroites bouchè-
rent les fenêtres et la porte de la façade principale, qui est demeurée depuis lors interdite au
public ; quand aux bas-reliefs, aux fleurons, aux
consoles, dont on l'avait dépouillée, on les transporta incontinent sur le mur latéral de droite,
où fut percé par la même occasion un lourd portique à colonnes, et tout cela sans goût, sans
choix, sans même prendre le soin de raccorder
les motifs de sculpture. Malgré tout, on peut
encore retrouver dans ces malheureux fragments
deux styles et deux époques bien distinctes :
les uns remonteraient à la première construction
de la basilique, à la fin du viiie siècle, quand les
chrétiens chassés par l'invasion sarrasine se réfu-
giaient sur le sol d'Alava et que l'art latino-
byzantin à ses derniers moments allait céder la
place au style roman ; les autres, d'un travail
plus fin, plus délicat, appartiendraient au temps
de don Rodrigo Cascante, évêque de Calahorra,
vers 1180, duquel dépendait à ce titre la basilique
d'Armentia, et qui la fit reconstruire ou réparer
à ses frais. Le tombeau du prélat, car il avait
tenu à être enterré dans cette église qui lui devait tant, arraché lui aussi de la façade principale

et transporté avec le reste à la nouvelle entrée, se trouve encastré dans le mur, en dessous du portique ; tout autour court une inscription latine à peine déchiffrable. L'évêque, de grandeur naturelle, est couché tout de son long dans ses habits sacerdotaux ; quoique protégée comme d'une grille par des colonnettes de pierre, la statue a beaucoup souffert, non moins peut-être de la main des enfants que des injures de l'air auquel elle est restée si longtemps exposée.

Pendant que je m'arrêtais à tous ces détails, un orage se formait à l'horizon. C'était la fin d'une chaude journée de juillet, de gros nuages pesants et bas roulaient dans le ciel obscurci, un vent tiède secouait doucement les feuilles des arbres de la place ; déjà de larges gouttes de pluie tombaient avec un son mat sur le sol poudreux qu'elles marquaient de taches noires. J'était venu avec un jeune homme de Vitoria qui me servait de *cicerone*. Nous n'avions pas de temps à perdre si nous voulions visiter l'intérieur de la basilique avant la nuit. « *El padre cura* fait une promenade aux environs, nous dit une vieille femme que nous interrogions, mais sa gouvernante est là qui vous donnera la clef », et du doigt elle nous montrait le presbytère, une petite maison sombre, accolée comme une verrue au mur de la façade condamnée. Or, au moment même où nous arrivions près d'elle, la gouvernante venait imprudemment de laisser échapper — comment dirai-je ? — les deux plus belles pièces de la basse-cour de monsieur le curé, la réserve de la Noël, deux petits cochons frais et roses, à l'allure indépendante et tapageuse ; ils s'enfuyaient de toute la vitesse de leurs courtes jambes, et la bonne femme de courir après eux, criant, soufflant, tendant les bras. En vain les jeunes enfants qui sortaient de l'école s'étaient-ils réunis pour les traquer : ce quadrupède, avec son air lourdaud, est bien un des animaux les plus rusés de la création ; ceux-ci, se voyant poursuivis, avant que le cercle fût entièrement formé, fondaient sur les rabatteurs avec des cris affreux et les bousculaient au passage. Enfin les deux fugitifs, serrés de près et saisis chacun par une patte, durent rentrer au logis, accompagnés de coups de houssine qui faisait courir un frémissement le long de leur croupe charnue et leur arrachaient des grognements de mauvaise humeur. Singuliers contrastes des temps et des choses ! Voilà donc les scènes qui se passent de nos jours au lieu même où le culte chrétien, menacé par l'islamisme, venait jadis abriter les pompes de ses cérémonies !

Cependant, rassurée de ce côté, la gouvernante s'était offerte à nous diriger. L'intérieur de la basilique, composée d'une seule nef, est absolument nu et froid ; la truelle des restaura-

teurs n'a rien laissé à admirer ; l'ancienne abside,
d'un dessin fort élégant, est complètement masquée par le grand autel et le grossier retable qui
l'accompagne. Par une autre anomalie qu'on a
peine à s'expliquer au premier abord, mais qui
a sa cause dans un évènement plus ancien déjà,
au lieu d'une coupole dans le goût du temps où
vivait Cascante, le temple est couvert d'une voûte
dont les arceaux, légèrement relevés au centre,
annoncent le triomphe d'un genre nouveau. Il est
à croire que, vers la fin du xiii⁰ siècle, la basilique fut victime d'un incendie ; on se hâta de la
réparer du mieux qu'on put, ce qui porte à trois,
non compris la restauration définitive, les styles
appliqués à l'édifice : byzantin, roman et ogival.
De fait, la toiture primitive dépassait de plus de
2 mètres la voûte actuelle, ainsi que le prouve
la hauteur des murs encore debout ; le dôme lui-
même a existé, et l'on en distingue fort bien les
quatre tympans, un peu au-dessus de l'endroit
d'où partent les arcs ogivaux. On y arrive par
la maison du presbytère, au bout d'une série
d'escaliers étroits et de planchers tremblants où
le pied ne se pose qu'avec défiance. A la vérité,
malgré mes recherches, je n'ai pu retrouver les
statues des quatre évangélistes qu'on m'avait
signalées et qui, selon l'usage, devaient orner
les tympans ; je n'ai vu que des murs nus, des
pierres brutes à demi descellées, des poutres

noires garnies de toiles d'araignée au long des-
quelles le rat de cave de la bonne femme, brûlant
avec peine dans cette atmosphère lourde de
chambre close, jetait en tremblotant des lueurs
fugitives et fantastiques.

Plus misérable encore est l'aspect d'Estibaliz,
à 2 lieues à l'est de Vitoria ; il y eut là aussi autrefois une ville considérable, à la même époque
où fleurissait Armentia ; elle portait le nom de
Villafranca de Estibaljz, en témoignage des franchises accordées à ses habitants. C'est maintenant un endroit désert, un de ces *despoplados*
comme on en trouve un peu partout sur la carte
d'Espagne. Seule, au sommet d'une hauteur isolée, pierreuse, qu'occupait la cité, s'élève l'église
de Santa-Maria, fondée anciennement par les
moines de Saint-Benoît. Eglise et monastère s'é-
taient conservés intacts jusqu'à nos jours ; à la
suite de plusieurs mutations, ils étaient devenus,
depuis 1542, la propriété de l'hôpital de Santiago
de Vitoria. Pendant la première guerre carliste,
le monastère fut incendié, et l'église, pillée, dé-
laissée, finit par être louée à un petit cultivateur
qui s'en sert pour loger ses vaches. Comme dans
les bas-reliefs de la basilique d'Armentia, on y
signale un double courant de l'art. Rebâtie par
les abbés de Najera, qui l'avaient reçue en don
de l'héritière des comtes d'Estibaliz, elle n'en a
pas moins gardé quelques morceaux de sculpture

dont l'origine latino-byzantine ne saurait être
doutcuse. Un moment, en 1871, on avait parlé
de la rendre au culte : la réparation devait se
faire sous les auspices et aux frais de la députation provinciale ; mais la nouvelle guerre civile
est venue, qui a réduit tous ces beaux projets à
néant, et c'est en enjambant des tas de fumier
qu'on va considérer ces curieux débris d'un autre
âge.

A quelque distance au sud dans la plaine, et
des derniers restes de l'antique cité sans doute
s'est formé un humble village qui lui a emprunté
son nom, Villafranca ; chaque année, au 1er mai,
les paysans des environs viennent en foule y
saluer la vierge d'Estibaliz, la même qui décorait
autrefois le temple roman, et que les fidèles ont
précieusement recueillie Cette statue passe, auprès des connaisseurs, avec la vierge de la Escla-
vitud, conservée dans la collégiale de Santa-Maria
de Vitoria, comme un des échantillons les plus
purs de l'art au moyen âge en Alava ; mais il est
difficile d'en juger. Placée dans une niche, au-
dessus d'un autel, elle disparaît presque complètement sous ces étoffes d'argent et ces broderies
lourdes dont la piété espagnole affuble ses ma-
dones. Par bonheur, je connaissais déjà celle de
Vitoria, qui est à peu près semblable, et dont
un sacristain complaisant, moyennant quelques
réaux glissés à propos, m'avait permis de défaire

les ajustements : la vierge, toute en bois et de taille ordinaire, est assise sur une espèce de trône à dossier ; ainsi s'expliquent la grosseur de sa tête et les dimensions de l'enfant Jésus, qui paraissaient hors de proportion tant qu'on pouvait croire qu'elle était debout ; elle porte un mantelet et une longue robe bleue et or, sur le front une large couronne de bois peint d'où pendent des paillettes ; les yeux sont grands, étonnés, le nez droit, la bouche petite, le buste un peu trop long pour les jambes, la poitrine plate comme les sculpteurs d'alors faisaient leurs saintes et leurs vierges. Cela est naïf, même grossier, mais combien cet art primitif l'emporte sur les mièvreries et les élégances convenues de notre imagerie religieuse !

Le jeune homme qui m'avait accompagné dans ces excursions est déjà connu comme un des écrivains distingués de l'Espagne ; sorti d'une famille où le goût des lettres et le savoir sont de tradition, esprit actif, nature ardente et passionnée, Firmin Herran s'est consacré de toute son âme à la défense des idées libérales ; mais ses convictions, nées d'un sentiment profond de la justice, n'ont pas affaibli chez lui l'amour du pays natal. Semblable en cela à tous les Basques ses compatriotes, il aime à parler des provinces-sœurs, à les faire connaître, à célébrer leurs institutions, leurs mœurs, leurs libertés, tout ce

qui fait la supériorité de ce petit coin de terre
sur tant de puissantes nations. C'est le maître
d'école de Villafranca qui nous avait montré
l'église, car il fait aussi fonctions de sacristain ;
nous l'avions reconduit nous-mêmes jusqu'au
seuil de sa classe, d'où, par les fenêtres entr'ouvertes, montait dans le silence du village
désert un murmure de voix d'enfants, épelant
tout haut leurs lettres, et là-dessus la conversation s'était engagée entre nous, au retour, pendant que la voiture nous emportait rapidement
à travers les deux allées de grands peupliers qui
bordent la route. J'appris ainsi que l'Alava, sur
le tableau des provinces d'Espagne, est au premier rang pour l'instruction et au dernier pour la
criminalité. « Voulez-vous des chiffres ? poursuivit mon interlocuteur. Nous avons en Alava 321
écoles d'enseignement primaire, soit privées, soit
publiques ; comme la population s'élève à 21,900
familles environ, cela fait une école pour 68 familles ; la moyenne de l'Espagne est de 1 pour
147. Dans ces écoles, 14,600 enfants des deux
sexes reçoivent l'instruction, soit 1 pour moins
de 7 habitants, sans préjudice des cours d'adul-
tes qui se font le soir dans les villages, principalement en hiver, ni des 4 écoles du dimanche,
installées dans la capitale, et que suivent ensemble 2,600 personnes à peu près. Passons aux
dépenses : l'enseignement primaire coûte aux

différentes municipalités, tant pour le personnel.
et le matériel des écoles que pour l'entretien des
édifices, 254,000 francs qui, répartis entre les
habitants, donnent pour chacun d'eux un dé-
boursé de 11 fr. 80 cent. Notez que la plupart
des villages ont des maisons d'écoles bâties spécialement à leurs frais, et dont le prix représente
une première avance de fonds considérable.
Tenez compte des sacrifices que fait elle-même
la députation forale, soit pour aider dans l'entretien de leurs écoles les communes trop pauvres, soit pour favoriser les progrès de l'enseignement; songez que cet état de choses dure
chez nous non pas depuis des années, mais presque depuis des siècles, et dites-moi si nous n'a-
vons pas quelque droit d'être fiers. D'ailleurs
les résultats sont là : en défalquant de notre population totale les étrangers et les enfants au-dessous de huit ans, sans instruction encore, on
trouve 79 personnes sur 100 sachant lire et écrire ;
c'est le contraire pour les autres provinces de l'Espagne, où les trois quarts de la population adulte
vivent et meurent dans l'ignorance la plus complète. Maintenant vous rappellerai-je tout ce que
nous avons fait pour les autres branches de l'instruction : nos deux écoles normales, notre insti-
tut d'enseignement secondaire, notre école d'a-
griculture, si bien organisée, notre académie des
beaux-arts, si florissante, notre université libre,

une des premières fondées de l'Espagne? Un
fait indiscutable, c'est que Vitoria, grâce à tant
d'efforts, jouit d'une importance qui ne lui semblait pas réservée. Plus peut-être que Bilbao,
la cité marchande, ou que Saint-Sébastien, la
ville des baigneurs, elle est la véritable capitale
intellectuelle des provinces basques ; on y parle,
on y pense, on y écrit, on s'y intéresse, vous l'a-
vez pu voir vous-même, aux choses de l'esprit ;
les libéraux y sont presqu'en majorité, et pendant
la guerre nos bataillons de volontaires ont fait
brillamment leur devoir. Mais il ne s'agit point
de cela : je ne vous ai rien dit de la Bizcaye ou
du Guipuzcoa ; l'une et l'autre n'ont pas fait
moins que nous pour l'instruction. Et c'est chez
nous pourtant que les gens de Madrid veulent
fonder des écoles, beaucoup d'écoles ! Et l'autre
jour, en plein parlement, un orateur dont nul
n'a contesté jamais les bonnes intentions et l'admirable éloquence, emporté sans doute par sa
faconde oratoire, parlait bien haut de notre
« misérable état intellectuel ». Pour le coup, je
proteste, et tous nos hommes distingués avec
moi : non, nos paysans ne sont pas des igno-
rants, au vrai sens du mot, ils sont simples de
cœur seulement, ennemis de toute nouveauté,
ardents et naïfs à la fois, par cela même faciles à
égarer ; nous les connaissons bien, nous, les
libéraux, qui plus que personne avons eu à souf-

frir de leurs préjugés et de leurs défauts. Baste! qu'on nous laisse faire, et nous saurons bien les ramener, les éclairer, les convaincre. » Firmin Herran parlait avec cette chaleur qui fait naître la conviction. « La tâche est belle, mais le labeur est grand, interrompis-je au moment où nous mettions pied à terre près de la Plaza Nueva. — Notre bon vouloir et notre courage ne le sont pas moins », me répondit-il simplement.

Cependant le terme de mon séjour en Alava était arrivé; cette province en miniature n'a pas d'autre ville que Vitoria où le touriste puisse s'arrêter; d'ailleurs, plus que tout le reste, ce qui fait le charme et la curiosité du pays, c'est le caractère honnête et laborieux des habitants, leur amour de la terre, les ressources imprévues qu'ils tirent d'un sol assez ingrat par lui-même, la bonne administration qui ménage ces ressources ou ne les emploie qu'à des dépenses productives, et de tout cela, hommes ou choses, grâce aux exemples qu'on m'avait mis sous les yeux, j'emportais les renseignements les plus complets et le meilleur souvenir. Je serre la main à mes amis, puis je monte sur la diligence qui part pour Izarra, petite station sur la ligne du chemin de fer de Tudela à Bilbao. La matinée est délicieuse, l'air un peu frais, quoique le soleil qui commence à percer les nuages semble nous promettre une chaude journée; placé sur le siége,

près du conducteur, je puis contempler à mon
aise la campagne riante et verte, où se dérou-
lent sans interruption les sites les plus pittoresques; à droite et à gauche, la route qui fuit laisse
une foule de petits villages, uniformément bâtis
dans un ressaut de la montagne, avec leur église
à tour carrée, leurs maisons que l'absence de
crépi fait plus pauvres encore, à leurs pieds
leurs prés et leurs champs, et plus haut le bois
communal qui, garnissant les cimes supérieures,
met autour d'eux comme un cadre de feuillage.
Un moment, on s'arrête dans une sorte d'auberge, au bord du chemin; la cuisine, située au
premier étage, est un réduit affreusement enfumé, n'ayant d'air ni de jour que par la porte et
la cheminée. Tout un monde, cette cheminée,
haute, large, invraisemblable! elle occupe, sans
mentir, les trois quarts de la pièce. Au-dessus
du feu, retenu par une énorme chaîne de fer, est
un grand chaudron où mitonne un ragoût in-
nommé; plus bas, enfouis dans les cendres, de
petits pots de formes diverses; en face, un banc
de bois poli par l'usage; puis dans un coin, à
peine visible, une lampe de cuivre, comme on
n'en trouve plus que dans les musées, avec une
cavité pour verser l'huile et une échancrure pour
passer la mèche; et plus loin, appendus au mur
en forme de chapelets, toute une provision de ces
petits saucissons au safran qui complètent le

puchero. La lumière, entrant par le large tuyau de la cheminée, se joue le long des parois fumeuses et accroche des paillettes aux cristaux de suie ; en se baissant un peu, on apercevrait, découpée comme à l'emporte-pièce, une échappée du ciel bleu. Pendant que je passe cette inspection, les petits enfants du village se sont approchés ; on voit dans l'ombre, près de la porte, leurs yeux briller comme les pupilles de jeunes chats. Ils sont vêtus de rien : un lambeau de chemise, une apparence de culottes et un béret, voilà leur costume ; propres cependant sous leurs guenilles qui ne cachent qu'imparfaitement leur corps nerveux et bien découplé ; les traits accentués déjà, l'air fier, sérieux et intelligent. Je doute qu'en aucun pays du monde les enfants de cet âge, six ou sept ans, puissent avoir meilleure tournure. Adressez-leur la parole, ils vous répondront sans timidité, simplement, comme d'égal à égal. On dirait de petits hommes.

Nous nous sommes remis en marche ; bientôt se dresse devant nous une côte interminable où la route s'allonge en lacets multiples, si âpre, si difficile, qu'à elles seules, les quatre mules du coche ne parviendraient point à le hisser jusqu'en haut, quand tout à coup, d'une maison de chétive apparence, sort une paire de bœufs conduits par une femme, jeune encore ; on fait halte, on accroche des chaînes, et gravement, d'un pas

mesuré, tendant. le cou sous le soleil qui les
brûle, mules et bœufs de compagnie commencent
à gravir. La femme court nu-pieds autour des
bêtes, les exhortant de l'aiguillon et de la voix.
Nous cependant, malgré la chaleur, lassés de ce
cahotement monotone, nous étions descendus de
la voiture, et nous suivons la montée en causant.
De quoi causer sinon de cette fatale guerre qui a
laissé là-bas tant de douloureux souvenirs? Je
ne tardai pas à connaître les opinions de mes
compagnons de voyage, qui du reste ne s'en ca-
chaient pas : tous enragés carlistes, tous ayant
fait leurs preuves, tous ayant souffert pour la
sainte cause dans leurs biens ou leurs affections :
une jeune femme à côté de moi, la figure charmante et douce, un petit enfant sur les bras, avait
perdu son père au Monte-Jurra, son mari et
l'aïeul, un vétéran de l'ancienne guerre, faits
prisonniers tous deux, avaient été envoyés à
Cuba; une autre avait conservé son père et son
mari, mais une de ses tantes avait eu quatre fils
tués devant Bilbao, dont deux le même jour, et
ne gardait plus qu'une fille; puis c'était un jeune
prêtre, un missionnaire, aux yeux enfoncés, aux
traits d'ascète, qui racontait comment son père
avait été tué par surprise : tout en parlant, il
serrait les poings, ah! s'il s'était trouvé là!
Et pour le consoler, un ex-officier carliste, récemment revenu de France, lui déclarait que le triom-

phe du *roi* était plus proche que jamais. Un peu à l'écart, en dehors du groupe, marchait un homme de haute taille, citoyen de Vitoria et connu comme libéral; cependant il portait un de ces bérets de forme particulière, à large bord, appelés *fueristes,* et dont beaucoup se servaient alors en manière de protestation contre les projets du gouvernement de Madrid; comme peu à peu la conversation, poursuivant son cours, avait glissé sur la question des *fueros* : « Oui, oui, fit-il en se rapprochant, si l'on touche à nos libertés, la guerre va recommencer, et cette fois tout le monde s'en mêlera! » On aurait vainement cherché entre des gens réunis par le hasard une conformité de sentiments et d'idées plus parfaite. Mais déjà le col de Zaitegui était franchi. On détache les bœufs tout suants, que leur conductrice ramène à l'étable, et nous remontons dans la voiture qui en moins d'une heure nous dépose à Izarra. C'est là que nous devons attendre auprès de la gare, stupidement incendiée par les carlistes comme toutes celles des lignes du nord, le train qui nous mènera à Orduña, la première ville de la *Seigneurie* de Bizcaye.

LA BIZCAYE

CHAPITRE VII

Une ville morte. — Les seigneurs de Butron. — Fou
d'amour ! — Bermeo. — La vente du poisson et la vie
des marins.

De lointains souvenirs de richesse et de gloire,
un nom illustre dans les vieilles chroniques, les
tronçons épars d'une ancienne enceinte ; au centre, une grande place entourée d'arcades, dix
rues y convergeant disposées en étoile, des palais déserts ; comme monument, une église gothique sombre, humide et froide autant qu'un
tombeau, adossée au mur d'enceinte dont elle
faisait partie autrefois avec son promenoir extérieur, ses meurtrières et ses créneaux, — telle est
Orduña, une ville morte. Sentinelle avancée du

Señorio, longtemps elle eut l'honneur de repousser les attaques incessantes des envahisseurs ; mais la fondation de Bilbao devait lui être fatale : plusieurs incendies désastreux, comme ceux qui éclataient dans les villes du moyen âge, précipitèrent sa décadence. Après la guerre de 1833, au mépris des *fueros*, la ligne des douanes fut reculée jusqu'à la frontière, même le commerce de transit, qui se faisait encore par le chemin royal, disparut lors de la construction de la voie ferrée de Tudela à Bilbao : ce fut pour Orduña le dernier coup. L'antique cité repose au fond d'un cirque immense, et les cimes qui l'entourent sont si élevées, leurs flancs si abrupts, que le train pour l'atteindre est obligé de faire vers la gauche un grand détour de 15 kilomètres. Au-delà d'Orduña, la voie continue à descendre presque en ligne droite, à travers des champs divisés par des haies vives de rosiers sauvages et de mûriers en fleurs ; puis défilent au galop de la locomotive des villages fameux dans l'histoire de Bizcaye : Luyando, où se trouvait l'arbre Malato, limite extrême de la province ; Arrigorriága, témoin d'une grande victoire remportée au ixe siècle sur les Castillans. Des villas isolées pointent dans la campagne et révèlent le voisinage d'une grande ville ; par malheur beaucoup ont été pillées et incendiées : on reconnaît là les traces de l'armée carliste.

J'arrivai à Bilbao dans les derniers jours de juin ; la chaleur commençait à devenir désagréable. Depuis plus de deux mois déjà je parcourais les campagnes de l'intérieur ; d'autre part, la côte cantabrique m'était recommandée comme le but d'excursion le plus charmant du monde. Ma résolution fut bientôt prise, et, sans même me donner le temps de visiter la ville, je me dirigeai vers le nord. J'allais à pied, l'unique manière profitable de voyager, de bonnes cartes dans les poches, car mon intention n'était pas de suivre toujours les chemins tracés. C'est ainsi que, dans le courant de la première journée, non loin de la petite ville de Munguia, j'aperçus, entourées d'épaisses futaies de chênes et de châtaigniers, les ruines du château de Butron. Vers le milieu du XIII⁰ siècle, à la suite d'une discussion futile qui s'était élevée pendant une cérémonie religieuse, la guerre civile éclata dans le pays basque, et toute la noblesse se partagea en deux camps : *gamboinos* et *oñecinos*. Comme les guelfes et les gibelins, ils arborèrent des couleurs, les uns le noir, les autres le blanc, et désormais il n'y eut plus de réunion publique, quel qu'en fut l'objet, fête, noce ou enterrement, qui ne servît de prétexte à des conflits où le sang coulait à flots. Vainement les rois de Castille, avec l'aide des corregidors et des villes, voulurent-ils intervenir ; vainement don Enrique IV donna-t-il l'or-

dre de démanteler tous les châteaux-forts du
pays avec défense de les relever en pierres de
taille à partir du premier étage ; vainement les
plus dangereux des perturbateurs furent-ils saisis et déportés à l'autre bout de la Péninsule
dans des villes voisines des Mores, où ils pouvaient satisfaire à loisir leurs instincts batail-
leurs : ces guerres, suite ininterrompue de
sacs, d'incendies, de massacres, durèrent jusqu'à la fin du xv⁰ siècle, et il fallut la forte main
d'Isabelle la Catholique pour y mettre un terme.
Les Gomez de Butron étaient les principaux chefs
du parti *oñecino*. Leur repaire s'élevait sur une
hauteur escarpée, à proximité de la rivière de
Plencia, dont les eaux, par un tunnel habilement creusé sous la montagne, alimentaient les
fossés du donjon. Rabaissé comme tous les autres, sur l'ordre du roi de Castille, le château de
Butron a depuis longtemps perdu ses hôtes sei-
gneuriaux : de vrais arbres, poussés au hasard
dans l'épaisseur des murs, disjoignent lentement
les pierres sous l'effort de leurs racines, et les
paysans voisins s'y viennent fournir de moellons
comme dans une carrière ; un pauvre cultivateur
occupe seul un coin du premier étage avec sa
famille, l'immense salle du bas lui sert à loger
ses bestiaux. Le brave homme avait voulu me
faire lui-même l'honneur de ses ruines, et il me
racontait à sa façon les terribles événements dont

elles avaient été les témoins. Il est une tour, la mieux conservée, dominant à droite un ravin profond ; un jour, serré de près par ses deux mortels ennemis, les seigneurs de Villela et de Avendaño, le châtelain de Butron avait dû se retirer dans sa forteresse ; le siége traînait en longueur et la garnison, à bout de vivres, allait être forcée de se rendre, quand un écuyer, apparaissant entre les créneaux de la tour, imagina de jeter par petites poignées aux pigeons et aux volatiles qui picoraient dans le ravin les dernières mesures de blé qui restaient. A cette vue, le découragement s'empara des assiégeants : de vive force le château était imprenable ; croyant que ses défenseurs avaient des provisions en abondance, ils se décidèrent à lever le blocus. De fait, la tour et le ravin sont encore là ; mais quoi, l'histoire ancienne ne cite-t-elle pas mille ruses analogues, celle des Romains entre autres qui, assiégés dans le Capitole et réduits aux dernières extrémités, jetèrent, pour tromper les Gaulois, des pains de froment par-dessus les murs ? Assurément mon homme ne connaissait même de nom ni les Romains ni Tite-Live. Par quel prodige le même récit se retrouvait-il à une pareille distance, et qui expliquera jamais cette diffusion des fables et des légendes qui établit entre les esprits des époques et des races les plus diverses une sorte de parenté ?

Le pays autour de Butron est complètement
inhabité. Fort à propos une petite servante rame-
nait une paire de bœufs du pâturage ; sur quelques mots du maître que je ne compris pas, elle
laissa là ses bêtes, et d'un pas égal, silencieux et
rapide, elle se mit à marcher devant moi. C'était
une enfant de douze à treize ans, les cheveux
emmêlés, les yeux farouches, les pieds envelop-
pés de chiffons de laine, robe courte et jambes
nues. Nous cheminions au milieu des bois et des
broussailles, muets tous deux, car de ces côtés
la langue basque est à peu près la seule en
usage et pour ma part je n'en connaissais pas un
mot [1]. Au bout d'une heure, nous arrivâmes en
vue de la grande route, la petite sauvage m'indi-
qua du geste la direction que je devais prendre,
puis disparut comme un trait. Les montagnes
s'étendaient devant moi uniformes de teinte et
d'aspect ; pourtant, à mesure que j'avançais, elles
semblaient s'aplanir : la rivière que la chaussée
côtoie et quitte tour à tour roulait plus forte entre ses rives élargies ; une brise plus vive et plus
fraîche apportait avec elle les senteurs salines
de la mer. Enfin Plencia m'apparut. Etais-je en-

---

1. La chanson dit, faisant allusion à cette difficulté de
l'idiome euskarien : « Sept ans le diable fût — étudiant le
basque à Bilbao, — et il apprit seulement à nommer — le
vin, le tabac et les femmes. »

core en Bizcaye, au nord de la Péninsule ibérique, ou quelque charme magique ne m'avait-il
pas transporté soudain en plein pays d'Italie, aux
bords du golfe de Naples? Située sur une étroite
langue de terre qui s'avance dans l'Océan, la ville
littéralement baigne au milieu des flots. Précisément ce soir-là le soleil, à son coucher, colorait
l'horizon de belles teintes rouges dont le reflet
changeant prenait en écharpe les quais du port
et les eaux tranquilles de la baie : sur ce fond
lumineux, le vieux pont de pierre qui relie la
ville à la rive gauche et franchit en neuf bonds
l'embouchure de la rivière dessinait en noir ses
arches inégales; l'air avait cette clarté diffuse
qu'on retrouve dans certaines marines de Claude
Lorrain, et, pour aider à l'illusion, tout le long
de la route à gauche, les vignes disposées en
treilles et soutenues par des piliers de pierre,
selon la mode italienne, mettaient des portiques
de verdure au pied des collines qui descendaient
en pente douce jusqu'au bord de l'eau.

En dépit de sa position, Plencia ne compte pas
un seul pêcheur, sa rade même est sans mouvement ou, pour mieux dire, abandonnée. Cela
tient aux bancs de sable qui se forment à l'embouchure de la rivière et qui, par le gros temps,
rendent très-périlleux le passage de la barre.
Pourtant elle eut ses beaux jours, alors que son
pavillon était connu sur toutes les mers, et

qu'elle adoptait comme armes parlantes un navire
voguant à pleines voiles ; encore en 1780 elle ne
possédait pas moins de cent cinquante bâtiments
de commerce qui trafiquaient avec les contrées
les plus reculées du monde. De nos jours, elle
soutient une école de marine d'où sortent d'excellents sujets ; elle est fort propre à l'intérieur, et
ses maisons bourgeoises, la plupart accompa-
gnées d'un jardin, lui donnent même un air assez
coquet. Pendant la soirée, comme je me promenais sur la plage, en avant du port, je remarquai
un homme de haute taille, jeune encore, les traits
pâles et amaigris, qui marchait lentement, la tête
baissée. On m'a conté sa douloureuse histoire.
A dix-neuf ou vingt ans, il naviguait comme apprenti-marin sur un navire marchand dont son
oncle était capitaine. Parmi les passagers embar-
qués avec eux se trouvait une jeune fille qui se
rendait en Amérique. D'où venait-elle? Qui était-
elle? Une enfant du pays sans doute, belle,
grande, élancée, les joues rosées, la bouche sou-
riante, laissant tomber sur ses épaules ses longs
cheveux châtains partagés en tresses ; quelque
parent, comme il arrive, établi dans les colonies,
l'appelait près de lui pour lui léguer sa fortune,
qui sait même? pour l'épouser. Mais de Bizcaye
à Buénos-Ayres, la route est longue, surtout pour
un navire à voiles. Pendant cette traversée de
soixante jours, on eut mille occasions de se voir,

de causer, d'entrer en confidences; assidu auprès de la jeune fille, l'apprenti-marin en devint bientôt éperdument amoureux. S'il fut payé de retour, lui seul pourrait le dire aujourd'hui. Quoi qu'il en soit, lorsque le navire fut arrivé à destination et que la passagère se disposa à débarquer, ne voulait-il pas descendre avec elle, l'accompagner partout où elle irait? Heureusement l'oncle était là, un homme sage, d'expérience et qui ne badinait pas. Eh! que deviendrait le métier, grand Dieu, si chaque matelot s'avisait de quitter le bord pour courir après ses amours? D'ailleurs, les peines de cœur.., ce mal-là n'est pas dangereux; on croit qu'on en va mourir, et à trois lieues au large il n'y paraît plus. Bon gré mal gré, notre amoureux dut revenir en Europe; hélas! avec la distance, sa douleur ne faisait que grandir. Quand il arriva au pays, il était fou et il fallut l'enfermer. Depuis lors, grâce aux bons soins qui lui furent prodigués, il a par intervalles recouvré la raison; c'est dans un de ces moments de lucidité que je l'ai vu, triste et taciturne, ne parlant pas de sa souffrance, mais la portant partout avec lui; puis de nouveau sa tête se trouble, ses idées s'égarent, comme si par pitié la Providence voulait lui rendre l'éternel oubli; on le ramène alors à l'hospice de Valladolid; il y mourra. Pauvre fou d'amour!

De Plencia à Bermeo, il n'existe aucune route

que les sentiers tracés par les gens du pays. Les montagnes en cet endroit sont âpres et arides, couvertes d'une végétation rabougrie qu'interrompt çà et là l'ossature de la roche mise à nu par les pluies ; en revanche, dans chaque pli de terrain, à Lemoniz, à Baquio, partout où quelque petit cours d'eau, sorti des flancs de la chaîne, a pu se creuser un lit pour venir au bout de la plage rejoindre la mer et s'y perdre, un gentil village apparaît à demi caché dans un berceau de verdure. Saluez en passant, à la cime d'un pic aigu affouillé par les vagues, l'ermitage vénéré de San-Juan de Gastelugache, autrefois forteresse imprenable ; gravissez bravement, c'est l'affaire de deux ou trois heures, la haute croupe du mont Machichaco, le plus pelé de tous, le plus ardu, maussade comme son nom ; arrêtez-vous alors ; devant le spectacle qui s'offre à vous, toute fatigue est bien vite oubliée. A gauche et à droite, séparées par le prolongement de la montagne, s'étendent, vastes et tranquilles, les deux baies de Baquio et de Bermeo ; le village ne se voit plus, mais en bas de la pente on pourrait presque compter, penchées sur les flots, toutes les maisons de la ville, et dans le fond, à l'horizon, entre le bleu laiteux du ciel et le bleu plus mat de l'Océan, la flottille des pêcheurs, comme un vol de mouettes, ses ailes blanches déployées, cingle vers la haute mer.

Bermeo est né de la mer et en a toujours vécu; toute son histoire, son passé, son présent, tient dans l'espace de quelques mètres, de l'étroite presqu'île à la naissance du môle qui forment les deux bras du port. D'un côté s'élève la vieille église de Santa-Eufemia, une de celles appelées *juraderas,* parce que le nouveau señor de Bizcaye, à son avénement, était tenu d'y jurer solennellement le maintien des *fueros;* en face, à l'autre bout, dominant toute la baie, une tour carrée qui, mieux encore que les deux sœurs jumelles de Grenade, mériterait le titre de *bermeja,* tant les siècles et les chauds baisers du soleil ont laissé sur ses pierres une couleur vermeille. Elle appartint à la famille du poète Alonso de Ercilla, le chantre et le héros de la guerre du Chili, l'auteur de *la Araucana.* Enfin, entre l'église et la tour, avec leurs balcons de bois et leurs toits en auvent, les maisons de pêcheurs se poussent et se pressent, comme pour se rapprocher encore de la mer. J'aimais le matin, pendant que les barques étaient amarrées et que les hommes se reposaient des durs labeurs de la veille, me promener longuement sur le port; de grands filets séchaient appendus aux murs des maisons; des marmots de quatre ou cinq ans préparaient pour leurs pères l'appât qui devait servir à la pêche prochaine : armés chacun d'un gros caillou, il fallait les voir, sur les pierres des

9*

parapets, piler consciencieusement des sardines
fraîches jusqu'à les réduire en une bouillie rougeâtre qu'il déposaient dans des seaux de bois
placés à côté d'eux. Et pendant ce temps les
grands-pères, ceux à qui leur âge et leurs infir-
mités ne permettaient plus de prendre la mer,
fatigués dès le point du jour de cette oisivité
inaccoutumée, venaient s'asseoir les uns après
les autres au pied de la tour d'Ercilla. Les bras
croisés sur la poitrine, sans mot dire, une courte
pipe de terre noire serrée entre les dents, ils restaient là des heures entières, sondant des yeux
l'élément perfide auquel ils avaient tant de fois
disputé leur vie et dont ils regrettaient pourtant
l'agitation incessante et les fureurs démesurées.

Mais c'est le soir surtout que l'aspect du port
devient intéressant. Toutes les barques sont
parties avec la marée, depuis les grands bateaux
montés par seize hommes jusqu'aux petits canots
où le père et les deux fils aînés suffisent à faire
la manœuvre. Vers sept heures arrivent cinq ou
six personnes, portant chapeau et redingote :
ce sont les fabricants de conserves et d'*escabeche*
(poisson mariné); puis des femmes, leur journée
finie, les enfants sortis de l'école. On va procé-
der à la vente du poisson. Les pêcheurs de Bermeo, comme de plusieurs autres points de la
côte, forment de temps immémorial une confrérie ayant à sa tête un administrateur et une junte

syndicale. L'exercice de la pêche est lui-même
réglé par un certain nombre de patrons nommés
à l'élection : au cas où la mer est trop forte, la
barque *señora* lève une rame en l'air, et personne
après ce signal n'a le droit de sortir du port sous
peine d'une forte amende. Chaque jour l'administrateur de la confrérie s'occupe de la vente du
poisson, qui a lieu en commun aux enchères publiques : sur le produit on prélève une certaine
part destinée au fonds de réserve de la société ;
le reste est divisé entre les équipages proportion-
nellement à la quantité de poisson que chacun a
rapporté et au prix moyen qu'a atteint la vente.
Parfois, à cause des mauvais temps, si fréquents
sur cette mer rageuse, les barques ne peuvent
sortir de plusieurs jours, et les pauvres marins
se trouveraient en grand embarras si la confrérie
ne les secourait par une répartition d'argent extraordinaire, dite *partage de miséricorde* : à cela
sert le fonds de réserve ; on pourvoit également
à la subsistance des marins devenus vieux ou
infirmes ainsi que des veuves et des enfants de
ceux qui ont péri sur les flots.

La vente a lieu dans une grande salle située
au derrière de la maison de l'association dont la
façade donne sur le port ; cette salle est entourée
en forme de fer à cheval par des stalles de bois
disposées en gradins ; dans le fond se voit une
table, au milieu une grande machine ronde, re-

présentant assez bien un calorifère, mais percée
tout autour d'une série de petites cases. En haut
de chaque case se cache une boule numérotée,
et par un fil de fer passant sous le plancher cette
boule est mise en rapport avec un bouton de
cuivre placé sur le bras droit de la stalle qui
porte le numéro correspondant. Le premier rang
des stalles est seul numéroté : c'est là que s'as-
soient les personnes qui veulent prendre une part
active à la vente ; le public, comprenant surtout
les femmes des pêcheurs, s'entasse sur les gradins supérieurs. Bientôt l'administrateur appa-
rait, il prend place à la table entre deux asses-
seurs, et pour commencer annonce la quantité
probable de poisson que l'on attend. La vente se
fait en gros par tant d'*arrobes* (25 livres), et le
prix se compte par *maravedis* (il faut 34 maravédis pour faire un *real*, soit 26 centimes de notre
monnaie). « A 46 maravédis la *merluza*, dit le
crieur debout près de la table, à 45, à 44 », et il
descend graduellement tant qu'il n'y a point pre-
neur au prix proposé ; mais lorsqu'une des personnes placées au premier rang juge le moment
venu, elle pousse avec le doigt le bouton de
cuivre placé au bras droit de sa stalle, le fil de
fer déplace la boule, et la fait tomber avec bruit
dans le bas de la petite case ouverte au-dessous
d'elle ; le crieur alors s'approche, et, lisant le
numéro, demande à l'acheteur la quantité de

poisson qu'il désire : après quoi la vente continue jusqu'à ce que les chiffres prévus aient été
couverts. Si deux ou trois boules sont tombées à
la fois, le crieur les ramasse et les appelle à
mesure qu'elles se présentent sans que l'ordre
qu'il suit prête jamais matière à réclamation.
Vient ensuite le tour des autres poissons ; mais
la merluche est encore la plus estimée. Comme
il est naturel, ce sont les marchands de marée
qui, tenus d'approvisionner les marchés, répondent les premiers et achètent au plus haut prix :
à la vérité, ils n'ont besoin que de quantités relativement minimes ; les fabricants d'*escabeche* en-
lèvent le reste par 3,000 ou 4,000 arrobes. Grâce
à la concorde et au bon vouloir qui règnent
parmi les assistants, en moins de dix minutes la
vente est terminée, et l'administrateur lève la
séance. On se rend alors sur le port.

Dans l'intervalle, la nuit est venue : toute la
mer au loin est constellée des mille feux des fa-
lots qui brillent dans l'obscurité comme si une
poignée d'étoiles s'étaient détachées du firma-
ment et étaient tombées dans les flots ; les premières barques commencent à aborder ; à mesure qu'elles arrivent, les femmes, munies de
corbeilles d'osier, s'empressent de les décharger.
La maison de la confrérie forme de ce côté un
vaste portique à colonnes, pavé de pierres plates,
au-dessous duquel sont établies d'énormes ba-

lances ; c'est là que le poisson est déposé par tas
séparés. On s'occupe alors de le peser, tandis
qu'un employé, à la clarté d'une grosse lanterne,
rapidement prend des chiffres, et tout aussitôt il
est chargé dans des paniers ronds que des bœufs
emportent à travers la ville. On ne saurait imaginer, sans l'avoir vue, une scène aussi fantas-
tique : le tumulte du débarquement, la rentrée
des voiles et des filets, l'appel des marins, les
glapissements des femmes, le heurt des paniers
qui se renversent, le mugissement des bœufs,
les cris des conducteurs, et, dans le fond, énormes, hideux, la gueule grande ouverte, sous la
lumière fauve de la lanterne qui fait étinceler
leur peau visqueuse, les thons et les merluches
sautant, bondissant, agitant leur queue qui
frappe le pavé avec un bruit sec. Cette animation
se prolonge bien avant dans la soirée jusqu'à
l'arrivée du dernier bateau, vers minuit ou une
heure du matin ; puis chacun se retire pour se
retrouver là dès le lendemain.

Les espèces de poissons qu'on pêche le plus
communément à Bermeo comme sur le reste du
littoral sont la merluche, le thon et le rousseau,
tous trois de forte taille ; il arrive parfois, dans
les jours heureux, que les pêcheurs en ramènent
12,000 ou 15,000 arrobes. Il faut que tout ce
poisson soit expédié ou travaillé dans les vingt-
quatre heures qui suivent l'arrivée, car, sans

compter qu'il pourrait se corrompre, la prochaine pêche causerait un encombrement. Une partie est dirigée tout frais sur Madrid et les villes de l'intérieur; le reste se porte dans les fabriques d'*escabeche*. Là chaque bête est découpée en larges tranches de près de trois doigts qu'on plonge dans une énorme chaudière d'huile bouillante; quand elles y ont séjourné suffisamment jusqu'à prendre à la surface une belle teinte rousse, on les retire, on les porte au séchoir, et, à peine refroidies, on les encaque dans de petits barils contenant deux arrobes; on verse pardessus une sorte de saumure, mélange d'eau et de vinaigre, et le tout est expédié dans les provinces de l'intérieur où les gens du peuple en font une grande consommation. Quand, à certaines heures de la journée, ces immenses quantités de poisson passent par les chaudières, il pèse sur toute la ville une odeur d'huile qui entête et laisse à peine respirer. Bermeo possède aussi plusieurs fabriques de conserves en boîtes. La sardine et l'anchois y abondent à la saison : seulement chaque barque s'en défait pour son propre compte et au prix qui lui convient; l'équipage a droit en outre à une certaine quantité de gros poissons, largement calculée, dont il se sert pour sa consommation personnelle ou qu'il revend à son gré. Aussi la nourriture des habitants se compose-t-elle presque exclusivement de marée; le poisson de la mer cantabrique passe pour infiniment supérieur à celui qui vient de la Méditerranée; consommé sur place il est réellement exquis, d'une saveur que je ne soupçonnais pas et qu'on lui demanderait en vain pour peu qu'il ait voyagé.

En somme, Bermeo est le centre de pêche le plus actif de la province : presque toute la population mâle, 1,000 hommes et plus, est consacrée à cet exercice ; les femmes travaillent sur le port ou dans les fabriques d'*escabeche*. On se marie de fort bonne heure sur ces côtes : dès dix-huit ans, un marin a sa fiancée, il fait alors un ou deux voyages au long cours pour acheter avec son salaire la *ropa,* ou, comme nous dirions, la corbeille de noces : un peu de linge blanc, quelques colifichets, deux ou trois pauvres meubles; puis aussitôt il entre en ménage. Attendrait-il dix ans encore, il sait qu'il ne sera jamais plus riche : la pêche a trop d'alternatives, trop de mauvais jours pour que celui qui s'y livre y puisse faire fortune; on en vit, et c'est tout. D'autre part, cette incertitude du lendemain, cette lutte continuelle contre le danger, ont influé à la longue sur le caractère du marin : il manque des qualités de prévoyance et d'économie. Quand par aventure, après une bonne saison, il pourrait mettre quelque chose de côté, il préfère gaspiller sur-le-champ toutes ses ressources, s'en remettant à l'avenir d'assurer son sort et celui des siens. Les mariages sont féconds comme chez tous les marins, et les familles très-nombreuses ; dans ce métier, les enfants, bien plutôt qu'une charge, sont une ressource : les petites filles raccommodent les filets, les petits garçons préparent les appâts ; plus grands, ils s'embarqueront avec le père et l'aideront dans la manœuvre. Au demeurant, il n'est pas de population plus laborieuse, plus sincèrement honnête : le juge de la ville me déclarait lui-même n'avoir eu l'année précédente qu'un seul coupable à juger. Le type des habitants du littoral est fort beau : c'est celui de la race basque dans toute sa pureté, à la fois élégant et fier. De taille au-dessus de la moyenne, les hommes ont le corps svelte et nerveux, le visage ovale, le nez aquilin, le regard clair, les pommettes saillantes, dans tous les traits une sérénité et une énergie singulières qui s'accentuent encore avec l'âge ; mais les femmes surtout m'ont paru admirables. Avant que le travail et les fatigues de la maternité les aient trop cruellement éprouvées, elles représentent l'idéal de la beauté humaine : toutes grandes, elles aussi, les attaches pures, les hanches larges, la poitrine ferme et bien remplie ; avec cela les joues colorées, les lèvres souriantes, les yeux doux, un peu étonnés, de splendides cheveux châtains, que les femmes mariées portent enroulés sur le derrière de la tête et que les jeunes filles laissent pendre en deux longues tresses sur leurs épaules. Au premier coup-d'œil, on reconnaît là des êtres privilégiés, bien supérieurs aux autres races mélangées ou abâtardies de l'Europe occidentale. Quant à moi, je n'oublierai jamais l'impression que j'ai ressentie en voyant les jeunes filles de Bermeo rentrer vers minuit après la dure journée ; la jambe leste et le pas rapide, nullement gênées par l'ample corbeille qui pesait sur leur tête et où s'agitaient deux ou trois gros poissons de mer dans les derniers spasmes de l'agonie, elles marchaient une douzaine sur la même ligne, se tenant par la main et chantant en chœur à pleine gorge quelque refrain du pays ; les jeunes gens les suivaient par derrière, et longtemps encore après leur passage, j'entendais au milieu du silence de la nuit leurs voix fraîches et rieuses monter, décroître, puis se perdre peu à peu dans l'éloignement.

CHAPITRE VIII

L'arbre de Guernica. — La manoir d'Arteaga. — Autres
ports de la côte. — Fermiers et propriétaires. — Vieilles
villes et vieux châteaux.

Au sortir de Bermeo, la route, taillée en corniche au flanc de la montagne, suit exactement
toutes les anfractuosités du rivage ; des deux
côtés s'étagent des vergers, des champs de blé et
de maïs, car les cultivateurs de ces contrées ne
sont ni moins laborieux ni moins habiles que les
pêcheurs, et rien n'est beau à voir comme les
épis mûrs, secoués par le vent et courbés presque sur les flots, mettant une bordure d'or à la
nappe bleue de la mer. Bientôt on distingue le
petit port de Mundaca, un des points les plus
anciennement peuplés de la province. La route le
traverse entre deux rangées de maisons bien
bâties, et, remontant le cours sinueux de la rivière, s'enfonce dans l'intérieur ; on atteint alors
une plaine légèrement inclinée au centre de laquelle s'élève Guernica. Sans importance comme

population, — elle compte à peine 600 habitants, — cette ville n'en est pas moins la cité sainte du Señorio : c'est elle qui, tous les deux ans, sert de siége au congrès ; elle qui renferme, avec le palais des *juntes,* le dépôt des archives et la basilique de Santa-Maria-la-Antigua, la plus vénérée de toutes les églises *juraderas ;* elle enfin qui possède le palladium des libertés basques, le chêne sous lequel de temps immémorial le señor de Bizcaye vient jurer le maintien des *fueros.* Cet arbre fameux, la poésie et l'éloquence l'ont célébré tour à tour : J.-J. Rousseau le bénit, nos soldats républicains, passant à Guernica, lui rendirent les honneurs militaires comme au père des arbres de la liberté; déjà Tirso de Molina l'avait glorifié dans ses vers à la face des monarques autrichiens; mais c'est encore un Basque, un fils du pays, qui a trouvé pour le chanter les accents les plus émus et les plus touchants ; il existe un hymne patriotique, *l'Arbre de Guernica,* dont la musique et les paroles, par un rapprochement curieux avec notre *Marseillaise,* n'eurent qu'un même auteur. Voici à ce propos un extrait du discours, prononcé le 16 juin 1864 devant le sénat espagnol par don Pedro de Egaña, député de la province d'Alava : « Sous les drapeaux du prétendant Carlos V se trouvait un vaillant jeune homme nommé Iparaguirre, pauvre berger dans une humble ferme du village de Zumarraga ; il était parti pour la guerre à peine âgé de seize ans ; dès le début de la campagne, il fut grièvement blessé, et, désormais incapable de tout service actif, il dut prendre rang dans le corps des hallebardiers de don Carlos. Le *convenio* arriva ; mais, dévoué qu'il était à la cause de l'infant, il ne voulut pas y adhérer ; il se retira en France, où pendant plus de vingt ans il mangea le pain de l'exil. Il avait belle voix, gaillarde prestance, longue chevelure bouclée... C'était un de ces caractères aventureux qui portèrent si haut la gloire de l'Espagne au xvᵉ et au xvıᵉ siècle ; il avait soif d'émotions et de périls. Il revint donc dans les provinces, et comme il lui répugnait après avoir été soldat de reprendre le métier de laboureur ou de berger, il se fit musicien ambulant ; il parcourait le pays en chantant des chansons sur les *fueros* dont il était l'auteur ; on l'appelait *le barde vascongade*. Messieurs, poursuivit l'orateur, j'ai pu assister moi même à un de ces concerts en plein air au milieu des montagnes. On savait qu'Iparaguirre chanterait la chanson intitulée : *l'Arbre de Guernica*. De tous les villages, de tous les hameaux, de toutes les fermes des environs le peuple accourut en foule : il y avait là plus de 6,000 personnes. Iparaguirre entonna le chant dont je vais vous lire la traduction littérale ; il est court : « L'arbre de Guernica est pour nous un arbre bénit ; il n'y a pas un seul

Basque qui ne tremble de plaisir à le regarder.
Étends ton feuillage et fais tomber tes fruits
sur le monde, ô symbole saint de nos libertés
séculaires ! Nous t'adorons prosternés à genoux. » — A ces mots, la foule s'agenouillait
comme si elle eût été mue par un ressort, et tous
se découvraient ; puis le chanteur continuait d'une
voix plus forte : — « Et si jamais la tempête
secoue tes rameaux touffus, si les nations étrangères viennent porter la hache contre ta souche,
nous le demandons au ciel, que le fer sauveur
contenu au fond de nos montagnes se conver-
tisse, pour te défendre, en armes acérées [1]. »

1. A. de Trueba a donné de cet hymne une autre ver-
sion assez différente : Iparaguirre était un improvisateur ;
lorsqu'il chantait, il se laissait aller à l'inspiration ; de
là les nombreuses variantes qu'on signale dans ses vers.

« L'arbre de Guernica — est bénit — et chez les Basques
— aimé de tous. — Propage et répands — tes fruits par le
monde ; — nous t'adorons, — arbre saint !

« Il y a près de mille ans, — à ce que l'on dit, — que Dieu
planta — l'arbre de Guernica. — Reste debout, — car si maintenant — tu tombais, — nous serions complètement perdus.

« Tu ne tomberas pas, — arbre aimé, — si le congrès
de Bizcaye — fait son devoir. — Les quatre provinces
s'uniront — pour te soutenir, — afin que le peuple basque
— vive en paix.

« Vis éternellement — et pour demander cette grâce à
Dieu, — prosternons-nous tous — à genoux ; — et quand
de tout cœur — nous aurons prié, — l'arbre vivra — dans
le présent et dans l'avenir. »

Alors l'enthousiasme était à son comble ; tous ces hommes au sang chaud, au cœur vaillant, qui pendant sept années de guerre avaient exposé leur vie sur les champs de bataille, levaient les bras vers le ciel en jurant de mourir pour les *fueros*... La chose alla si loin que l'autorité s'en émut, et, par crainte de troubles, le général Mazarredo, alors capitaine-général des provinces, donna l'ordre au trouvère de quitter immédiatement le pays. Le pauvre garçon devait mourir plus tard à Montevideo. »

A peine entré dans la ville, vous vous rendez en pèlerinage auprès de l'arbre sacré, chacun s'offre à vous y conduire. L'arbre actuel est vieux d'une centaine d'années et descend directement du chêne primitif, car on conserve toujours à côté de l'ancien un ou deux rejetons destinés à le remplacer quand l'âge l'aura fait succomber. Le dernier, tombé de vieillesse le 2 février 1811, existait, d'après la tradition, depuis le milieu du xıv° siècle ; c'est sous son ombre que les rois catholiques, Ferdinand et Isabelle, assis sur le banc de bois qui en entourait la base, avaient juré de respecter les *fueros.* Les délibérations avaient lieu d'abord en plein air, au pied même du chêne, d'où la formule dont le congrès accompagne encore ses décisions : *so el arbol de Guernica ;* plus tard, la population étant devenue plus grande et ses délégués plus nombreux, on

abandonna la plaine nue où l'on se tenait, et les
assemblées se firent dans l'ermitage de Santa-
Maria, très-ancien sanctuaire situé tout auprès.
Aujourd'hui, le banc de bois a été remplacé par
un siége de pierre ; l'église, rebâtie vers 1830, se
trouve enclavée dans un vaste édifice du style
néo-grec encore incomplet et destiné à fournir
des chambres de travail aux députés et des locaux pour les archives. L'intérieur de l'église,
qui sert également de salle des séances, est orné
d'une collection des portraits en pied de tous les
seigneurs de Bizcaye, avant l'incorporation de la
province à la couronne de Castille, depuis don
Lope de Bizcaye, père de Jann Zuria jusqu'à
don Juan Ier. On m'a fait voir le dépôt des archives si précieux pour l'histoire du Señorio : les
carlistes, pendant leur séjour, n'y avaient fait
aucun dégât ; même ils y avaient envoyé, pour le
compléter, les journaux, brochures et autres papiers publics émanant de leur administration ;
tous ces documents gisaient en tas, pêle-mêle,
dans une salle du bas, car ils n'avaient pas eu
eux-mêmes le temps de les classer.

De la ville même, il n'y a rien à dire : tout au
plus y distingue-t-on une grande place carrée,
une vieille église gothique, quelques maisons
nobles ornées à l'extérieur de grossières peintures à fresque dans le goût du siècle dernier.
Pour y amener plus de richesse et d'animation,

on a parlé d'en faire un port de mer; l'entreprise n'a rien d'impossible, car les bateaux venaient s'amarrer autrefois aux maisons mêmes de la rive et la marée se fait sentir encore jusqu'à Guernica; mais il faudrait beaucoup d'argent. En attendant, les habitants jouissent du sol le plus fertile et du climat le plus doux; une montagne en pointe, au-dessus de la ville, est tapissée du haut en bas de jardins et de vergers. Du reste toute cette rive droite est encore plus charmante que l'autre; à mi-chemin s'y dresse, au milieu d'un parc angais, le joli manoir de Arteaga, propriété des Montijo, dont le donjon crénelé se reconnaît de plusieurs lieues à la ronde. Le 17 juillet 1856, dans l'assemblée générale tenue sous l'arbre de Guernica, les représentants du pays décidèrent qu'il y avait lieu de déclarer Bizcayen d'origine le prince impérial des Français, Louis-Napoléon, comme descendant direct par sa mère des deux maisons d'Arteaga et de Montalban. L'empereur accueillit avec beaucoup de bienveillance les députés chargés de lui porter le décret; l'impératrice elle-même, flattée de cette attention, voulut faire reconstruire le château de Arteaga. Un jeune architecte d'un grand mérite, M. Couvre-chef, fut envoyé sur les lieux pour diriger les travaux; mais, pris de fièvres malignes à la suite d'une excursion sur les bords marécageux de la rivière, il mourut avant d'avoir vu son œuvre en-

t terminée. Un autre Français, M. Ance-
t la dernière main, non sans modifier
e plan primitif. On a utilisé, autant que
 les restes de l'ancienne construction.
intenant une jolie forteresse du xiiie siè-
nie de toutes les recherches de la re-
э, accommodée aux exigences du confort
. Une première enceinte rectangulaire
ne, flanquée de tours selon l'usage; le
galement carré, est monté de trois éta-
rminé par une plate-forme que domine
ille tourelle; deux grandes ogives plei-
ant de la base, montent de chaque côté
a corniche supérieure couronnée de cré-
t, dans leur largeur, s'ouvrent sur trois
s fenêtres ogivales qui tiennent lieu des
s meurtrières; le jaspe rouge dont les
es sont encadrées tranche agréablement
arbre gris du reste de l'édifice. A l'in-
l'escalier monumental, les parquets en
эrie, les lambris sculptés, répondent à la
ence et aux beautés du dehors. Pourtant
tu n'a jamais été meublé ni habité; on
 la venue de l'impératrice, qui avait pro-
э visiter : ce projet n'a pas eu de suite.
int il reste confié à la garde d'une dame
 qui loge dans un petit pavillon voisin.
il en soit, même absente, la main géné-
э la châtelaine se retrouve partout; il

n'est pas dans tout le pays un village m
qu'Arteaga, ni dont les maisons respire
air d'aisance et de bien-être.

La dernière partie de l'étape avant
dre la mer est encore plus pittor
plus accidentée. Chemin faisant, j'ape¡
un bouquet de bois, au bord d'un¡
cinq ou six jeunes filles qui s'étai
tées un moment pour reprendre halei
m'appelèrent en riant ; elles se rendai
petit port situé entre Elanchove et
et nous marchâmes de conserve. J'ap
qu'elles revenaient de la fête ou *romeri*
noza. Parties d'Ea la veille, bien avan
du jour, elles avaient fait à pied, d'
traite, les dix lieues qui séparent Zor
côte ; leurs achats terminés, elles ava
toute l'après-midi, toute la soirée, puis
matin avaient repris courageusement
du village où elles devaient arriver
heures pour se mettre au travail com
naire. Du reste, elles ne paraissaient
fatiguées, causant, chantant, aussi viv.
alertes qu'au départ. Il n'en était pas d.
deux petits ânes qu'elles avaient a.
elles pour porter une partie des provi
malheureuses bêtes, épuisées, pouvai
remuer les pattes. Il avait fallu, bie
teaga, les débarrasser de leur charge,

tait partagée à l'amiable ; on leur avait mis une
corde autour du col et on les traînait ainsi à tour
de rôle ; et les jeunes folles de rire ! Grandes,
sveltes, d'une beauté sculpturale, sur leur tête
une large corbeille d'osier, dont leur bras nu relevé assurait l'équilibre, la gorge ferme et pleine,
tendue par l'effort, elles semblaient un chœur détaché d'une tragédie antique et rappelaient à ma
mémoire ces canéphores athéniennes dont le ci-
seau de Phidias a immortalisé l'élégance et la
grâce sur les frises du Parthénon.

Parvenus au point où la route bifurque, nous
échangeâmes un adieu et, tandis qu'elles poursuivaient vers Ea, je pris par la gauche vers
Elanchove. S'il y a au monde un village curieux,
bizarre, extravagant d'aspect et de situation,
c'est bien celui où j'arrivai au bout d'un quart
d'heure. Accroché au flanc d'une montagne à pic,
haute de 600 mètres, avec son unique rue tor-
tueuse, plus raide qu'une échelle, son pavé d'un
nouveau genre, où les quartiers de roc s'espacent
en manière de marches, ses maisons lézardées,
dégringolant, dévalant, si bien que les pieds de
l'une pèsent sur le toit de l'autre, il semble toujours près de tomber dans l'abîme. De propreté,
il n'en faut point parler ; la disposition folle des
lieux rendrait inutiles les prescriptions les plus
élémentaires de la voirie ; la rue n'est guère net-
toyée que les jours de pluie ; mais alors elle de-

vient le lit d'un torrent terrible, et malheur à celui qui voudrait s'aventurer au dehors, il serait infailliblement emporté. Partout dans l'air flottent ces senteurs si particulières où l'odeur du poisson frais s'allie avec les vapeurs de l'huile qui sert à frire l'*escabeche*. Le port petit, mais commode, construit en 1783, tire toute son importance de la pêche et des industries qui s'y rattachent. Péniblement, je remontais la longue rue du village quand je remarquai au pas d'une porte une pauvre vieille toute courbée qui demandait l'aumône; les mendiants, originaires du pays même, sont fort rares dans les provinces parce que tout le monde y travaille et que chaque municipalité vient en aide à ses malheureux. Une charmante jeune femme, aux lèvres rieuses, était accourue : je la vis tirer de sa poche une petite pièce de cuivre, la baiser et la remettre à la vieille; celle-ci prit l'aumône, fit d'abord avec elle dévotement le signe de la croix, puis la baisa à son tour. Tel est l'usage du pays basque, et ne semble-t-il pas rendre la charité encore plus touchante?

Pour gagner Lequeitio, laissant à gauche le petit port d'Ea, on coupe au plus court par les montagnes, la plupart couvertes de bois; la mer ne s'aperçoit plus que par échappées, au bout des vallées étranglées qui sillonnent la chaîne. Le nom de Lequeitio est depuis longtemps fa-

meux dans les annales maritimes de la Bizcaye.
De là sont sortis ces vaillants marins qui, avec
les fils d'Ondarroa, de Bermeo, de Plencia, de
Portugalete, osèrent les premiers, sur leurs frê-
les navires, s'attaquer corps à corps à l'énorme
baleine; puis, quand le monstre des mers, chassé
des côtes cantabriques, remonta vers le nord,
lancés à sa poursuite, ils visitèrent successivement l'Écosse, la Norvége, le Groënland, et touchèrent à des terres encore inconnues aux autres
peuples de l'Europe. Du reste jusqu'au milieu
du xviie siècle on tua des baleines dans les eaux
voisines de Lequeitio; ainsi l'attestent des documents fort curieux conservés dans les archives
de la ville. En souvenir de son glorieux passé,
elle porte dans ses armes, comme Bermeo,
une chaloupe à rames lançant le harpon sur une
baleine. Mais la pêche ne suffisait pas à occuper
l'ardeur de ces vaillants : les marins de Bizcaye
prirent part à tous les voyages de découvertes
accomplis dans les Indes occidentales ou sur les
côtes de Guinée; leurs bâtiments de commerce les
mettaient en relation avec tous les ports de la
Méditerranée, de l'Océan Atlantique, de la Manche, de la Mer du Nord; ils traitaient en leur propre nom et d'égaux à égal avec le roi d'Angleterre.
De longue date existait à Cadiz une association
de pilotes, originaires du Señorio. En même
temps, ils aidaient puissamment les rois de Cas-

tille dans toutes leurs entreprises sur mer.

Les marins de Lequeitio n'ont pas dégénéré de leurs aïeux; ils ne courent plus la baleine, aujourd'hui presque introuvable, mais chaque année les thons et les merluches, les sardines et les anchois, gros et petits poissons, leur paient un terrible tribut. Ils ne sont pas dispersés dans le reste de la ville comme à Bermeo; ils forment un quartier à part et assez malpropre, je dois le dire. Ce quartier naturellement confine au port, qui est petit et presqu'à sec à la marée basse; par contre les eaux montantes viennent lécher les murs des maisons dont plusieurs s'ouvrent en arcades pour les recevoir. Les jetées ont beaucoup souffert du bombardement; on sait que pendant la guerre, pour réprimer les cruautés du parti carliste, le gouvernement de Madrid n'imagina rien de mieux que de faire bombarder par ses canonnières tous les ports de la côte qu'occupait l'ennemi. Ignorait-il que, si dans l'intérieur la population lui est opposée, dans les villes maritimes, où les hommes de bonne heure courent le monde et s'instruisent en voyageant, les idées nouvelles sont surtout en honneur? A Lequeitio, les libéraux seuls possèdent : c'est dire que tout l'effet de la mesure gouvernementale est retombé sur eux. La vieille église paroissiale, située au bord de la plage, fut un moment compromise; par sa position pittoresque en vue de la mer dont

le sable s'entasse à ses pieds, par la hardiesse de
ses piliers, la délicatesse de ses ogives, l'élégance de son abside enrichie à l'extérieur de fines
dentelures gothiques, elle est peut-être en ce
genre le monument le plus curieux du Señorio.

Mais le principal attrait de la ville serait encore dans ses environs, où les champs sont fleu-
ris comme des jardins et les jardins riches
comme des serres. Grâce au grand courant du
Mexique, dont une branche se rabat vers l'est et
fait sentir son influence dans le golfe de Bizcaye, toute cette partie de la côte jouit d'une
température exceptionnellement égale et douce;
il n'y gèle jamais; oliviers, grenadiers, orangers,
citronniers, tous les arbres du midi y viennent
en pleine terre. La vigne était aussi une des
grandes richesses de la contrée, mais depuis plus
de quinze ans l'oïdium venu de France s'est
abattu sur elle avec une violence inouïe et a presque entièrement perdu la récolte; même en beaucoup d'endroits il a fallu arracher les ceps, renoncer à la culture, et rien n'est désolant comme
de voir par la campagne se dresser, blancs et
dépouillés, les piliers de pierre dont on se sert
là-bas pour soutenir les treilles. Par un fait bizarre, les vignes blanches seules ont péri, les
autres ont résisté. Le vin qu'on en tire, nommé
chacoli, est fort estimé des indigènes; à les en
croire, il a virtuellement tous les mérites, et je

me souviens d'avoir lu qu'il suffirait de quelques ingrédiens, d'un peu de sucre, par exemple, et d'un bon bouchon pour en faire un excellent champagne ; c'est y mettre beaucoup de bonne volonté. Tel quel, le *chacoli* est un petit vin aigre-let, rafraîchissant et assez agréable au goût ; il ne se conserve guère au-delà d'un an : il est vrai qu'il gagnerait à être mieux soigné. Autrefois, en Bizcaye, on ne buvait que du cidre, et chaque cultivateur avait à cette fin un nombre considérable de pommiers ; si l'oïdium continue ses ravages, force sera de revenir d'où l'on était parti ; il n'y a que les riches qui puissent acheter du vin de la Rioja.

Deux heures de marche par le bord de la mer nous mènent à Ondarroa, la dernière localité de la Bizcaye sur la côte. Là encore nous retrouvons une population d'habiles pêcheurs et de vaillants marins : à l'aviron, les Ondarroais n'ont pas qui les défie, et par les plus gros temps, alors que les patrons de Lequeitio eux-mêmes n'osent quit-ter la rade, ils partent bravement à la pêche du *bonito* (thon). Ondarroa entretenait autrefois un commerce assez considérable avec les côtes de la Méditerranée, du Portugal, de l'Angleterre, et ses chantiers de construction maritimes étaient des plus renommés ; mais le développement rapide de Bilbao lui a nui ; en outre sa passe est devenue impraticable à marée basse. Bâtie sur

un pli de roc, au fond d'un entonnoir de hautes
montagnes, à ses pieds, comme au premier plan,
l'église qu'un groupe d'arceaux d'un effet inattendu soutient et protége contre l'atteinte du flux,
elle voit le travail de la mer obstruer son port
peu à peu et reculer le rivage. Tout cependant
n'est pas perdu pour elle. Depuis quelques années, bon nombre de familles riches de Madrid
et de l'intérieur ont pris l'habitude de passer l'été
dans les provinces du nord, à Bermeo, à Mundaca, à Lequeitio, à Zarauz, à Saint-Sébastien;
elles y viennent chercher un air pur et sain, des
buts d'excursions variés, une mer poissonneuse,
et pour le bain des plages sûres et commodes.
Un moment interrompue par les événements
politiques, cette migration des touristes a repris
de plus belle à la saison dernière et ne s'arrêtera
plus. C'est là qu'Ondarroa doit trouver une source
de prospérité nouvelle. Un peu au sud de la ville,
dans un enfoncement du rivage et protégée des
deux côtés par l'avancement de deux pointes de
rochers dont les blocs détachés lui font comme
une barrière naturelle, s'étend la plage de Satur-
raran, large, spacieuse, doucement inclinée et tapissée de sable fin; la mer ne s'en retire jamais,
unie comme l'eau d'une baignoire, et les vagues
paresseuses semblent n'y avoir gardé de leur
agitation primitive que juste ce qu'il faut de force
pour se chasser l'une l'autre, s'étaler et mourir.

L'endroit était désert il y a quelque dix ans. Un ami de la nature, un poète, Antonio de Trueba, l'auteur du *Livre des chansons*, vint à passer par là : le site lui plut avec cet aspect sauvage et paisible à la fois, ces roches grises, ces flots bleus, et ce sable d'un blanc si pur; il en parla dans un de ses livres. Aujourd'hui, au beau milieu de la conche a surgi comme par miracle un magnifique établissement, premier noyau de la future ville de bains. Qui disait donc que depuis Orphée les poètes avaient perdu le divin privilége de faire mouvoir à leur gré les pierres et les bois ?

J'avais atteint les limites extrêmes du Señorio et je songeais à revenir sur mes pas; après avoir parcouru la côte, je tenais à voir les campagnes de l'intérieur, après avoir étudié les mœurs des marins, je voulais vivre quelques jours de l'existence des paysans. Je résolus donc, obliquant à l'est, de regagner près d'Elorrio le chemin de Villareal, puis de rentrer à Bilbao presque en ligne droite par Durango et Zornoza. La route était longue, mais point dangereuse; à la suite d'une guerre civile qui a duré plus de trois ans, le pays était aussi sûr, aussi tranquille que si la paix n'eût jamais été troublée. Sincèrement, simplement, aussitôt les hostilités conclues, ces braves gens avaient quitté le fusil et repris avec la *laya* leur genre de vie passée. Aussi allais-je

seul, sans grandes précautions, me confiant au
hasard pour trouver mon gîte de chaque nuit.
J'éprouvais un âpre plaisir à partir de grand
matin à travers les bois qui semaient sur moi
leurs larmes de rosée, heureux du profond silence
où dormait encore la nature, respirant à pleins
poumons l'air pur et vif de la montagne. Bientôt
le soleil, crevant les nues, répandait sa lumière
d'or sur la campagne émerveillée, et de tous les
arbres, du creux des buissons, du dessous des
pierres et des touffes d'herbes, sortait un concert
de piaillements, de cris, de bourdonnements, de
murmures, bruits d'insectes et chants d'oiseaux.
Je poursuivais ma route sous ses rayons de plus
en plus ardents, laissant derrière moi les côteaux
et les vallons, les champs et les taillis ; puis
quand était venu le moment du repas, j'entrais
sans frapper dans quelque pauvre chaumière établie au bas d'un vallon, je m'asseyais sur un
banc de bois, devant la table faite de deux poutres de châtaignier, et là je partageais avec le
cultivateur et sa famille leur modeste repas : le
pain de maïs ou *borona*, sortant du four, jaune
comme de l'or, des haricots ou des choux cuits à
l'eau, une sardine et une poignée de noix. Parfois je rencontrais en chemin quelque gars du
pays qui se rendait dans une ville voisine ; nous
faisions route ensemble, et ces jours-là, l'amour-
propre aidant, comme les Basques avec leurs es-

padrilles se vantent d'être les premiers marcheurs dn monde et que moi-même je ne voulais
pas rester en affront, nous doublions bravement
l'étape. Mes compagnons, comme de juste,
avaient tous servis dans les troupes de don Carlos ; pendant trois ans, du nord au sud et de l'est
à l'ouest, ils n'avaient fait qu'arpenter le pays,
aussi en connaissaient-ils le terrain jusque dans
ses moindres particularités. En Bizcaye, c'est la
coutume d'entretenir aux endroits d'où sort une
bonne source une feuille de châtaignier ou de
noyer, qui reçoit le mince filet d'eau et le déverse
en gouttière ; rassuré par cet indice, le voyageur
s'arrête quelques instants pour se rafraîchir, puis
continue son chemin, mais en prenant bien soin
de ne pas déranger la feuille. Et pendant que
nous baignions de la main nos fronts brûlés par
le soleil, au détour de la route apparaissait, rou-
lant lentement derrière ses petits bœufs rougeâ-
tres, un de ces chariots basques aux roues mas-
sives et sans rayons, taillées d'une seule pièce
dans le tronc d'un arbre ; depuis longtemps déjà,
du fond de la vallée, le grincement de l'essieu
nous arrivait avec des modulations multiples et
bizarres, tantôt pointu comme la scie qu'on ai-
guise, tantôt traînard comme la porte qui pleure,
parfois rauque comme un juron. Ce bruit a son
utilité, il sert d'avertissement dans les sentiers
étroits des montagnes ; lorsque deux chariots

marchent en sens inverse, celui qui monte, prévenu à temps, a soin de se ranger dans quelque
élargissement de la voie et donne à celui qui descend la facilité de le croiser sans encombre.
D'ailleurs, si déplaisant qu'il paraisse aux pro-
fanes, les gens du pays y trouvent un agrément
tout particulier ; les conducteurs mettent leur
fierté à ce que leurs chars *chantent* bien, comme
ils disent ; pour moi, quoique étranger, je l'avoué,
cette étrange mélopée n'était point du tout sans
charme, et j'aimais entendre, aux approches du
soir, dans le calme des longues après-midi d'été,
le frottement des essieux dont la plainte éternelle
accompagnait ma marche.

La majeure partie des terres en Bizcaye sont
travaillées et exploitées par des colons, mais on
peut dire qu'elles leur appartiennent autant qu'au
propriétaire lui-même ; en effet, la famille du
colon se perpétue de père en fils dans la ferme
au même titre que la famille du maître dans la
propriété, et il n'est pas d'exemple que, par ca-
price ou par intérêt, celui-ci ait jamais pensé à
revendiquer la plénitude de son droit ; bien plus,
quand le fermier marie une fille unique, il est
convenu que le gendre prendra dans la maison
la suite du beau-père, cela fait partie de la
dot. Aussi le paysan donne-t-il sans marchander
toutes ses sueurs à la terre et s'y intéresse
comme à son bien ; en même temps, il s'habitue

à voir dans son maître un protecteur, un conseiller et un ami. Jusqu'où va cette entente si rare
entre le riche et le pauvre, combien grande est
la générosité de l'un, l'obéissance et le dévoûment de l'autre, je ne l'ai compris nulle part
mieux qu'à Marquina. Neveu et digne héritier
du comte de Peñaflorida, sur ce joli domaine de
Munibe dont la demeure seigneuriale avec son
vaste écusson voilé de noir rappelle la perte récente de l'homme aussi éclairé que bienfaisant
qui l'a quittée pour toujours, don Jose Antonio de
Gortazar s'est attaché à continuer les traditions
de son illustre famille. Jeune, riche, entouré de
charmants enfants, adoré des siens, il n'a pas
besoin de commander pour être obéi; nul plus
que lui n'est disposé à faire bon marché de sa
fortune ou de son rang, mais nul n'est maître à
son égal de toutes les volontés, de tous les dévoûments : c'est le gouvernement consenti des
humbles par le plus fort et le meilleur. Luimême, avec une entière bonne grâce, me fournissait tous les détails sur cette discipline patriarcale si fort éloignée des habitudes de notre
société impatiente et troublée. « Ici, me disait-il,
à Munibe, de mémoire d'homme, on n'a point
augmenté le prix des fermages ; le paysan paie
aujourd'hui la même redevance que payait son
bisaïeul, il y a tantôt cent ans ; c'est que nos fermiers ne sont plus pour nous des étrangers, ce

sont plutôt des membres de la famille agrandie :
nous nous intéressons à leur bonheur, à leur
bien-être; nous regarderions comme une mé-
chante action de mettre à profit leurs labeurs.
A tout prendre, notre calcul n'est pas si mauvais
qu'il en a l'air; ce que nous perdons en argent
comptant nous est rendu en reconnaissance et en
affection. Et ne croyez pas que notre conduite
soit une exception : sans sortir de Marquina, je
voudrais vous montrer vingt maisons où le maître entend comme moi l'administration de ses
biens. Cependant à Madrid, dans les chambres,
dans les cafés, dans la presse, on nous accuse
de peser sur le peuple, on nous traite de *seigneurs
féodaux*. Ne savent-ils pas, ceux qui parlent ainsi,
que la Bizcaye est le pays le plus démocratique
du monde? Ignorent-ils que la liberté est le
fondement de nos lois? Ont-ils oublié qu'ici le
pâtre ou le laboureur a droit comme un autre à
ses quartiers de noblesse et qu'en revanche les
plus hauts barons n'ont jamais dédaigné de travailler et de faire fructifier leurs biens? Dans un
petit bois de noyers et de châtaigniers une tour
portant un écu d'armes sculpté au-dessus de la
porte, tout auprès, au bord du ruisseau, une
forge et un moulin, voilà quel était le type des
principales maisons du pays; et cette forge, ce
moulin, exploités par le maître en personne, lui
fournissaient la meilleure part de son revenu; il

n'était que le premier de ses ouvriers et ne craignait point de se montrer les mains rougies par
le minerai de fer ou noires de charbon. Depuis
la dernière guerre civile, tuées par les hauts-
fourneaux étrangers, ces petites forges se sont
éteintes une à une, et il n'en reste plus que des
ruines désertes croulant dans tous les ruisseaux.
Mais que nous voulions braver la concurrence, —
et la chose nous est facile, grâce aux ressources
inépuisables de notre sol, — que nous sachions
appliquer à notre usage les nombreux perfectionnements de l'industrie moderne, alors nous re-
prendrons, non sans fruit, s'il plaît à Dieu, notre
bon vieux métier de mineurs et de forgerons!
Avouez cependant, ajouta don Jose avec un fin
sourire, que pour des *seigneurs féodaux,* nous
témoignons là d'aspirations bien vulgaires et de
sentiments bien mesquins! »

Toutes ces villes de l'intérieur, Marquina,
Elorrio, Durango, ont entre elles un air d'affinité.
Bâties à peu près à la même époque et dans les
mêmes circonstances, destinées à fournir un refuge aux cultivateurs contre les violences et les
déprédations de trop puissants voisins, elles ont
beaucoup gardé de leur physionomie moyen-
âge. Voilà bien toujours ces quatre ou cinq rues
se coupant exactement à angles droits, ces anciennes portes vides de leurs herses, ces larges
murailles percées de fenêtres et transformées en

habitations qui sont comme la transition entre le
nid de l'hirondelle et la demeure de l'homme,
ces maisons lourdes et carrées, véritables forte-
resses dont les pierres portent encore les traces
de l'incendie qui les a tant de fois léchées, et toujours aussi cette population saine, forte, ardente
au travail et au plaisir, ces garçons aux bras vigoureux, ces belles filles aux longues tresses ;
toujours ces campagnes arrosées d'eaux cou-
rantes, ces longues vallées verdoyantes où les
champs de maïs alternent avec les pâturages et
les bois ; puis çà et là, mornes et solitaires, d'antiques manoirs aux noms sonores, aux curieuses
légendes. Telle est, sur le territoire d'Abadiano,
dans une plaine fertile, cette tour de Muncharáz
qui eut jadis pour châtelaine une fille de roi, l'infante de Navarre, doña Urraca, épouse de très-
noble homme Pedro Ruiz de Muncharáz ; la porte
est de cœur de chêne recouvert d'une couche de
fer renforcée de gros clous et de barres de même
métal, et par-dessus, sur un écu de pierre, se lit
la fière devise : *Aqui biben y bibieron, con la
honra y fama que tubieron,* « c'est ici qu'ils vivent
et ont vécu, gardant leur honneur et leur renom-
mée. » Les salles du haut, soutenues par des
poutres colossales, les fenêtres étroites, établies
dans l'épaisseur des murs, méritent aussi l'attention ; mais rien de cela ne vaut encore la sombre tour d'Echeburu, Perchée comme l'aire d'un

oiseau de proie, cette forteresse occupe, non loin de Durango, au creux d'une gorge étroite, la pointe d'un roc isolé qui s'ouvre au-dessous d'elle en manière de caverne ; son origine serait due aux Romains : les Goths d'Ataulf la détruisirent ; relevée et renversée de nouveau, elle date, dans sa forme actuelle, de la fin du xve siècce, et sa silhouette noire se détache admirablement sur le fond blanchâtre des roches environnantes ; le lierre, les ronces, la vigne vierge, toutes les plantes pariétaires ont tapissé un de ses côtés et grimpé jusqu'au faîte. Quand je passai par là, un homme armé d'un maillet de fer s'occupait à détacher des blocs énormes de la roche creuse sur laquelle il est bâti, et les débitait ensuite en petits morceaux ; cette roche est en effet de nature calcaire et donne à tous les voisins une chaux excellente ; déjà elle m'a paru fortement entamée, car l'exploitation remonte à bien des années, et l'on peut prévoir le jour où elle cédera tout à fait, entraînant après elle les fondements de l'historique castel qui, depuis près de vingt siècles, monte la garde à son sommet.

CHAPITRE IX

Bilbao. — Son commerce. — Un siége de quatre mois. — Les malheurs de la guerre. — La légende de Notre-Dame de Begoña.

Après tant de vieilles cités, toutes couvertes encore de la poudre du passé, je fus heureux de retrouver dans Bilbao une ville vraiment moderne par son aspect, par son animation, par ses édifices. Quoique fondée, elle aussi, vers la fin du XIIIe siècle, elle a subi une série de transformations qui ont modifié complètement son caractère primitif, et sauf le vieux pont de pierre à trois arches inégales et l'église voisine de San-Antonio-Abad qui composent ensemble les armes de la cité, ou bien encore la basilique gothique de Santiago qui existait bien avant elle, on aurait peine à y relever un monument de quelque valeur. Aussi bien Bilbao peut-il s'en passer. Ses rues nettes et bien tracées, pavées en cailloux, forment l'éventail et remplissent tout l'espace

compris par la courbe que suit la rive droite du
Nervion. Cette disposition heureuse la met de
tous côtés en rapport avec le fleuve qui est navigable jusqu'au Puente-Viejo, c'est-à-dire jusqu'à
l'extrémité méridionale de la ville. Le port proprement dit s'étend de ce point au môle de Portugalete, sur une longueur de plus 11 kilomètres; de très-bonne heure, il avait acquis une
importance considérable, et de grands travaux
furent faits pour l'améliorer. Tout d'abord, au
xvie siècle, un système de digues est construit
aux frais de la *casa de contratacion* ou chambre
de commerce de Bilbao [1]. Plus tard, en 1712, on
met à exécution le gigantesque et coûteux projet
de canalisation du cours du Nervion. Malheureusement les travaux n'ont pas été poursuivis depuis avec la méthode ou l'énergie nécessaire. La
passe va s'obstruant chaque jour, et les navires
de fort tonnage sont obligés de s'arrêter en avant
de Portugalete. Néanmoins le port est fort
animé; en 1872, le chiffre des navires, tant nationaux qu'étrangers, a été de 2,449 à l'entrée et

1. C'est elle que les papiers du temps appellent res-
pectueusement *la señora casa de contratacion* et dont la
juridiction s'étendait alors sur tout le littoral cantabrique
desde Bayona à Bayona, de Bayonne en France à Bayonne
en Galice; ses *ordonnances*, approuvées pour Philippe II,
méritèrent les éloges universels et se citèrent longtemps
comme texte de loi en dehors et au dedans de la Péninsule.

de 2,369 à la sortie ; pour sa part, Bilbao, avec
une population qui n'atteint pas 20,000 âmes,
compte près de 9,000 bâtiments inscrits, sans
parler des menues barques. Les quais, que
longent de magnifiques allées d'arbres, s'étendant à perte de vue, sont encombrés de fûts, de
sacs et de ballots. Pour voiturer les marchandises, les gens du pays se servent communément
d'une sorte de traîneau tiré par une paire de
bœufs et composé de deux madriers parallèles
que relient entre eux de courtes traverses : on
l'appelle *narria ;* mais comme le frottement du
bois sur le pavé risquerait de l'enflammer, un
petit baril, placé sur le devant de la machine,
laisse tomber goutte à goutte l'eau dont il est
rempli et qui sans cesse humecte les madriers.
Les femmes, elles aussi, prennent part aux travaux du port : il semble même que les plus rudes
leur soient réservés ; les unes, dans de grands
paniers, transportent le charbon ou le minerai ;
les autres, coiffées d'un vaste chapeau de paille,
une grosse corde passée en travers des reins, re-
morquent péniblement les bateaux. Vers le soir,
à mesure que s'apaise le mouvement du port,
s'élèvent un bruit et une agitation d'un nouveau
genre ; les promenades avoisinantes, celle de
l'Arenal surtout, si ombreuse et si vaste, sont
littéralement envahies par des bandes tapageu-
ses de petites filles et de petits garçons. Que

d'enfants ! Je ne me souviens pas d'en avoir ja- .
mais tant vu. Dans certaines provinces de l'intérieur, à Tolède par exemple, la vieille cité impé-
riale, fauve amas de décombres d'où la vie semble
bannie pour toujours, j'avais cherché en vain
cette gaîté que répand dans les rues et sur les
promenades la sortie des écoles ; les familles y
sont stériles, les maisons sans enfants. Ici au
contraire c'est une fécondité, une exubérance
de séve qui vous jette dans les jambes, à chaque pas, une envolée de lutins frais et roses :
tout ce petit monde crie, court, saute, se poursuit,
tombe et se relève ; les rondes se forment, et
les parties de paume s'organisent sous les yeux
des parents, heureux de cette joie.

En raison même de sa position au centre d'une
petite plaine dominée de trois côtés par de hautes montagnes, Bilbao en temps de guerre se
trouve toujours exposée. Du mois de juin 1835 au
mois de décembre 1836, assiégée à trois reprises
par les armées du prétendant Carlos V, elle re-
poussa toutes les attaques avec un héroïsme qui
lui valut du gouvernement de la reine Isabelle le
titre de *très-noble, très-loyale et invincible cité*. De
nos jours, les carlistes eussent gagné à sa pos-
session, en même temps qu'une capitale de premier ordre et une base solide d'opérations, une
garantie devenue nécessaire pour leurs emprunts
à l'étranger. Le 29 décembre 1873, on sut à Bil-

bao que le passage du fleuve venait d'être coupé
à quelque distance avec les chaînes d'un chemin
de fer aérien qui servait naguère au transport du
minerai ; depuis plusieurs mois déjà, la circula-
tion était interrompue sur la voie ferrée. Sans
perdre de temps, les carlistes ouvrirent un feu
très-vif sur Portugalete, qui, coupé lui-même de
ses communications avec la mer, dut capituler ;
deux détachements de troupes, postés en observation entre Portugalete et Bilbao, eurent le même
sort : le siége allait sérieusement commencer,
Les fortifications, mises en état dès le début de
l'été, consistaient en trois forts détachés et huit
batteries : tous ces ouvrages étaient par malheur
beaucoup trop proches de la place ; la garnison se
composait de deux régiments de ligne et d'un petit nombre de soldats des autres armes, plus 400
hommes choisis de garde forale ; les bourgeois
de la ville formèrent un bataillon de milice qui,
comme il arrive en pareil cas, ne tarda pas à jouer
dans la défense le rôle le plus important. Du
reste, toute la population, dévouée de longue date
aux idées libérales, était décidée à une énergique
résistance. Une première tentative faite par Moriones pour débloquer la place du côté de la mer
avait misérablement échoué. Pendant ce temps,
les carlistes élevaient au-dessus de la ville leurs
batteries de bombardement. Leurs principaux
chefs étaient Andechaga et le marquis de Val-

despina : l'un vieillard convaincu, austère, vétéran de l'ancienne guerre, devenu impitoyable avec l'âge ; l'autre, bien connu à Bilbao, où il avait habité longtemps, honnête lui aussi, énergique, mais tète faible et joignant à une surdité devenue légendaire une déplorable exaltation d'esprit. Le bombardement commença le 21 février et se poursuivit près d'un mois et demi avec une extrême vigueur. Non contents de cribler la ville de bombes et d'obus, les assiégeants entretenaient autour d'elle une fusillade interrompue. Les libéraux répondaient de leur mieux : successivement ils avaient appris, de la bouche même de leurs adversaires, que Moriones, accouru de nouveau, avait été arrêté le 25 février devant San-Pedro-Abanto, puis qu'un mois après, jour pour jour, dans cette même vallée de Somorrostro, le maréchal Serrano, à son tour, avait éprouvé un cruel échec ; les provisions s'épuisaient, on en était réduit au pain de fèves et à la viande de cheval : les cartouches mêmes allaient manquer. C'est alors qu'un messager du dehors, trompant la surveillance de l'assiégeant, parvint à s'introduire dans la place : il apportait l'annonce d'une prochaine délivrance, et en effet le maréchal Concha, avec 20,000 hommes de renfort, en grande partie composés de gardes civils et de carabiniers, se préparait à prendre à revers par Balmaseda la gauche des ennemis, tandis que Serrano immo-

bilisait leur centre et leur droite L'opération
réussit presque sans combat, et pour n'être pas
coupés dans leur ligne de retraite, pendant la nuit
du 1er mai, après avoir jusqu'au dernier moment
fait feu de toutes leurs batteries, les carlistes se
décidèrent à lever le siége. Le même jour, les
deux généraux libérateurs faisaient leur entrée
dans la ville : ce triomphe coïncidait avec une des
fêtes nationales les plus populaires de l'Espagne,
celle du *Dos de mayo;* l'enthousiasme fut immense
dans le pays.

J'avais fait connaissance à Bilbao d'un des hommes les plus distingués et les plus instruits de
la ville. Imprimeur de son état, don Juan Delmas
avait compris le métier à la façon des grands travailleurs du xvie siècle, les Alde, les Estienne. Il
était fou d'antiquités, ami de tous les arts, très-
curieux surtout des choses de son pays, sur lequel
il avait réuni des documents fort précieux qu'il
se proposait de mettre en œuvre. Il avait même
publié déjà un *Guide pittoresque de la Bizcaye,* livre intéressant et fort bien écrit. Après trente
ans de persévérance et d'efforts, sa fortune faite,
il allait se retirer des affaires quand la guerre civile est venu renverser l'édifice laborieusement
élevé de toute sa vie. Dès le premier jour, il m'a-
vait témoigné une confiance dont je ne saurais
lui être trop reconnaissant, et comme je l'interrogeais : « C'est une douloureuse histoire que

vous me demandez là, dit-il, hésitant à s'engager
sur la pente de ses souvenirs. J'ai dans ma jeunesse vécu à Paris ; je suivais les cours de la Sor-
bonne, précisément avec Valdespina, un peu plus
âgé que moi ; en même temps j'étudiais dans les
ateliers de vos peintres les plus connus. Plus tard
je voyageai beaucoup pour mes affaires, je visitai une partie de l'Europe, mais, toujours fidèle
aux beaux-arts et à l'amour du sol natal ; je pus
réunir ainsi, dans les Flandres principalement,
outre une collection complète d'œuvres des maîtres de l'école espagnole, une foule de livres et
d'objets intéressant l'histoire de l'Espagne ou du
pays basque. Avec cela, mon commerce prospé-
rait, l'âge et la fortune m'étaient venus à la fois ;
je résolus de me faire construire un château ;
est-ce bien pour moi qu'il faut dire ? Moi-même
j'en dessinai le plan ; toutes mes collections y
trouvaient place dans des salles aménagées, ornées, ajourées tout exprès. Ici les bijoux et les
médailles, plus loin les aquarelles et les dessins :
ailleurs encore les tableaux ; mais ma bibliothè-
que était mon plus beau joyau ; pensez donc :
6,000 volumes, tous plus ou moins rares et longuement cherchés ; là dessus 42 incunables ;
les *Decrétales de Venise,* avec la date de 1477,
sorties des presses de Thénison ; les 53 *chroniques d'Espagne,* imprimées en lettres gothiques à deux couleurs par Juan del Canto, à

Medina del Campo, sur l'ordre de la grande Isabelle ; le *Très-heureux voyage du roi Philippe II dans les terres basses d'Allemagne*, par le père Estrella ; le récit de l'expédition d'El Cano, par un de ses compagnons, volume écrit en espagnol et imprimé à La Rochelle en 1507. Combien d'autres encore ! Puis un grand nombre de manuscrits inédits : le *Livre* de Lope Garcia de Salazar, la *Chronique de la maison de Bizcaye,* par Padilla, une *Chronique du Guipuzcoa,* par le bachelier Zaldivia... Mon rêve était de me retirer définitivement du commerce, d'aller jouir en paix de mes trésors ; je m'étais promis de publier plus de trente volumes de documents curieux sur le Señorio, avec des notes de ma main auxquelles j'avais travaillé toute ma vie ; c'eût été mon œuvre à moi, un hommage rendu à mes concitoyens, en même temps qu'une marque durable de mon passage ici-bas. En attendant, j'étais heureux, je ne me connaissais que des amis : on se disputait bien un peu entre antiquaires sur quelque point douteux d'histoire, sur une étymologie, sur un mot, mais cela si courtoisement, et toujours à la plus grande gloire de la nationalité euskarienne !

« Le marquis de Valdespina était des nôtres, il s'occupait lui aussi des choses de Bizcaye. La guerre vint, puis le siége. Ma famille a toujours été connue pour ses opinions libérales ; je fis mon devoir comme les autres et j'entrai dans les

rangs de la milice nationale; j'eus alors occasion,
sur les remparts, d'aider moi-même à pointer les
pièces contre mes maisons des faubourgs. Jusque-là je ne me plaignais point, je ne pensais
qu'à la patrie; mais le 15 mars au matin — je
n'ai pas oublié la date — quand je vis les flammes s'élever de certain côté où je ne portais jamais les yeux qu'en tremblant, quand je compris
que mon château brûlait à son tour, allumé par
le vandalisme et l'ignorance des assiégeants, mon
cœur faiblit, je l'avoue, et ce que je pleurais,
croyez-le bien, ce n'était point l'édifice en lui-
même, les sacrifices, les satisfactions, les longs
espoirs réalisés qu'il représentait à mes yeux, c'é-
tait ce qu'il contenait, tant de belles choses, tant
d'œuvres uniques.à tout jamais perdues, anéanties. Quelques objets en effet ont été volés, dispersés, mais la meilleure partie a péri dans les
flammes.

« Pendant le siége, mes maisons de ville n'a-
vaient guère moins souffert que mes maisons des
champs; celle où j'habitais avec ma famille avait
reçu pour sa part vingt-deux bombes. Mais ces
épreuves ne suffisaient pas! La guerre m'a ravi
l'un de mes beaux-frères, colonel d'artillerie,
blessé mortellement à Somorrostro. Épuisée par
les fatigues et les émotions du siége, ma femme, la
compagne de toute ma vie, mourut bientôt après.
Croyez-vous pas que la mesure soit comble et

mon malheur assez complet? Aussi maintenant
ma vie est sans but, et parfois, quand je suis
seul, je me surprends à pleurer. Que faire? où
me tourner? à quoi me reprendre? Je ne crois
pas être un lâche; mais, je vous le déclare, si je
n'avais pas des enfants encore, s'il ne me restait
pas encore des devoirs à remplir, vraiment l'existence me serait odieuse! »

L'excellent homme, en me parlant, avait des larmes dans les yeux. Certes, nous aussi, nous avons
connu la guerre et ses horreurs ; j'ai vu à Paris
même bien des gens que je respectais pleurer sur
leurs espérances et leurs affections détruites ; nos
collections, nos objets d'art ont été pillés, nos livres lacérés, nos villas livrées aux flammes, tandis que ceux que nous aimions tombaient sous
les balles et les obus de l'ennemi ; mais jusqu'à
ce jour, non, jamais je n'ai rencontré un deuil
plus poignant, un désespoir plus profond que celui de cet artiste doublement victime de ses compatriotes, de ses compagnons d'autrefois !

Bilbao est de fait la ville la plus peuplée, la
plus florissante de la province ; depuis un siècle
et demi, la députation et les autorités supérieures
y ont leur résidence, c'est chez elle que se trouvent les principaux monuments d'utilité publique : banque, hospices, écoles et collége. Néanmoins, en vertu du principe de l'égalité forale qui
ne reconnaît à aucune ville le titre de capitale,

politiquement parlant elle ne se distingue en rien
de la moindre commune du Señorio, et, dans les
juntes générales tenues à Guernica, elle n'a
droit, elle aussi, qu'à deux représentants. Le territoire de la Bizcaye se divise, au point de vue
administratif, en : 1 cité, Orduña ; 20 villes, dont
Bilbao ; 88 *anteiglesias*, 5 vallées et 12 conseils. An-
térieures à la fondation des villes, jouissant
d'exemptions et de lois différentes, les *anteiglesias*
sont proprement les localités où la population est
moins nombreuse et plus dispersée, quoique plusieurs à la longue aient fini par prendre l'apparence de véritables villes. La coutume qu'avaient
autrefois les habitants de se réunir les dimanches, après la grand'messe, devant l'église pour
y traiter de leurs affaires particulières et de rédi-
ger les accords qui s'y prenaient, en commen-
çant toujours par les mots : *Ante la iglesia de...*,
donna origine à ce nom bizarre. Dans une foule
d'endroits, à Gatica, à Abadiano, existent encore,
sous la galerie couverte de l'église, la table et le
banc de pierre où s'asseyait le conseil. Les villes
furent fondées successivement sur des terrains
qui avaient appartenu aux *anteiglesias* ; pour favoriser leur développement, les rois leur faisaient
sans cesse les concessions les plus larges. De
là vint, au xve siècle, un soulèvement furieux des
communes rurales qui, bon gré, mal gré, les for-
cèrent à rentrer dans de plus étroites limites ; c'est

ainsi que Bilbao est restée réduite au territoire qu'elle occupe aujourd'hui, serrée de tous côtés par ses trois voisines de Deusto, d'Abándo et de Begoña. Celle-ci surtout, maîtresse de hauteurs qui à l'est dominent la ville, semble nourrir encore de vieilles rancunes. Du petit plateau qu'occupe l'église de Begoña, l'œil embrasse d'un même coup toute la vallée du Nervion ou Ibaizabal, « la large rivière, » pour parler comme les Basques ; à droite et à gauche, reculant par échelons, des collines vertes piquées de murs blancs et de toits bruns ; dans le bas, le cours du fleuve qui brille au soleil comme une longue coulée de métal en fusion, et plus près, tout au bord de l'eau, aussi pressées qu'un troupeau de brebis qui vont à l'abreuvoir, les mille maisons de Bilbao. Cette église, dont le clocher pour la seconde fois vient d'être démoli par les obus carlistes, est un lieu fameux de pèlerinage : placée sous l'invocation de Notre-Dame de l'Assomption, elle possède une image miraculeuse de la Vierge, très-vénérée des matelots, et qui fut trouvée, dit-on, dans l'intérieur d'un vieux chêne, à la place même où s'élève le maître-autel.

Les légendes abondent dans le pays, écloses naturellement de l'inspiration populaire et de ce mélange d'imagination et de foi qui fait le fond du caractère basque. En voici une, toujours au sujet de l'église, et que je veux reproduire telle qu'on me l'a contée : « C'était vers le commencement du xvie siècle ; on s'occupait de rebâtir le très-ancien sanctuaire de Notre-Dame de Begoña, et la voûte ne couvrait encore que la seule partie de l'abside, quand un des ouvriers qui travaillait à la construction du temple eut l'idée de voler les bijoux de la Vierge : l'image de la madone était déjà placée sur l'autel. Une nuit, l'homme grimpa par une échelle jusqu'au haut du mur, et apercevant, à la sourde lueur de la lampe qu'il tenait à la main, l'éclat de l'or et des pierreries, il sentit grandir dans son cœur son criminel désir. Il descendit prudemment à l'intérieur de la nef, monta sur l'autel et commença par dépouiller la Vierge de tous ses bijoux ; mais au moment où il enlevait aussi la petite couronne d'or de l'enfant Jésus, la sainte Vierge lui saisit le bras comme pour l'arrêter. Epouvanté de ce prodige, il laissa là ce qu'il avait pris et renonça à son dessein ; déjà il était remonté sur le mur et s'apprêtait à partir, quand, à la vue des pierreries qui étincelaient plus que jamais dans l'obscurité, il se sentit mordu d'un regret, il s'accusa de fausse terreur, il se dit qu'il avait été le jouet d'une illusion, que la Vierge ne l'avait point saisi par le bras, que ses vêtements sans doute s'étaient accrochés à l'un des bras de la statue ; il descendit de nouveau et accomplit son vol, à l'exception toutefois de la petite couronne d'or, qu'il n'osa prendre. Puis il se dirigea vers Bilbao, où il voulait rentrer ; mais comme il arrivait à l'*humilladero* ou petit ermitage du Christ, un troupeau de boucs sortit à sa rencontre et lui barra le passage. Il se dirigea alors vers le quartier de Tránco, à l'ouest, et de tout côté il trouva un bois si touffu, que là encore il lui fut impossible de passer. Il monta au sommet de la cordillère d'Archanda, et à l'endroit dit Meazabal, qu'on appelle aujourd'hui Santo-Domingo, à cause d'un ermitage fondé par saint Vincent-Ferrer au xve siècle, il vit venir au-devant de lui une troupe de taureaux qui le chargèrent furieusement. Il descendit de la montagne jusqu'à dépasser un peu la hauteur d'Artágan, celle même qui domine le sanctuaire de Begoña et dont le nom basque signifie « le haut de la Chesnaie, » par allusion aux chênes qui le couvraient alors ; puis il tira vers le quartier de l'est, appelé Ocharcoága, « lieu où abondent les loups. » Mais en approchant du bois de Palátu-Zugasti, sur le bord du fleuve, il se heurta à un géant qui, armé d'une épée étincelante, lui coupait la route. De guerre lasse, il se réfugia dans le bois, déjà contrit et repentant de son crime, et en ce moment commencèrent à sonner à toute volée les cloches de Begoña qui, jusqu'à ce que le clocher fût construit, étaient suspendues aux branches d'un chêne devant la porte du nouveau temple. Les *fieles* ou

magistrats des deux quartiers de Tránco et d'O-
charcoága accoururent au bruit, suivis de tous
les habitants, et, voyant que les cloches sonnaient toutes seules sans que personne y tou-
chât, ils jugèrent qu'il se passait là quelque
chose de grave. Bientôt ils s'aperçurent que la
Vierge avait été dépouillée de ses joyaux, et
sans plus tarder ils allaient se mettre en quête
du sacrilége, chacun de son côté, quand celui-ci
de lui-même s'offrit à eux, confessa son crime
et rendit les bijoux. On le condamna à la peine de
mort, qu'il subit sur la colline de Larriagaburu,
nom qui signifie « mont des angoisses, » parce
que c'est là qu'avaient lieu les exécutions. Pourtant, avant de mourir, le coupable supplia qu'on
voulût bien l'enterrer dans le temple qu'il avait
criminellement profané. Cette dernière grâce
lui fut accordée à cause de son repentir, qui semblait sincère, et on creusa sa tombe en dessous
de la chaire. Vingt ans après on fouilla à la même
place pour y déposer un autre cadavre. Le corps
du sacrilége était complétement réduit en poussière, seul le bras droit qu'avait touché la Vierge
était demeuré intact. »

CHAPITRE X

Productions du pays. — Portugalete. — La loi minière. — Les Encartaciones. — La bataille de trois jours. — Mines de Triano.

Tous les agriculteurs savent que les terrains montagneux comme celui de la Bizcaye produisent en proportion de leur base et non de leur superficie. Or, la Bizcaye, comme base, ne mesure pas plus de 60 lieues carrées ; encore pour les deux tiers, le sol est-il formé de roches stériles ou d'une terre maigre presque aussi ingrate que le roc. L'agriculture y fut donc presque nulle au moyen âge, et les habitants ne s'occupaient guère que de la marine et de l'industrie du fer : point de maïs, car cette plante, dont la végétation superbe trahit une origine exotique, et qui maintenant est si bien entrée dans l'alimentation du peuple espagnol qu'on l'appelle parfois *blé d'Espagne,* fut introduite d'Amérique en Europe il y a trois siècles et demi seulement ; point de blé non plus, on faisait venir celui dont on avait besoin de France et d'Andalousie. Une ferme ou *caserio* se composait uniquement d'un champ de pommiers dont les fruits donnaient le cidre, et entre lesquels le paysan semait l'avoine et le seigle, plus une certaine étendue de bois dans la montagne pour le pacage des bestiaux et l'exploitation du charbon. C'était le temps où l'on disait en Castille d'un seigneur de Bizcaye : « Don Lope le Bizcayen, — riche de pommes, — pauvre de pain et de vin. » Dans ces conditions, une disette était toujours à craindre, et les lois forales, de même que les archives du Señorio et des communes, témoignent de la préoccupation constante et de l'embarras des autorités pour arriver à réunir les subsistances nécessaires. Pourtant il y a cent ans, d'après les calculs d'Ituriza dans son *Histoire générale de Bizcaye,* encore inédite, la récolte s'élevait annuellement à 200,000 *fanègues* de blé, et 400,000 de maïs, ce qui était déjà une ressource suffisante pour une population montant à peine à 100,000 âmes ; la fanègue vaut quatre de nos anciens boisseaux. Depuis lors la population a doublé, mais les récoltes se sont accrues dans une proportion plus forte encore ; la Bizcaye produit aujourd'hui annuellement 600,000 fanègues de blé, plus d'un million de maïs dont une partie s'exporte en Angleterre et en Allemagne, 80,000 de légumes secs, et elle entretient sur son territoire

près de 300,000 têtes de bétail ; les pommes, les
noix, les châtaignes, sont aussi d'un bon revenu ;
enfin la culture de la vigne avait déjà pris de
grands développements quand l'oïdium est venu
l'arrêter. Ces résultats, vraiment prodigieux, sont
dus à l'intelligence et à la puissance de travail
que déploie le paysan basque dans l'aménagement
de ses terres. Là-bas le sol n'a jamais de repos
et les mêmes cultures reviennent tous les deux
ans. Dans les vallées orientales confinant au
Guipuzcoa, la succession se fait de cette manière :
le blé d'abord, semé en novembre, puis le navet
semé en août, en même temps que le trèfle rouge
ou tout autre fourrage, qui formera une prairie
artificielle après la récolte du navet, enfin le maïs,
pour lequel le sol est encore plus soigneusement
retourné que pour le blé, qui lui succédera immédiatement au retour de la période. De l'autre
côté du Señorio, dans les Encartaciones, la principale récolte est celle du maïs, alternant avec le
blé sur une partie plus ou moins grande du sol.

Toutefois, à cause de l'étendue toujours fort
minime du terrain cultivable, si désormais la
Bizcaye est assurée de suffire aux besoins de ses
habitants, elle ne peut lutter avec des pays plus
favorisés sous ce rapport, ni trouver dans l'agriculture beaucoup d'éléments de profit. Sa vraie
richesse, sa vraie force dans l'avenir, c'est ce
trésor de mines inépuisables « qui fut toujours,

selon l'expression d'un de nos plus savants géographes, d'une certaine importance économique, mais qui ne peut manquer de lui assurer bientôt un rôle très-considérable dans l'industrie du monde. « Le fer se rencontre partout en Bizcaye, et les endroits ne se comptent plus qui furent ou sont encore exploités ; mais les mines les plus importantes sont celles d'Ollargan, à l'est de Bilbao, et surtout celles de Triano, dans les Encartaciones, célèbres déjà du temps des Romains. Pline l'Ancien dit textuellement : « De tous les métaux, le minerai de fer est le plus abondant. Sur la côte de Cantabrie, il y a une montagne haute et escarpée, qui, chose incroyable à dire, est toute de cette matière, *mons prærupte altus, incredibile dictu, totus ex eâ materiâ est.* » En 1873, rien que sur ce point, près de 3,000 ouvriers étaient employés journellement aux travaux des mines, et la quantité du minerai extrait a dépassé 400,000 tonnes. Dès maintenant, on peut dire que Bilbao est destiné à devenir, même avant Barcelone, pour le mouvement et l'importance du tonnage, le premier port de la Péninsule. C'est en effet l'exportation du minerai qui entre dans les chiffres du commerce bilbaïen pour la somme la plus élevée.

Il n'est pas de promenade plus agréable que celle de Bilbao à la mer, sur un de ces vapeurs si coquets, qui, toutes les heures, se détachent du quai de l'Arenal, et vous emportent vers Portugalete. Le mouillage des navires, l'appareillage, les opérations multiples du chargement, le va-et-vient des petites barques qui aident au transport des marchandises et des passagers, tout cela met sur le fleuve un mouvement continu. Durant le parcours, on croise une foule de bâtiments, différents de couleur, de gréement et de pavillon, accotés les uns à la rive, les autres, par groupes de deux ou trois, ancrés dans le lit du fleuve, d'autres passant à pleines voiles ou à toute vapeur. Les rives des deux côtés s'allongent vertes et riantes, légèrement montueuses, coupées par de petits murs blancs qui tracent la limite des parcs et des jardins ; dans le fond, tout empanachées d'une lourde fumée noire qui fait en s'écartant une immense tache dans l'azur du ciel, surgissent, hautes et noires, les cheminées sans nombre de la fonderie du Désert. Enfin le fleuve s'élargit, les rives s'écartent à l'infini ; en face, un moutonnement du flot indique la présence de la barre ; voici à gauche Portugalete avec sa longue jetée, ses maisons en étage, et là-haut, perçant l'horizon, reconnaissable à sa forme conique qui fait penser à un volcan éteint, la montagne de Sarantes. Cette montagne sert de guide aux marins en mer pour reconnaître l'entrée du port ; c'est elle qu'ils aperçoivent la première en rentrant au pays, souvent après des années d'absence, et, si le proverbe dit vrai, « le Sarantes à lui seul a fait verser plus de larmes de joie que l'Ibaizabal ne roule de gouttes d'eau dans son lit. »

J'avais beaucoup entendu parler de Portugalete comme d'une jolie ville et d'une station d'été des plus recherchées par les habitants de l'intérieur ; aujourd'hui il serait fort difficile de se rendre compte de ses mérites, tant la guerre, le bombardement, le séjour et le passage des armées, lui ont causé de dommages ; ses faubourgs sont dévastés, ses rues défoncées, ses maisons, son église, trouées par les bombes : seule sa plage lui reste, et cette magnifique situation en vue de la mer. Au surplus, en venant à Portugalete, mon but n'était pas d'y demeurer longtemps : j'avais hâte de visiter les mines fameuses des environs. Deux exploitations principales sont actuellement en activité : celle de Triano, appelée aussi de Somorrostro, du nom de la vallée qui l'avoisine, — c'est elle qui fournit le minerai le plus estimé et le plus abondant, — celle de Galdámes, située plus avant dans l'intérieur et fort riche également ; des chemins de fer les relient, la première au Nervion, à l'endroit nommé le Désert, et la seconde à Sestao. De plus trois nouvelles lignes appartenant à des compagnies différentes et destinées à desservir les gisements voisins sont en construction : les travaux, arrêtés quelque temps par la guerre, ont été repris sans retard ; toutes

trois doivent aboutir au fleuve par Luchana ou
les environs. Citons encore pour mémoire le
tramway aérien du système Hogdson, où des
wagonnets roulent suspendus le long d'un câble
de fer. Bref les moyens de transport sont calculés
pour enlever chaque année de la mine plus de 2
millions de tonnes. Sur ce champ de bataille du
travail et du progrès, l'Espagne, l'Allemagne,
la France sont représentées ; mais c'est encore
l'Angleterre qui tient le premier rang : quatre des
compagnies sur six ont été créées par des fonds
anglais en tout ou en partie. D'ailleurs, il faut
bien le dire, ce développement subit de l'industrie minière n'aura pas été sans porter un certain
désordre dans le pays. Autrefois, en vertu du
fuero, chacun avait droit de puiser aux mines
quand et comme il voulait ; elles appartenaient de
pleine autorité à leurs maîtres directs, particuliers ou municipes, qui en disposaient à leur gré.
Peu à peu, sous certains prétextes plus ou moins
spécieux, l'état s'en est emparé pour les vendre :
il promettait bien aux possesseurs dont il usur-
pait les terrains un tant pour cent sur le prix,
mais les indemnités convenues n'ont point été
payées ; des villages ont ainsi perdu, sans com-
pensation aucune, la plus grande partie de leurs
biens communaux. De plus, aux termes de la loi
nouvelle du 29 décembre 1868, il suffit qu'une
personne, à tort ou à raison, dénonce la première

votre propriété comme terrain minier, pour que
par cela même elle soit autorisée à se la faire
concéder. Sans doute la loi fait ici une distinction
entre le sol, sur lequel le propriétaire conserve
toujours ses droits et le sous-sol, lieu de gise-
ment des substances métallifères, qui en principe
appartient à l'Etat, avec liberté pour lui de le
conserver ou de l'aliéner. Mais, si jadis, à cause
des moyens tout primitifs dont disposait l'industrie, le minerai le plus facile à fondre était seul
exploité, s'il fallait, à sa recherche, creuser des
galeries souterraines qui montaient et descendaient avec le filon, aujourd'hui l'emploi des
hauts-fourneaux permet d'utiliser la moindre par-
celle de fer : les travailleurs entament la couche
à niveau et la débitent progressivement ; ce sont,
non plus des mines, mais des carrières à ciel
ouvert ; que devient alors cette distinction entre
le sous-sol appartenant à l'Etat et le sol réservé au propriétaire ? Après déclaration d'utilité
publique, il est procédé par voie de justice à l'ex-
propriation moyennant une indemnité correspondante. Eh bien, nulle injustice n'est plus fla-
grante. A supposer en effet que cette indemnité
paie exactement la valeur vénale du terrain super-
ficiel, paiera-t-elle au possesseur les souvenirs, les
traditions, les affections qui s'y rattachent ? Le
même cas, à la vérité, peut se représenter ailleurs quand il s'agit d'une rue ou de l'ouverture

d'un marché ; mais est-ce que notre état social si changeant, nos habitudes de vie si troublées, ont rien de comparable avec les mœurs du pays basque, où les familles depuis un temps immémorial se continuent de père en fils sur le même terrain, où souvent le propriétaire actuel n'a pas d'autre nom que celui que son ancêtre tira jadis de l'endroit qu'il venait occuper, où, pour tout dire, il n'y a pas de terrain à acheter parce que la honte attend celui qui oserait vendre le bien patrimonial ? L'effroi fut donc grand dans toute la contrée quand, au plus fort de la folie minière, chacun put soupçonner dans le premier spéculateur venu celui qui devait le déposséder de ses biens ; la chose en arriva au point que beaucoup de propriétaires, à tout hasard, s'empressèrent de dénoncer eux-mêmes leur sol comme terrain minier et de payer la cote annuelle afin d'en jouir tranquilles et de n'être pas dépouillés. En résumé, malgré les profits réels que l'accroissement de l'exploitation a pu procurer aux communes et aux particuliers, je serais tenté de croire, comme on me l'a plusieurs fois affirmé, que si le district minier des Encartaciones s'est donné d'un tel cœur à la cause de l'insurrection, un des motifs principaux en est dans ces mesures arbitraires, si contraires aux coutumes du pays et à l'esprit des *fueros*.

C'est à Galdámes que je me rendis tout d'a-

bord : le centre minier de ce nom est une des ramifications de la cordillère de Triano ; une compagnie anglaise en a la concession, et, du fait des
carlistes, l'exploitation a dû chômer pendant près
de deux ans. La montagne a été attaquée en plein
flanc : c'est avec la poudre que l'on détache les
blocs de rocher que les ouvriers ensuite brisent à
coup de pic ; le minerai est alors chargé sur des
wagons que la locomotive amène au milieu du
chantier : la terre et les déblais sont rejetés de
côté au fond de la vallée par le moyen de longs
canaux de bois disposés en pente, si bien qu'on
peut prévoir le jour, où la montagne ayant disparue, la vallée, elle aussi, sera complètement com-
blée. En somme, il n'y a que des éloges à faire
aux directeurs pour le talent et l'habileté dont ils
ont fait preuve : l'installation est parfaite, la discipline du chantier admirable ; ils ont apporté là
cet ordre, cette propreté, ce besoin du progrès
qui est vraiment la vertu anglaise. Par suite de
l'affluence des ouvriers, un grand nombre de maisons se sont élevées dans ces derniers temps aux
environs de la mine : ils y trouvent le coucher et
la nourriture. La compagnie alors a eu l'idée de
fonder un village modèle où ils seraient tout à la
fois plus sainement et plus économiquement logés ; chaque appartement est disposé, soit pour
un petit ménage, soit pour un groupe de céliba-
taires.

Si l'aspect du pays basque diffère de celui des autres contrées de l'Espagne, les Encartaciones, à leur tour, semblent trancher sur le reste de la Bizcaye. De longue date, ce nom bizarre et inexpliqué [1] sert à designer toute la partie occidentale du Señorio depuis Bilbao jusqu'à la province de Santander. Le sol y est plus accidenté encore, les montagnes y sont plus hautes, les vallées plus étroites, les ravins plus abrupts, les torrents plus rapides, les bois plus vastes et plus touffus ; pourtant, malgré ce désordre, il se dégage de l'ensemble du paysage je ne sais quelle atmosphère de calme, quelle sérénité dont on se sent pénétré jusqu'au fond de l'être. On est tout à la fois transporté et pensif ; on voudrait trouver des mots, des couleurs nouvelles pour rendre la fraîcheur de ces prés, la limpidité de ces eaux, la pureté de cet air qui vous caresse, humide et tiède comme un baiser ; mais jamais la peinture ni la poésie elle-même ne pourront éveiller une impression aussi sincère, aussi complexe : il faut le spectacle présent, parlant tout ensemble à l'âme et aux yeux. Successivement je traversai Mercadillo, Avellaneda, Ocharan, toutes ces peti-

---

1. Notons pourtant l'opinion qui croit y reconnaître certaines associations communales, fondées ou réformées sous des conditions expresses contenues dans un écrit solennel, *carta;* de là serait venu le nom d'*encartacion.*

tes localités charmantes qu'on ne saurait distinguer l'une de l'autre tant leurs habitations sont capricieusement dispersées au flanc des collines, au bord des ruisseaux : il semble que ce soit toujours le même village qui se continue. Ici s'élève au-dessus d'un socle de rochers, quelque vieille tour en ruines, lointain souvenir de l'époque où le district des Encartaciones servait de lice aux fratricides querelles des *bandos*; là-bas, à demi masquée par un bouquet de bois, une maison d'élégante apparence; c'est la demeure d'un *Indien*; ainsi désigne-t-on d'un terme générique les gens du pays qui sont allés faire fortune aux colonies et qui, de retour au village, n'ont pas de plaisir plus vif que de faire participer le plus de monde possible à leur bonheur. Je passe et je remarque que partout les fenêtres sont ouvertes et les clés sur les portes; dans les montagnes, les troupeaux paissent sans surveillance, et les fruits des champs, comme on l'a dit, n'ont pas d'autre gardien que le septième commandement du Décalogue. Balmaseda, seule de tout le district, porte le titre de ville et le justifie assez bien avec sa forte position militaire choisie, croit-on, par les Romains, son antique mur d'enceinte, ses quatre rues parallèles, ses restes de palais somptueux, ses trois ponts d'époques et de formes différentes, signes d'une importance aujourd'hui bien déchue. Puis de nouveau les *caserios* s'espacent tout au long de la délicieuse vallée du Cadagua, verte et fleurie comme un parterre.

Cette route m'avait ramené par Zalla et Gueñes à Galdámes, mon point de départ. Je poussai alors vers le nord, par la vallée du Somorrostro, curieux de visiter le champ de bataille de 1874. Le village de San-Juan-de-Somorrostro est situé à 3 kilomètres de la mer, sur la gauche du petit cours d'eau qui lui a donné son nom. C'est là que le maréchal Serrano avait son quartier-général le 24 mars, veille de la grande attaque. La rivière, guéable à peu près partout, faisait la ligne de démarcation des deux armées. Les carlistes, postés sur la rive droite, avaient su très-habilement tirer parti des accidents du terrain. Leur droite, bien retranchée, occupait le Montaño, haute crête à pentes escarpées qui se prolonge jusqu'à la mer. Leur centre dominait également la petite plaine qui s'étend, toujours sur la rive droite, en face de San-Juan-de-Somorrostro ; il s'appuyait aux villages de San-Pedro-Abanto et de Santa-Juliana, à cheval sur la route qui coupe la plaine et à son point culminant; non contents d'avoir formé, à l'aide de murs, de haies et de fossés, un obstacle continu, les carlistes avaient renforcé cette partie de leur ligne de bataille par un ouvrage en terre, établi en avant de l'église de San-Pedro. Leur gauche enfin s'étendait sur le massif de las Cortes

et leurs tranchées couronnaient les croupes au-
dessus du chemin de fer de Galdámes qui ser-
pente à mi-côte aux flancs de la chaîne. Le maréchal Serrano ne se dissimulait pas les difficultés
d'une attaque de vive force dans des conditions
semblables, mais il comptait sur son artillerie
infiniment supérieure à celle des carlistes. A sa
gauche le mont Janeo avait reçu une forte batterie; deux autres garnissaient le centre, la première installée sur la grande route, la seconde
dans le parc du marquis de Villarias, à proximité
de l'église de San-Juan et juste au-dessus du
pont; à droite enfin le mont la Barnilla était armé
d'une quatrième batterie qui enfilait les tranchées
de las Cortès. En même temps deux bâtiments de
l'escadre libérale, embossés à peu de distance de
la côte, devaient faire une diversion sur l'extrême
droite de l'ennemi.

L'affaire commença le 25 mars, à cinq heures
du matin, par le feu de toute l'artillerie. Bientôt
la droite, sous les ordres de Primo de Rivera,
franchit le pont de Somorrostro et se lance à
l'assaut des positions de las Cortès défendues
par les bataillons du Guipuzcoa. Les libéraux
occupent assez rapidement la première ligne de
tranchées que venait d'abandonner l'ennemi,
incapable de tenir plus longtemps sous le tir
des pièces de gros calibre, mais en arrivant
sur la seconde une fusillade bien dirigée les

arrête. Pendant ce temps Loma, qui commandait le centre, avait à son tour passé le pont et s'était porté par la grande route dans la direction de San-Pedro ; il enlève le hameau de las Carreras et s'y retranche, tandis que ses tirailleurs cherchent à s'avancer du côté de la redoute qui couvre le centre ennemi. Le combat continue indécis le reste de la journée. Toutes les pièces s'étaient réunies pour battre à la fois les positions de San-Pedro-Abanto ; la nuit vient mettre un terme à l'engagement. Le lendemain les troupes libérales reprennent leur mouvement en avant. Les quatre batteries avaient traversé la rivière et concentraient leur feu sur le centre ennemi. Primo de Rivera, partant des tranchées conquises le 25, suit le long du chemin de fer, défilé ainsi du feu des carlistes qui tenaient les tranchées au-dessus de la voie : ses efforts se dirigent surtout sur le hameau de Putcheta, caché dans un ravin un peu en avant de San-Pedro ; après quatre assauts successifs les carlistes sont enfin délogés de ce poste. Au centre, Loma n'avançait guère ; les progrès n'étaient pas faciles sur ce terrain morcelé où les clôtures de toute sorte constituent un nombre infini de lignes de défense que l'assaillant doit enlever pied à pied.

L'attaque suprême eut lieu le 27 mars. Toutes les forces de l'armée y prirent part. Les batteries concentrées près de las Carreras commencent l'action par un feu terrible dirigé sur les villages de San-Pedro-Abanto et de Santa-Juliana et sur la redoute qui les couvre ; les tirailleurs entretiennent en même temps une fusillade très-vive contre l'ennemi. La gauche, restée inactive pendant les deux premiers jours, est chargée de coopérer à l'attaque générale ; elle passe la rivière sur un pont de bateaux à Murquiz, se lance sur les pentes escarpées de la montagne et enlève bientôt la première ligne des tranchées carlistes. Il est une heure et demie de l'après-midi, toute la ligne de bataille est couverte de feux. Serrano croit le moment venu de prononcer vigoureusement son attaque contre le centre de ses adversaires : entraînées par leurs officiers qui montrent une bravoure héroïque, les troupes libérales s'élancent de tous côtés à l'assaut. La grande redoute, protégée par un fossé profond et vaseux, est enfin enlevée ; un peu plus à gauche, les bataillons de Loma s'emparent, après une lutte acharnée, des maisons de Murrieta situé sur un pli de terrain, à quelques centaines de mètres de San-Pedro. Cependant les carlistes, bien abrités, continuaient à faire pleuvoir de leurs positions du centre une grêle de balles. Primo de Rivera est blessé grièvement en entraînant ses hommes et sa chute cause un instant de panique. Serrano, qui voit le danger, s'élance, suivi de ses officiers, rallie les fuyards et les ramène au feu.

Quelques soldats parviennent jusqu'à l'église de San-Pedro, mais, malgré des efforts désespérés, leurs camarades ne peuvent emporter les dernières maisons du village. Serrano, à l'approche de la nuit, est obligé de donner le signal de la retraite. Les troupes se retirent sur les positions qu'elles occupaient dans la matinée.

Ces trois journées, la dernière surtout, avaient été très-meurtrières, du moins si l'on considère le nombre relativement minime des soldats engagés et le caractère de la lutte, lutte de montagnes, d'ordinaire assez peu sanglante. Les pertes des libéraux s'élevaient à 4,000 hommes : plusieurs corps de troupes avaient été littéralement décimés. Les carlistes, de leur côté, avaient eu plus de 2,000 hommes hors de combat, dont leurs deux meilleurs généraux, Ollo et Radica, blessés à mort. On sait comment, un mois plus tard, l'arrivée de Concha avec 18,000 hommes et sa marche enveloppante par Sopuerta répara glorieusement cet échec en délivrant Bilbao. Deux ans après, la vallée avait repris son air paisible et riant ; des légumes verts poussaient sur les tranchées comblées. Dans les endroits cependant où la lutte avait été la plus vive, à Pucheta, à Murrieta, la plupart des maisons attendaient encore d'être reconstruites ; le sol tout autour était hérissé d'éclats d'obus, et dominant la vallée, en face de l'ermitage de Santa-Juliana, lui aussi complètement ruiné, l'église de San-Pedro dressait dans l'air limpide sa masse informe, déchiquetée par la mitraille.

Bien longtemps déjà avant nous, cette même vallée avait vu de terribles scènes, et plus d'une fois des flots de sang s'étaient mélangés aux eaux froides du ruisseau. Là vécurent les Salazar, dont le nom revient si souvent dans l'histoire des guerres de partis, véritable famille de géants, robustes comme des chênes, braves comme des lions, avides comme des loups, toujours prêts à fondre de leur castel pour rompre une lance ou tenter un coup de main. En 1256, quittant Sopuerta où il se trouvait mal en sûreté, et fidèle au conseil que lui avait donné son vieux père de s'approcher de la mer autant qu'il pourrait, « car avec elle il trouverait toujours moyen de passer sa faim, » Juan Lopez de Salazar vint s'établir à Somorrostro en l'endroit qui prit le nom de port de San-Martin, parce que les eaux de la mer arrivaient alors jusque-là. Deux siècles plus tard, fier de sa richesse et de l'influence considérable dont il jouissait dans le Señorio, Lope Garcia de Salazar, le plus illustre de la race, fit reconstruire le château ; lui-même, à soixante-douze ans, après une vie de gloire et de hauts faits, y fût traîtreusement emprisonné par son propre fils Juan le More, et c'est alors que, pour chasser ses sombres pensées, il composa vers 1470 son livre encore inédit des « Adventures heureuses et contraires, » *Libro de las buenas andanzas é fortunas,* simple récit des événements connus de lui ou accomplis sous ses yeux. Placé sur un léger renflement de terrain, non loin de la route, entre San-Juan-de-Somorrostro et le hameau de las Carreras, le château de San-Martin-de-Muñatones est un édifice des plus imposants. Il se compose de deux enceintes, dont la première n'a pas moins de 800 mètres de tour, et d'un donjon au centre. Naguère encore on entrait dans celui-ci par un escalier ou rampe extérieure de trente marches placée sur le côté ; mais quand je le visitai, depuis deux mois à peine, miné par les ans et plus encore par l'abandon, tout un pan de mur s'était écroulé à grand bruit, laissant ainsi la tour ouverte du haut jusqu'en bas. Aujourd'hui ce n'est pas sans danger qu'on se hasarde à l'intérieur, et quand les restes des anciens planchers, suspendus dans le vide, seront tombés à leur tour, les oiseaux seuls auront le droit d'y atteindre. La hauteur actuelle de la tour est de 90 pieds ; à quelque distance, on distingue un humble édifice, reconnaissable pour un ermitage à l'ouverture du petit mur où était installée la cloche. C'est l'ancienne chapelle de San-Martin, maintenant transformée en grange. Là reposent, à quelques pieds sous le chœur, Lope Garcia, le chroniqueur, et avec lui bon nombre de ses aïeux et de ses descen-

dants. Ah ! qu'ont-ils dû penser, ces rudes batail-
leurs, quand deux armées naguère se heurtaient
sur leur tombe ? Leurs os ont-ils tressailli à la
voix du canon ? Ont-ils reconnu le cliquetis du
fer, le crépitement des balles, les cris de rage des
vaincus, les plaintes des mourants ? Sont-ils contents de tant de sang versé et trouvent-ils que les
hommes de notre âge savent, eux aussi, bien haïr
et bien tuer ?

De San-Martin, la route est courte au mont
Triano, qui, du côté du sud, ferme la vallée. Anciennement, la famille des Salazar exerçait un
droit seigneurial sur l'exportation du minerai,
soit qu'il lui vînt d'une exigence arbitraire, soit
qu'elle eut aidé à construire le chemin par où l'on
descendait le minerai à la rivière de Somorrostro.
Ce droit lui fut plus tard retiré par les Rois Catholiques et la propriété des mines revint, selon le
fuero, tout entière aux communes, les exploiteurs
jouissant de l'usufruit. A n'en pas douter, le fer
dans ces contrées était primitivement travaillé à
bras, comme l'indique le nom basque de forge,
oleac, qui signifie *lieu haut.* Dans la suite, on imagina d'utiliser la force de l'eau pour faire mouvoir
les soufflets et les marteaux, remplacés vers 1540
par les martinets à la gênoise. La tuyère, qui
attire l'air sur le foyer au moyen d'un conduit, fut
introduite dans le pays dès le milieu du xvııᵉ siècle mais la routine, ce grand ennemi de toutes

les industries montées sur une petite échelle, fut
encore la plus forte, et les roues hydrauliques et
le soufflet, avec de légères modifications, se sont
perpétués jusqu'à nos jours dans la plupart des
forges de Bizcaye. Cependant la métallurgie du
fer faisait en Angleterre et en France les plus
grands progrès ; bientôt le fer du pays ne put
plus soutenir la concurrence, même sur les marchés nationaux, avec le fer anglais, beaucoup
moins coûteux, — et les forges s'éteignirent peu
à peu... C'en était fait de cette vieille industrie si,
se rendant à l'évidence et renonçant à leurs
erreurs, quelques hommes intelligents n'avaient
décidément adopté, avec ou sans perfectionne-
ment, la méthode des hauts-fourneaux. En 1855,
les Ybarra créèrent sur le Nervion la fabrique du
Désert, qui devait en quelque sorte servir d'exemple et de modèle aux industriels du pays, et qui, depuis sa fondation, à part l'interruption forcée cau-
sée par la guerre, n'a fait que grandir et prospérer.
Deux ans après, en 1857, comme l'exploitation
du minerai se faisait dans des conditions aussi
mauvaises que la fabrication du fer, la députation
du Señorio la première eut l'idée de construire
une voie ferrée qui, desservant les petits propriétaires des environs, irait chercher le minerai au
cœur de la mine et le conduirait au lieu d'embarquement. Le mont Triano forme une ligne
ondulée, bien qu'à quelque distance sa croupe

puisse paraître parfaitement unie ; la base en est irrégulière et il doit avoir environ cinq ou six lieues de tour. Le minerai ou *vena* — un nom qui vient des Romains — comprend plusieurs variétés dont les principales sont : la *vena negra* ou *dulce*, la plus facile à fondre, la seule dont on se servit autrefois et qu'on exploitait au moyen de puits et de galeries interminables ; le *rubio*, d'une couleur brun foncé, très-dur ; le *companil* enfin, le plus abondant que l'on exporte beaucoup et qui prend quand on le mouille une magnifique teinte de pourpre ; il donne 50 et même 70 parties de métal pour cent. A Triano, un spectacle imprévu frappa mes regards : ce n'était plus cette régularité méthodique que j'avais admirée à Galdámes, mais quelle activité, quelle animation ! La voie ferrée ne peut, sans doute à cause des difficultés du sol, s'élever jusqu'au sommet de la crête, elle s'arrête au pied, à Ortella, et l'on y transporte le minerai, à mesure qu'il est arraché de la mine, dans des chariots longs traînés par des bœufs ; toute la journée, ces chariots, au nombre de plus de mille, montent et descendent avec des grincements plaintifs, et forment au long de la pente une procession sans fin. Des ouvriers sont continuellement occupés à recharger la route usée par ce frottement incessant ; malgré tout, le sol n'est qu'une poussière où les roues des chars s'enfoncent jusqu'à l'essieu, les bœufs jusqu'aux ge-

noux : une poussière fine, rougeâtre, faite des
débris impalpables du minerai. Et cette poussière
est partout, pénètre partout; le pays entier en est
comme saupoudré; les champs, les arbres, les
maisons, les moindres ustensiles de ménage, la
peau des animaux et jusqu'à celle des gens, tout
est couvert d'une couleur de rouille indélébile. Il
me manque d'avoir vu les mines par un temps de
pluie, mais j'imagine l'épouvantable bourbier que
cela doit faire. Pourtant je préférerais encore cet
aspect à celui des mines de charbon, où tout est
noir comme la nuit. .

L'exploitation s'étend sur une longueur de plusieurs kilomètres, elle se fait sur un grand nombre de points à la fois, indépendants les uns des
autres ; toute la montagne n'est réellement qu'un
immense bloc de fer ; en certains endroits, le minerai est si riche qu'il a tout l'aspect du métal le
plus pur. Aussi se borne-t-on, là aussi, à le détacher par blocs au moyen de la poudre ; peu à peu,
dans ce travail à air libre, les ouvriers auront fait
disparaître les anciennes galeries, dont quelques-
unes sont fort vastes et remontent à plus de vingt
siècles; parfois on y retrouve des instruments,
pics et pioches, oubliés là par les anciens travailleurs ; pendant que je recueille ces détails, un
contre-maître me fait signe de m'écarter, les
trous de mine ont été creusés, les pétards sont
en place, il ne reste qu'à mettre le feu ; à un signal

connu, tout le monde s'éloigne, les chariots, qui plus haut ou plus bas se disposaient à passer, s'arrêtent et forment comme une barrière au flot toujours croissant de ceux qui les suivent. Tout à coup partent cinq ou six détonations précédées d'éclairs fugitifs, d'énormes éclats de roche volent dans les airs, tombent, rebondissent et se brisent avec fracas ; lentement le vent dissipe la fumée, on attend quelques instants encore, puis la file des voitures reprend sa marche un moment arrêtée. Souvent sur plusieurs points des trous de mine éclatent à la fois, le sol tremble et l'atmosphère est tout imprégnée d'une odeur enivrante de poudre. En passant, j'ai remarqué bon nombre d'ouvriers portant encore l'uniforme dont ils se servaient dans l'armée carliste.

Depuis près de dix heures je promenais ma curiosité au milieu de ce grand labeur ; moi aussi j'étais saupoudré de rouille des pieds à la tête comme un travailleur. Le dernier chargement de minerai allait quitter la station d'Ortella, une place m'était offerte pour revenir vers Bilbao, je montai sur la plate-forme de la locomotive, en compagnie du mécanicien et du chauffeur, car il n'y a point d'autres wagons que ceux qui servent au transport du minerai, un coup de sifflet prolongé retentit, le train s'ébranla et nous partîmes. Oh ! la bonne course, pleine de charme et d'émotion, tandis que le vent qui fouettait mon

front chassait mes cheveux en arrière et que d'en
bas par grosses bouffées, m'arrivait jusqu'au
visage l'haleine chaude du foyer. D'instant en instant le chauffeur ouvrait d'un seul coup de rin-
gart la plaque du fourneau, sa large pelle chargée
de houille s'engouffrait dans le cratère, et la locomotive de plus belle fumait, ronflait, courait. Les
ombres du soir s'épaississaient peu à peu, et le
trou du cendrier, projetant sa lueur rouge sur les
rails, faisait comme l'œil unique d'une bête énorme
dont le corps traînait dans la nuit. A mesure que
nous avancions, je distinguais çà et là par la
campagne d'autres yeux semblables grands ouverts dans l'ombre : c'étaient les feux des hauts-
fourneaux de la fabrique du Désert, perpétuellement allumés. Bientôt nous étions arrivés ; la
locomotive, détachée, alla se placer à la queue du
train ; sur l'heure les wagons étaient poussés en
ligne droite jusqu'à l'embarcadère, et, l'un après
l'autre, par un ingénieux système de bascule, dé-
versaient leur contenu dans les flancs d'un navire
qui attendait là ; après quoi, son chargement
terminé, le navire devait, dès le lendemain, cingler
vers les côtes d'Angleterre. Pendant ce temps, je
me hâtais de traverser le Nervion sur une petite
barque et d'attraper au passage, sur la rive
droite, une des nombreuses voitures publiques
qui chaque jour font le service des Arenas à Bilbao.

LE GUIPUZCOA

CHAPITRE XI

La vallée de l'Urola. — Le *tamborilero*. — Le jeu de *pelota*. — Le *zortzico*. — Course de *novillos*. — Le monastère de Loyola. — L'art jésuite.

La fête de saint Ignace de Loyola se célèbre chaque année à Azpeitia, petite ville du Guipuzcoa et lieu de naissance du fondateur de l'ordre des jésuites. Il n'en est pas de plus courue ni de plus considérable dans tout le pays. Dès la veille, les diligences et le train déversent dans Zumarraga une foule de pèlerins et de curieux ; d'autres voitures les attendent, réquisitionnées pour la circonstance, et se chargent de leur faire parcourir, en moins de deux heures, les 15 kilomètres qui les séparent encore d'Azpeitia. Cette vallée de l'Urola est célèbre à juste titre pour sa fraîcheur et sa fertilité. La chaussée, longeant le cours d'eau qu'elle accompagne en tous ses caprices, s'engage d'abord dans une gorge étroite et longue entre deux rangées de montagnes bien cultivées qui toujours semblent près de se réunir. Lés noyers, les châtaigniers, poussés au bas des pentes, confondent leurs branches par-dessus la tête du voyageur et lui fouettent les yeux au passage. Enfin la plaine se découvre, toute couverte de blés mûrs, jaunes comme l'or, et de maïs aux tiges énormes, aux grands panaches verts. Une chaîne à pic, grise et dénudée, dont l'aridité contraste avec la fraîcheur du paysage, barre l'horizon. La route y court en droite ligne, traverse la gentille petite ville d'Azcoitia, frémissante elle aussi des apprêts de la fête, et tout à coup, évitant l'obstacle, oblique brusquement à droite avec le fleuve et la vallée. « Loyola ! Loyola ! » dit le conducteur, et en effet voici le sanctuaire, ses hautes murailles, sa coupole audacieuse et sa masse imposante. La voiture passe rapidement, et quelques minutes après on entre dans Azpeitia.

A peine descendu, je m'empressai de rebrousser chemin vers Loyola, mais je n'eus pas le temps d'y arriver. Le clergé d'Azpeitia revenait en procession du sanctuaire où il était allé faire des prières préparatoires. En avant marchait la fanfare d'un régiment de ligne, arrivée le matin même de Tolosa ; puis venaient les musiciens de la ville, jouant de la flûte et du tambourin ; par derrière, sur deux rangs, suivait le clergé. Le cortége avait pris le petit chemin à travers champs qui reliait autrefois la ville à Loyola, avant la création du chemin royal. Entraînés par l'habitude, comme s'ils étaient encore à la tête de leur régiment, les soldats accéleraient le pas et pressaient la mesure, les notes de la fanfare sonnaient claires et brèves, les pieds rapides frappaient la terre en cadence ; on ne marchait plus, on courait. A dire vrai, les bons prêtres ne s'en inquiétaient guère. Presque tous grands et forts, encore jeunes, d'une main retenant leur soutane, leur bréviaire fermé dans l'autre, ils enjambaient bravement les pierres et les guérets et semblaient monter à l'assaut. Et de fait, qui sait si, en cherchant bien, on n'en eût pas trouvé plus d'un parmi eux qui récemment encore combattait en soldat pour le triomphe de la bonne cause et faisait le coup de feu contre les troupes du gouvernement ?

L'orchestre des Basques comprend deux seuls instruments, la flûte et le tambourin, toujours les mêmes depuis l'origine. La flûte, *tibia vasca*, disaient déjà les Romains, est simplement percée de trois trous à l'extrémité et se rapproche beaucoup pour la forme du fifre dont on se

servait autrefois dans nos régiments : à la vérité,
le son en est moins fort, bien qu'aussi perçant ;
le tambourin est petit, haut à peu près comme
nos tambours d'enfant, et ne rend lui-même qu'un
son assez plat. C'est le même artiste qui joue à
la fois des deux instruments ; de la main gauche,
il porte la flûte à ses lèvres, et ses doigts alternativement ferment les trous ou les découvrent ; de
la droite, avec une petite baguette, il tape sans
interruption et d'un mouvement régulier le tambourin suspendu à son cou. Cela fait une harmonie singulière, un peu sauvage, qui surprend
les oreilles au premier abord, mais que son
étrangeté même finit par rendre agréable. Pour
ce qui les touche, les Basques ne voient rien au-
dessus de leur musique nationale et la préfèrent
de beaucoup aux accords les plus mélodieux de
nos cornets et de nos violons. Chaque village
possède un *tamborilero* attitré, payé par la municipalité ; cette charge se transmet de père en fils,
et, si le titulaire n'a pas d'enfant, il est tenu d'ap-
prendre son art et les airs de tradition à quelque
jeune garçon du pays qui doit lui succéder un
jour ; en cas subit de déshérence, la place est
mise au concours. A Azpeitia, à l'occasion de la
fête, ils étaient deux jouant de concert : un troisième, muni seulement d'un tambourin un peu
plus gros et de deux baguettes, les accompagnait
d'un roulement continu pour donner plus de corps

à leur musique. Le talent du tamborilero consiste
bien moins à imaginer des mélodies nouvelles
qu'à connaître à fond le répertoire des temps
passés; ainsi sont parvenus jusqu'à nous un
grand nombre de vieux airs, destinés, soit à
célébrer quelque événement glorieux, soit à
rehausser l'éclat d'une cérémonie; tels sont, pour
ne citer que les plus connus, la *Marche cantabrique*, d'une antiquité fabuleuse, l'*Espata-dantza* ou
danse des épées, composée en l'honneur de
l'empereur Charles-Quint, celle dont les habitants
de Fontarabie fêtent encore leur valeureuse défense de 1638 contre le prince de Condé, la *Sonate
des alcades* et la *Marche de Loyola*.

Le 31 juillet, au matin, je fus réveillé par les
accords du fifre et du tambourin passant sous
mes fenêtres. C'étaient les tamborileros qui, selon
l'usage, venaient nous régaler d'une aubade, et an-
noncer à la population et aux visiteurs la grande
solennité qui se préparait. Je m'habillai promptement et descendis pour visiter la ville; elle n'est
pas grande et n'a rien que je n'eusse déjà vu cent
fois : vastes maisons de pierre aux toits immenses, aux écussons gigantesques, longues rues
parallèles et petit pavé, mais il y régnait alors un
air de fête qui la faisait paraître et plus riche et
plus belle; des deux côtés de la chaussée, les uns
à terre, les autres sur de petits tréteaux, les marchands forains étalaient leur pacotille; au milieu

se poussait la foule, houleuse comme la mer, avec
un grand bruit de voix, de rires, d'appels en langue basque ; les jeunes gens coiffés de bérets
rouges qui éclataient sur le fond sombre des vêtements comme les coquelicots dans un pré, les
jeunes filles en jupon court et les cheveux tres-
sés. La beauté des femmes de cette vallée est
passée en proverbe dans toute l'Espagne, et il en
est peu en effet qui, pour la régularité des traits,
la perfection des formes, la grâce de la démar-
che et du maintien, ne pussent servir de modèle. Tout-à-coup un mouvement se fait dans la
foule : c'est la municipalité qui sort de la maison de ville et se rend en corps à l'église paroissiale de San-Sébastian pour y entendre la
grand'messe ; les rangs vivement s'écartent et livrent passage au cortége. Là encore la musique
militaire conduit la marche, et par derrière,
comme s'ils voulaient étouffer la voix des cuivres, les tamborileros soufflent désespérément
dans leur petite flûte et tapent à tour de bras sur
leur tambourin. Au fond, je les suppose un peu
jaloux de ces étrangers qui font tant de bruit et
qui sont venus leur ravir dans le cérémonial de la
fête une part de leur importance.

Le jeu de paume d'Azpeitia se trouve aux environs de l'église. On sait que la paume ou *pelota*
fait avec la danse le divertissement préféré des
Basques. Aussi n'est-il guère de hameau, si pau-

vré qu'il soit, qui n'ait son *juego de pelota,* véritable monument public, où les dimanches et jours
de fête, sous la haute surveillance des anciens
qui jugent les coups, les jeunes gens viennent
exercer leur force et leur adresse. Il se compose
d'un mur droit en pierres de taille, très-élevé et
parfaitement uni; la terre est tout autour soigneusement battue. La balle se lance avec la main
nue, d'autres fois avec un gant de cuir ou une pa-
lette de bois. Les femmes elles-mêmes sont d'une
habileté prodigieuse dans ce genre d'exercice.
Souvent dans les *romerias* une lutte en règle, sti-
mulée par des paris, s'engage entre les jeunes
gens de deux communes voisines, les camps se
forment, et c'est à qui saura le plus longtemps
maintenir la balle dans les airs sans lui permettre
de toucher terre. Chaque passe dure ainsi plusieurs
minutes. A Azpeitia, où d'ordinaire la fête se prolonge pendant trois jours, le troisième jour est
spécialement consacré à de grandes parties de
paume auxquelles prennent part les indigènes et
les étrangers; mais cette année, à cause des événements récents dont le souvenir attristait encore
les esprits, la fête a été écourtée d'un jour, et la
dernière partie du programme entièrement suppri-
mée. Néanmoins, aussitôt après la grand'messe,
toute la jeunesse s'empressait d'accourir au jeu
de paume, et là, quittant la veste brodée des dimanches, se livrait de tout cœur à son exercice

favori. Pendant ce temps, autour de la grande place, on finissait d'installer les estrades de bois où la foule devait s'asseoir dans l'après-midi pour contempler le *zortzico* officiel et la course des *novillos*.

Les airs basques peuvent indifféremment être chantés ou dansés, et de toutes ces danses la principale est l'*aùrescu*, appelée aussi *zortzico* : c'est celle que l'on exécute presque exclusivement dans les romerias; elle est du reste assez compliquée. A l'un des bouts de la place est établi un banc de bois destiné à l'alcade et aux principales personnes du village. Tout d'abord les danseurs, se tenant par la main, viennent se ranger en rond devant le banc de l'alcade, puis le premier de la bande, l'*aùrescu*, se détache de ses compagnons, jette son béret à terre et salue les autorités par une série d'entrechats. L'alcade lui rend son salut, chapeau à la main, tandis que l'assistance éclate en applaudissements, et le jeune homme de nouveau va prendre la tête de la chaîne. Alors commence une longue promenade à travers la place : là encore il n'y a que le coryphée qui danse, s'interrompant parfois pour se reposer ; quand il rencontre dans le cercle des assistants une personne qu'il veut honorer, il s'arrête et esquisse un pas à son intention ; le tamborilero, qui marche à l'autre extrémité, l'accompagne de la flûte et du tambourin sur un air aigu,

composé d'un petit nombre de mesures et qui revient indéfiniment. Tout-à-coup, à un roulement
du tambourin, deux des jeunes gens, le second
et l'avant-dernier, sortent du rang et vont chercher dans l'assistance la jeune fille qui leur a été
désignée par leur chef. Toute femme qui se trouve
sur la place pendant la danse semble accepter
d'avance le choix qu'on peut faire d'elle, et, d'après
l'usage inviolé du pays, elle est tenue de suivre les
deux envoyés. Ceux-ci font avec elle, béret à la
main, deux fois le tour de la place, comme pour
la mieux montrer à l'admiration de la foule, pendant que le coryphée continue ses ébats ; après
quoi seulement on la lui présente. L'*aùrescu* dere-
chef se sépare de ses compagnons, jette son béret
aux pieds de la jeune fille comme il l'a fait pour
l'alcade, et danse devant elle un cavalier-seul,
sans qu'elle change d'attitude ou se permette de
sourire. Lui-même reste grave ; il s'interdit tout
geste avec les bras et tient le haut du corps im-
mobile ; les pieds seuls s'agitent, bondissent et se
croisent avec une rapidité sans pareille ; par cet
endroit, le *zortzico* tiendrait de la gigue anglaise,
mais par le sérieux des figures, la simplicité de
la mesure, l'espèce de solennité qui règle la dé-
marche et le maintien, il rappelle bien plutôt l'ancien menuet français.

Le pas achevé, la jeune fille vient prendre
place dans la chaîne à la gauche de son danseur.

Chacun alors fait volte-face, et c'est le tour du dernier ou *atzescu* de tenir la tête ; on va lui cher-cher une jeune fille qu'il accueille de son mieux et qui ensuite se place à son côté. Aux deux chefs de file, comme on voit, l'*aùrescu* et l'*atzescu*, la première et la dernière main, revient la conduite de la danse ; quand ils sont eux-mêmes pourvus de leurs danseuses, ils doivent alternativement accueillir les jeunes filles destinées à leurs com-pagnons. Enfin tous les couples sont formés, l'*aùrescu* et l'*atzescu* vont saluer leurs dames res-pectives, le tamborilero attaque un air plus vif, et aussitôt le milieu de la place, qui jusqu'alors était réservé aux membres du zortzico, est envahi par les assistants. Les enfants eux-mêmes sont ad-mis à cette nouvelle figure, qui n'est autre que la *jota* aragonaise. Les danseurs, deux par deux, se placent vis-à-vis l'un de l'autre, et, les bras éten-dus, faisant claquer les doigts en guise de casta-gnettes, se livrent à une sorte de balancement ca-dencé. Entre parenthèses, les castagnettes, que nous regardons en France comme l'accessoire obligé de toute danse espagnole, sont beaucoup plus rares qu'on ne l'a dit, et, pour ma part, je ne les ai guère vu employer qu'en Andalousie par des *gitanas,* danseuses de profession. Peu à peu les notes se pressent, les mouvements se préci-pitent, le danseur, de plus en plus ardent, se rap-proche de sa danseuse dans un élan passionné, les corps se joignent, les lèvres presque se touchent, quand soudain, par une adroite pirouette, la femme se dégage et la poursuite reprend de plus belle. La dernière figure est l'*arin, arin,* plus vite, plus vite! dont la mesure rapide entraîne tous les couples confondus dans un immense galop.

Le zortzico doit durer en moyenne vingt minutes, et il ne s'en danse guère que quatorze ou quinze dans toute une romeria. Les gars de chaque *pueblo,* accourus à la fête, ont droit successivement à un tour de danse, et sont inscrits sur une liste que tient l'alcade pour éviter toute contestation. Du reste aucun trouble, aucun cri ; un homme du village, exerçant pour la circonstance les fonctions d'alguacil, fait la police avec une petite houssine dont il assène quelques coups sur le dos des chiens errants ou sur les jambes des gamins trop curieux. Devant le banc des autorités est fichée en terre une lance ou bâton ferré ; parfois la lance consiste tout simplement en une canne à pomme de vermeil que porte l'alcade ; mais alors même que le banc est vide, il suffit que la cane soit là pour que l'ordre ne soit point troublé. Cela tient au respect de l'autorité commun à tous les Basques et sévèrement exigé par l'ancienne loi. « *El que levanta la mano delante de la vara, la pierde ;* celui qui lève la main devant la verge de justice, la perd, » disait le fuero

de Guipuzcoa. Aujourd'hui l'habitude est si bien
entrée dans les mœurs que tout le monde s'y sou-
met, bien plus par un sentiment d'obéissance instinctive que par crainte de la sanction des lois.
Pendant la fête, des rafraîchissements sont vendus sur de petites tables de bois à l'ombre des
grands arbres; ils ne se composent en général
que de gâteaux secs, de *chacoli,* de cidre, de *san-
gria,* breuvage inoffensif fait avec du vin rouge
de la Rioja, du sucre et de l'eau. Quand une personne se présente à qui l'on veut faire honneur, une
place lui est offerte sur le banc des autorités, et
c'est ainsi que j'ai assisté moi-même à la romeria
de San-Cristobal, dans la commune de Forua,
aux environs de Guernica. Au premier coup de la
cloche, sonnant l'*Angelus* du soir, quelle que soit
l'animation générale, la danse s'arrête, les magistrats se découvrent, et toute la foule avec
eux : on récite la prière, puis le tamborilero précède les magistrats, qui font le tour de la place
au son de la marche des *infanzones,* et pendant ce
temps les jeunes gens se retirent en jetant dans
l'air des cris aigus et prolongés que répète l'écho
des montagnes et qui leur servent à marquer
leur joie. Ce n'est que dans les fêtes les plus importantes que la danse reprend le soir après le
dîner.

L'origine du zortzico remonte évidemment à
une époque fort reculée, quoiqu'il ait beaucoup

perdu de son caractère par suite de modifications et d'altérations successives; ainsi la *jota* aragonaise, introduite à la fin pour animer la danse, n'est pas du tout dans le ton général de l'air primitif, un peu lent, grave et doux, de même aussi ces pas fantaisistes, quelques-uns empruntés aux danses modernes ou étrangères et qui voudraient tenir lieu de l'antique jeté-battu, si solennel, si correct [1]. Néanmoins l'honnêteté est si grande dans le peuple basque, telle est la décence et la réserve qui président à ces réunions, que les prêtres eux-mêmes ne se privent pas d'y assister, non plus qu'au jeu de paume, et l'on cite certain curé de Bilbao qui obligeait tous ses jeunes paroissiens et paroissiennes à prendre part à la danse, disant qu'en public on ne pèche pas.

Or, chaque année, à Azpeitia, et le premier jour de la fête, un zortzico est dansé sur la place publique; mais pour cette fois les garçons, en manière d'amusement, cèdent leur tour aux jeunes

---

1. Il est d'usage que chaque année, à l'ouverture des juntes générales du Guipuzcoa, un zortzico soit dansé par les procurateurs en grand uniforme et les principales dames de la ville. C'est là qu'on le retrouve, sinon dans toute sa pureté, du moins à peu près semblable à ce qu'il était autrefois. Bien plus qu'un divertissement, ce devait être une cérémonie véritable, et la danse chez les Basques, comme chez beaucoup d'autres peuples, a eu évidemment à l'origine une signification religieuse.

filles. Vers trois heures, au sortir de vêpres, les
danseuses se présentent coiffées du béret rouge
et se tenant par la main. La place, entourée de
gradins, est bornée au sud par l'Urola, au nord
par la maison de ville ; la municipalité n'a pas d'es-
trade réservée, mais préside du haut du balcon.
Du reste tout se passe comme dans le zortzico
ordinaire : le salut aux autorités, la promenade
accompagnée d'entrechats et de jetés-battus ;
quatre jeunes filles sortent alors de la place,
précédées de l'alguazil, puis triomphalement, béret à la main, ramènent le premier élu qui de
bonne grâce se laisse conduire et saluer d'un pas
de danse par la coryphée : c'est d'ordinaire un
jeune homme connu de la ville ; chaque danseur
est reçu ensuite avec le même apparat, au milieu
des cris de joie et des applaudissements de la
foule qui s'amuse de l'embarras et de la confusion des acteurs. Quoi qu'il en soit, je goûte bien
mieux le zortzico dans sa pureté, dansé, comme
il doit l'être, par des hommes, et même je dirai
que ces exercices chorégraphiques exécutés par
une femme, dont la robe bat les chevilles et gêne
les mouvements, n'ont rien en somme que d'assez
disgracieux. Après la *jota* et le galop final auxquels se mêlent tous les spectateurs, les danseuses, avec leurs danseurs, sont reçues par la
municipalité dans le grand salon de l'hôtel de
ville et assistent alors du haut du balcon à la

course de *novillos* qui suit immédiatement le zortzico.

On appelle course de *novillos* celle où ne sont engagés que de jeunes taureaux et où les bêtes doivent être banderillées, capées, pendant un temps plus ou moins long, mais point frappées à mort. La fête de saint Ignace reste donc pure de tout sang versé. A la vérité, je ne saurais dire si c'est le sentiment religieux qui seul empêche nos Guipuzcoans de s'offrir un vrai combat de taureaux avec l'accompagnement obligé de chevaux éventrés et le coup de grâce que la *espada* porte à la bête entre les deux épaules; en effet les Basques, — et je m'en étonne un peu, — sont peut-être aussi curieux que les autres Espagnols de ce cruel amusement; mais un taureau coûte cher, et sa mort est un luxe de capitale. Force est donc aux petites villes de se contenter de plaisirs plus simples et plus économiques. Le premier novillo est lâché sur la place que l'alguacil a fait évacuer par avance; la troupe ou *cuadrilla* des *toreros* l'y attend; elle se compose modestement de cinq hommes à pied : deux *chulos,* deux *banderillos,* plus le chef qui est chargé de diriger leurs mouvements et qui tient à la main une grande étoffe rouge comme un véritable *matador,* mais sans épée. Certes les combattants sont bien peu adroits, leurs costumes andalous bien fanés, et quand on a pu assister à quelque grande course de Séville ou de Madrid, le spectacle paraît mesquin. La foule ne marque pas moins l'intérêt qu'elle y prend par des exclamations, des encouragements, des injures, lancés, soit aux hommes, soit au taureau, comme s'il s'agissait d'une partie beaucoup plus sérieuse. Quand celui-ci a été suffisamment capé et son cou lardé du nombre voulu de *banderillas*, sur un signe de l'alcade qui préside à la fête, il est entraîné bien vite hors de la place par l'entrepreneur de la course, toujours inquiet que ses bêtes ne lui soient rendues en trop mauvais état. Un autre alors le remplace, et ainsi de suite avec cette monotonie, ce retour prévu de péripéties invariables qui serait peut-être pour moi l'argument le plus valable contre les courses de taureaux. La fête se termine par l'entrée d'une vache, les cornes garnies de boules pour rendre ses coups inoffensifs ; tout le monde a le droit de descendre dans l'arène et de lui courir sus ; plus d'un imprudent, pour avoir voulu l'approcher de trop près, est rudement bousculé, renversé à terre et foulé aux pieds ; mais ces petits accidents ne comptent pas. L'apprenti *torero* en est quitte pour se relever et se frotter les côtes, poursuivi par les éclats de rire de ses compagnons, et quand un dernier signal de l'alcade vient mettre fin à la course, il n'est personne qui ne trouve le divertissement trop tôt terminé et qui, à grand renfort de poings et de bâtons, ne raccompagne jusqu'au *toril* la malheureuse vache éperdue.

Dans la soirée, les danses populaires prennent sur la grande place, où la *jota* aragonaise alterne avec le *fandango*. Pendant ce temps, un bal est offert par la municipalité dans la maison de ville à toute la haute société, et les danseuses de l'après-midi y sont invitées de droit ; c'est la musique militaire qui tient l'orchestre, et joue d'instant en instant des valses et des quadrilles sur nos motifs les plus en vogue ; par les fenêtres grandes ouvertes, le bruit des cuivres se répand au dehors, mais la foule ne semble pas même l'entendre et se presse plus que jamais autour des musiciens indigènes. Un grand feu est allumé au centre de la place : il tient lieu des réverbères absents et éclaire les pas des danseurs, dont les ombres confuses s'allongent à l'infini sur le sol et les murs des maisons ; quand il est près de s'éteindre, l'alguacil y jette pour le ranimer une brassée de bois mort. Non moins infatigables que les danseurs, les tamborileros font rage de leurs petits instruments, et à peine les dernières notes d'un air sont-elles évanouies qu'un autre déjà recommence. Enfin, vers onze heures, on cesse d'entretenir le foyer, l'éclat de la flamme s'abaisse et se resserre peu à peu, la nuit se fait, les couples se séparent avec un adieu et lentement s'écoulent par les rues voisines qui gardent quelque temps encore un bruit assourdi de pas et le murmure des voix chuchotantes.

Le lendemain 1er août, une messe solennelle devait être célébrée dans le sanctuaire même de saint Ignace de Loyola en présence de tout le clergé et des autorités de la ville. Je me hâtai de prendre les devants. Depuis le matin, la foule des fidèles encombrait les abords de l'édifice et remplissait la campagne d'une animation inaccoutumée ; toutes les provinces du nord et du centre de l'Espagne étaient là représentées avec leurs costumes variés et pittoresques. Bientôt une salve de coups de fusil, tirés à poudre par un peloton de soldats, annonçait l'arrivée du cortége ; en même temps les cloches carillonnaient à grande volée. Ce sanctuaire, surnommé « la merveille du Guipuzcoa, » fût élevé en 1683 par ordre de la reine Marie-Anne d'Autriche, veuve de Philippe IV, sur le domaine de la famille de Loyola et autour du manoir où naquit le saint ; le fameux architecte Fontana, appelé de Rome, en fournit les plans. Il consiste en un parallélogramme rectangulaire auquel, — par une de ces bizarreries où se complaît le goût espagnol et dont le monastère de l'Escorial est l'exemple le plus connu, — deux appendices latéraux donnent la figure d'un aigle prêt à prendre son vol. C'est une allusion délicate au titre d'*impérial* qu'il avait reçu de sa fondatrice. Le corps est dessiné par l'église, la tête par le portail, les ailes par la *sainte maison* et par le collége, la queue par divers bâtiments secondaires. Au surplus, comme il arrive toujours en pareil cas, l'allusion n'est transparente que sur le papier, et le visiteur, même prévenu, a grand'peine à s'y reconnaître. Les frais, très-considérables, furent couverts en grande partie par la générosité des fidèles; à eux seuls, les Basques résidant au Pérou envoyèrent pour le commencement de l'œuvre plus de 60,000 piastres. En 1767, lors de l'expulsion générale des jésuites sous Charles III, l'aile gauche restait seule à finir; les pierres même étaient toutes taillées et prêtes à être mises en place; on les employa plus tard à bâtir le portail de l'église d'Azpeitia, et l'édifice est demeuré inachevé. Un moment, sous Ferdinand VII, les jésuites s'y réinstallèrent, ils y tenaient un collége de jeunes gens, mais la guerre civile les en chassa de nouveau : aujourd'hui il appartient à la province du Guipuzcoa, qui s'était proposé d'y établir un musée et des archives ; nulle décision n'a été prise jusqu'ici, et en attendant, pour prévenir les désastreux effets d'un trop long abandon, une certaine somme chaque année est inscrite au budget provincial qui sert aux réparations les plus indispensables.

Il est bien vrai qu'en dépit du surnom pom-
peux dont l'a gratifié l'admiration des Guipuzcoans, en dépit du temps, de la peine et de
l'argent qu'il a coûtés, malgré sa situation magnifique au centre d'une des vallées les plus
belles du monde, le monument ne répond point à
ce qu'on pourrait en attendre. L'aspect en est
imposant, mais froid : fronton, colonnes et coupole, tout cela manque d'originalité ; c'est un
échantillon après tant d'autres, un des mieux
réussis, si l'on veut, de ce lourd style gréco-
romain qui caractérise la fin du XVIIe siècle
et qui certes ne brille pas par l'inspiration.
La partie la plus curieuse à tous égards est
encore l'ancien manoir où naquit saint Ignace :
selon la volonté de la famille, il est demeuré
intact, bien qu'enclavé dans le corps de bâ-
tisse ; peut-être valait-il mieux qu'il fût complétement dégagé et qu'on évitât d'y appuyer,
comme on l'a fait, les constructions nouvelles.
Démantelé sous le règne de don Enrique IV en
punition de la part que ses maîtres avaient prise
aux guerres des *bandos,* il a été reconstruit plus
tard, à partir du premier étage, en briques rouges
dont la disposition figure des losanges réguliers
et dénote par son élégance une époque déjà plus
tranquille. La partie basse est en pierres brutes :
pour unique ornement, on y voit sculptées au-
dessus de la porte les armes de la famille de

Loyola : deux lions affrontés et entre les deux
un vase en forme de chaudière, suspendu au
bout d'une chaîne tombant du bord de l'écu ;
le tout du reste d'un travail fort grossier. La
tour actuelle, haute de deux étages, est entièrement réservée au culte. C'est au second
que se trouve la chambre du saint, convertie
en chapelle, comme aussi celle de sa mère, située
au-desous ; cette chambre est assez vaste, mais
si basse de plafond qu'une personne de taille
moyenne peut sans peine en atteindre les poutres avec la main ; une grille dorée la divise
en deux parties : d'un côté l'autel, surmonté de
la statue et des reliques d'Ignace ; de l'autre,
l'espace réservé aux fidèles. Le saint est représenté vêtu de la dalmatique brodée des dia-
cres, la tête légèrement inclinée et les yeux
perdus dans l'extase. Ce jour-là, il était fort
difficile de franchir le seuil, tant était grande
la foule des femmes et des hommes agenouillés
sur les dalles nues ; les pieuses gens étaient
venus apporter à leur saint patron leurs of-
frandes avec leurs prières ; les pièces de monnaie, réaux d'argent, cuartos de cuivre, lancés
à travers la grille, — car les prêtres ne font
point la quête en Espagne, — et tombant en grêle
au pied de l'autel, mêlaient un cliquetis métallique et continu au bourdonnement des orai-
sons récitées à voix basse. Évidemment, s'il

suffisait pour captiver l'attention d'un luxe mondain et criard, la chapelle de Loyola ne laisserait rien à reprendre ; les murs et le plafond disparaissent littéralement sous les dorures, les peintures, les glaces et les émaux ; colonnes torses, nuages moutonnants, chérubins joufflus, draperies de stuc retombant en plis lourds, chicorées et palmes, flammes et volutes, urnes et cassolettes, tout le bagage connu de l'ornementation rococo s'étale et s'épanouit là sans partage ; mais tant de richesse étonne plus qu'elle ne plaît, et je ne comprends pas, pour ma part, ce que le sentiment religieux peut gagner à ces extravagances décoratives.

L'église elle-même m'a causé une impression analogue. Elle forme une rotonde de 36 mètres de circonférence au centre de laquelle s'élèvent huit grandes colonnes qui supportent la coupole ; cette coupole, toute en pierres, est éclairée par huit fenêtres, et la lanterne n'atteint pas moins de 56 mètres de hauteur. Quand j'y entrai, la grand'messe venait de commencer ; nul moment ne pouvait être mieux choisi : l'autel resplendissait de lumières, et la voix grave de l'orgue, unie aux accords du plain-chant, montait et roulait sous la voûte avec des flots d'encens. D'où vient donc que l'édifice me parut en somme dépourvu de caractère et de vraie grandeur ? Ce n'est point que la dépense y ait

été ménagée : là aussi les marbres précieux,
l'or, les cristaux, les mosaïques abondent; mais
partout le résultat est demeuré visiblement au-
dessous de l'effort, et sous la profusion des
ornements on sent trop la stérilité de l'idée
créatrice. Il y aurait bien des choses à dire
à propos de l'influence qu'ont exercée les jésuites depuis trois siècles, influence très-réelle,
sinon très-heureuse, sur toutes les branches et
toutes les productions de l'esprit humain. De
la littérature, je ne veux rien dire ; mais dans
les arts, en sculpture, en architecture, ils ont
apporté le goût le plus faux et le plus déplorable ; en Espagne surtout, où le génie national penchait, d'instinct vers l'enflure et l'exagération, ils ont encore aggravé la tendance. Qui
donc plus qu'eux a contribué à répandre ce style
bâtard, imité pour l'ensemble de l'antique et
pour le détail du gothique flamboyant, tout fait
de mièvrerie, de fausse élégance et de prétention, et qui a mérité d'être appelé de leur nom,
le style jésuite ? Encore s'ils s'étaient bornés à
élever dans ce goût des monuments nouveaux,
mais ils ont porté la main sur les chefs-d'œuvre du passé ! Que de nobles basiliques ainsi
profanées ! Que de portiques néo-grecs et de
clochers carrés pesant sur des murs du XIIIᵉ siècle ! Que de retables, odieusement dorés, mas-
quant les vieilles verrières ogivales ! Et tel est

le vide de cet art, telle est l'incurable impuissance dont il est frappé qu'ici même, dans ce sanctuaire qu'ils voulaient faire et si vaste et si beau en l'honneur de leur illustre chef et fondateur, ils n'ont su qu'entasser le marbre sur la pierre et frapper les yeux sans parler au cœur.

Aussi bien n'est-ce pas de l'importance d'un monument ni d'autres choses de ce genre que dépend la véritable gloire de Loyola ou la grandeur de l'ordre qu'il a fondé. Plus que le gigantesque portail de l'église et les décors de la chapelle, ce qu'on admire en ces lieux, ce qu'on y vient chercher, c'est cette grande figure du saint dont l'ombre plane encore sur tout le monde chrétien. Il naquit en 1491 de parents nobles dont il fut le huitième enfant. On connaît son histoire, sa jeunesse à la cour des Rois Catholiques, sa vie aventureuse, jusqu'au jour où, enfermé dans Pampelune et devenu le chef de la résistance contre les Français, il tomba la jambe droite brisée par un boulet. On le transporta au château de sa famille, dans la chambre même où est aujourd'hui la chapelle. Il commençait à guérir, quand, s'apercevant que sa jambe risquait de rester tordue, il donna l'ordre de la briser de nouveau; il n'en boita pas moins toute sa vie, à son grand déplaisir. Sa première éducation avait été fort négligée :

à Loyola, pour se distraire, il demanda des livres ; dans ce pays perdu, on ne put lui procurer que des ouvrages de piété, la *Vie de Jésus-Christ*, la *Fleur des Saints*. L'effet sur lui fut soudain. Avec la même ardeur orageuse dont il s'était livré aux passions mondaines, il se donna aux choses de la religion et de la foi ; il résolut de renoncer au métier des armes et de se consacrer tout entier à Dieu. Nous ne le suivrons pas dans ses pérégrinations en Italie, en Palestine, à Paris, où, vieil écolier de trente-cinq ans, il venait sur les bancs du collége Montaigu et plus tard, au collége Sainte-Barbe, continuer ses tardives études, et où il devait rencontrer ses premiers auxiliaires dans l'œuvre hardie qu'il méditait. « Il avait pour jamais déposé son épée ; mais il était resté soldat, comme on l'a dit, soldat de l'Église, soldat de Rome contre l'hérésie, non plus avec les armes des Simon de Montfort et des Dominique, mais avec celles des temps nouveaux : la propagande active, incessante, fiévreuse des livres, de la chaire, du confessionnal et de l'enseignement. Cet esprit inculte, opiniâtre et visionnaire, nourrissait une idée qui, par sa fixité, lui tenait lieu de génie : mettre au service du saint-père une armée qui lui permît de reconquérir sur le monde moderne la domination qu'il exerçait sur l'Europe du moyen âge. » Si les conséquences n'ont pas été toutes celles qu'il espérait, du moins a-t-il jeté les bases d'un des plus grands gouvernements qui se soient établis parmi les hommes. Après lui, ses compagnons, systématiquement, reprirent et continuèrent son œuvre, et « ce que l'enthousiasme avait commencé, l'habileté l'acheva. » On peut en effet différer d'opinion sur la Société de Jésus, on peut juger diversement l'utilité et la grandeur de son rôle ; mais ce qu'on ne saurait nier, c'est la patience, l'énergie, la force d'âme, l'habileté surtout qu'elle a mises depuis trois siècles au service d'une cause compromise et qui ont fait d'elle, dès les premiers jours, une puissance redoutée et redoutable. Il est un petit conte fort répandu par-delà les monts et qui, avec une certaine pointe de malice, prouve l'idée que le peuple lui-même se fait là-bas des jésuites et de leur politique : Un homme cheminait ; passant près d'un cours d'eau, il entend des cris de détresse et accourt. Il voit un bon père qui se débatait. « Un jésuite qui se noie ! s'écria-t-il, tout beau ! ne nous en mêlons pas ; il doit savoir ce qu'il fait. » Et il continue tranquillement son chemin, tant il avait foi dans la prévoyance et la sagesse des membres de la compagnie.

CHAPITRE XII

Laissant à l'est la vallée de l'Urola, un embranchement de la route monte pendant plus d'une heure avant d'atteindre le sommet d'Azcarate, d'où l'on domine une autre vallée presque aussi belle et aussi fertile, celle de la Deva. Ceinte de trois côtés d'un rempart de hautes montagnes, elle forme à cet endroit un amphithéâtre gigantesque au fond duquel les ramifications secondaires sont comme les grands flots d'une mer pétrifiée ; toutes les pentes sont couvertes d'une épaisse verdure que tache çà et là le jaune d'or des moissons. La première ville à la descente est Elgoibar ; par son aspect antique un peu sombre, par l'espèce d'engourdissement où semblent dormir ses habitants, elle m'a rappelé les bourgades moyen âge de la Bizcaye. Combien je préfère sa voisine, Eibar, non moins ancienne, mais plus vivante ! Eibar, en effet, occupe un rang des plus honorables parmi les rares cités industrielles de l'Espagne ; elle fabrique des armes auxquelles les eaux d'une petite rivière, affluent de la Deva, donnent, dit-on, une trempe excellente. Pour moi, déshabitué d'un tel spectacle, je n'osais pas en croire mes yeux. Les vieilles maisons, dont quelques-unes conservent encore leurs fenêtres moresques, sont disposées en ateliers où s'entassent les travailleurs aussi actifs, aussi nombreux que dans les cités ouvrières de Londres ou de Mulhouse ; afin d'obtenir plus d'espace, on les surcharge d'appentis jusqu'à former au-dessus des balcons et des toits mille superfétations bizarres ; toutes se penchent et se pressent jalousement des deux côtés de la rivière comme pour revendiquer leur part de cette eau précieuse. Du matin au soir sort du cœur de la ville un bruit confus de ruche mêlé au tapotement continuel des petits marteaux contre l'enclume et au grincement des limes sur l'acier, et passant par les rues, à travers les portes entr'ouvertes, on voit contre les murs étinceler en faisceau les canons de fusil et les baïonnettes.

En dehors des armes, Eibar fabrique des bijoux qui, pour la délicatesse et le fini du trava,

pèuvent soutenir la comparaison avec les meilleurs articles de Paris. Ces bijoux, tout particuliers, sont en acier incrusté d'or, et déjà le débit
en est grand tant à l'étranger qu'en Espagne.
On exécute aussi dans le même genre des tables
d'autel, des lampadères, des coffres et des vases
de toute dimension, et jusqu'à des statues. C'est
de la maison Zuloaga, la plus considérable d'Eibar, qu'est sorti ce magnifique tombeau du maréchal Prim qu'on admire aujourd'hui à Madrid
dans la basilique d'Atocha. Située en plein désert, bien qu'aux portes de la ville, et composée
d'une seule nef, cette église sert de sépulture
aux généraux espagnols les plus illustres de
notre siècle. Là reposent du dernier sommeil, à
l'ombre des plis glorieux de cent étendards conquis sur l'ennemi, Castaños, qui vainquit à Bailen,
Palafox, qui défendit Saragosse, Concha, qui périt à Abarzuza. On a souvent reproché aux Espagnols leur amour de la phrase et du pathos; ce
n'est pas le cas ici. De simples plaques de marbre, à peine ornées, rappellent seulement les
noms avec les titres des héros : rien de plus
modeste, mais rien non plus d'aussi saisissant;
les murs, complètement nus, sont blanchis au
lait de chaux. Concha, il est vrai, aura bientôt à
l'entrée de l'église sa statue équestre dont une
souscription publique vient d'assurer l'exécution.
En attendant, le tombeau du maréchal Prim est

le seul qui témoigne d'une préoccupation esthéti-
que. Il est placé dans une petite chapelle à droite,
près de la porte. L'heureux soldat, porté de guerres en *pronunciamientos* jusqu'aux marches du
trône de saint Ferdinand, est représenté étendu
en grand uniforme au-dessus du sépulcre où ses
restes reposent ; les mains sont croisées sur la
poitrine, la tête est nue, et ce visage tourmenté,
si bien saisi par notre Henri Regnault, garde
encore jusque dans la mort une énergie singulière. Une sorte de baldaquin fort élégant le
recouvre, portant ces mots à l'intérieur : Crimée,
Maroc, Mexico, Cadiz, et au dehors, en médaillons, les têtes des Gracques, de Régulus et de
Marius. Des deux côtés du tombeau, de splendides bas-reliefs reproduisent les événements les
plus importants de la vie du défunt : le combat
de los Castillejos et la proclamation de la république. Représenter ainsi couché tout du long,
sans pose indiquée, sans un geste, un général de
nos jours avec son frac étriqué, ses bottes d'ordonnance et son pantalon de cheval, obtenir, en
dépit de ces conditions inusitées, un effet vraiment magistral, c'était là une entreprise audacieuse et dont le succès fait autant d'honneur à
l'artiste qui a tracé le plan du monument qu'aux
ouvriers qui l'ont exécuté. La statue, en effet,
comme le baldaquin et le corps même du sépulcre, est formé de deux seuls métaux : l'or et l'a-

cier, et, l'éclat de l'un s'alliant aux reflets bleuâtres de l'autre, remplace avantageusement la couleur chaude du bronze et le poli des marbres les plus précieux.

Pendant la guerre, le chef de la maison avait transporté ses ateliers sur la frontière de France, à Saint-Jean-de-Luz ; il est maintenant revenu à Eibar et occupe relativement un nombre d'ouvriers considérable. Je les trouvai assis chacun à un établi garni d'un petit étau, un paquet de fils d'or, presque imperceptibles, et quelques menus outils à portée de la main. La plaque d'acier que l'on veut orner est d'abord entamée avec le poinçon ; un dessin, plus ou moins grossi, sert de modèle à l'ouvrier et lui indique les figures souvent fort délicates qu'il doit reproduire ; après quoi, prenant un des fils d'or avec une pince, d'un coup sec de maillet il l'assure dans les rainures laissées par le poinçon ; quoique cette opération se fasse à froid, l'or est si solidement appliqué qu'il s'usera avec l'acier lui-même avant de s'en détacher. Les fonds s'obtiennent au moyen de hachures, et il faut voir avec quelle prestesse, quelle précision, la main exercée trace ces lignes entre-croisées distantes à peine d'un quart de millimètre. L'atelier occupe aussi plusieurs apprentis, jeunes garçons d'une douzaine d'années, tous choisis parmi les enfants du pays ; on leur apprend à dessiner, à manier le poinçon et le

maillet, et, en moins de quatre ou cinq ans, ils
font de parfaits ouvriers. Cela tendrait à prouver que, du jour où l'industrie espagnole voudra
se relever, ni les bras ni les intelligences ne lui
manqueront.

Au-delà d'Eibar, on atteint bientôt Placencia,
autre petite ville industrielle, connue surtout
pour sa grande manufacture où plusieurs centaines d'ouvriers montent et còmplètent, au compte
du gouvernement, les armes travaillées dans les
environs. Le sol, fort accidenté, partant assez peu
fertile, est riant et vert, grâce à la culture; mais
un de nos paysans s'étonnerait bien de ce qu'on
appelle ici une terre à blé. Imaginez au flanc de
la roche abrupte un carré irrégulier pas plus
grand que la main, jalousement entouré d'un
mur de pierres sèches; des assises de même
sorte le sillonnent de long en large et prévien-
nent, en cas de pluie, l'éboulement du terrain;
pour y arriver, il faut s'aider vaillamment des
genoux et des mains, et au moment de la récolte
le cultivateur, à chaque coup de faucille, est
obligé de chercher un point d'appui, sous peine
de rouler dans le torrent voisin. Au besoin, le
Guipuzcoan saura se créer un champ sur la roche nue; de jeunes enfants s'occupent, pendant
la journée, à ramasser dans des corbeilles de
jonc la poussière des grandes routes ou l'humus
entraîné au fond des ravins; cette terre est por-

tée précieusement dans les moindres anfractuosités de la montagne ; on l'arrose, on la tasse, on
construit pour la maintenir un petit rempart d'é-
clats de roc, et cela fait aux deux côtés du chemin comme autant de jardinets suspendus où
les grains de maïs sont semés un par un. Tel
est l'aspect du paysage jusqu'à Vergara, dont le
nom rappelle le *convenio* qui termina la guerre
civile de sept ans. Dans l'angle formé par le
cours de la Deva et la route en se séparant, au
centre d'une petite plaine semée de blé et de
fèves, se voit un espace rond inculte où crois-
sent en liberté les herbes et les broussailles;
c'est là que le 31 août 1839, au matin, Espartero
et Maroto, les deux commandants en chef des
armées ennemies, se jetèrent dans les bras l'un
de l'autre et s'embrassèrent aux acclamations
répétées de leurs soldats. Ce souvenir fait aujourd'hui l'unique intérêt de la ville.

Pendant le cours de mon voyage à travers les
provinces, je n'avais garde de négliger tout ce
qui pouvait me donner de l'état religieux des populations l'idée la plus complète et la plus exacte.
On a tant parlé du fanatisme des Basques, ils
se sont eux-mêmes déclarés si haut les défenseurs de la foi, l'influence du clergé a été si visible et si permanente dans tous les événements
accomplis là-bas depuis cinquante ans, qu'on ne
saurait trop éclaircir la question. Jaloux de rat-

tacher les origines de la race euskarienne à la
naissance même de l'humanité et aux traditions
de la Bible, les anciens auteurs indigènes ont
prétendu que le nord de la Péninsule fut primitivement peuplé par le patriarche Tubal, petit-
fils de Noé ; c'est de lui que ses descendants
auraient reçu, avec leur langue, la même que
parlaient Adam et Ève au paradis terrestre, la
connaissance du vrai Dieu et le culte de la croix,
dont ils se servaient comme emblème dans les
combats bien avant la venue du Christ. Il n'y a
pas à discuter de pareilles naïvetés. Quelle que
soit du reste l'origine des Basques et bien que
le fondement de leur ancienne religion paraisse
avoir été le culte d'un Etre tout-puissant qu'ils
appelaient le *Jaun-Goicoa* ou « maître des hauteurs », il faut croire que bien des superstitions
polythéistes y étaient mêlées. C'est au xe siècle
seulement que saint Léon fondait chez les Basques français, encore païens, le diocèse de
Bayonne, et son zèle apostolique ne tardait pas à
lui coûter la vie ; or le nouveau diocèse s'étendait
par delà les monts, jusques dans les vallées du
Baztan et du Guipuzcoa, d'où l'on peut conclure
qu'à cette époque l'état religieux des Basques espagnols ne différait guère de celui des habitants
de l'autre versant. Bien loin d'avoir les premiers
connu ou même pressenti le christianisme, sauf
dans la plaine de Vitoria, où l'invasion des Mores

avait refoulé les familles chrétiennes de la rive droite de l'Ebre, les Basques, au contraire, repoussèrent partout la religion nouvelle et défendirent leurs anciennes croyances avec cette ténacité et cette énergie qui fait le caractère distinctif de leur race.

En revanche, aussitôt qu'ils l'eurent embrassé, le christianisme n'eut pas de sectateurs plus convaincus et plus fervents. Rien, en effet, n'égale l'ardeur de leur foi, une foi naïve, sincère, inébranlable, n'admettant ni discussion ni tempérament. Il semble que sur ces hauteurs l'homme se sente plus près de Dieu et soit invinciblement porté à élever vers lui sa pensée. N'est-ce pas un chant basque qui dit : « Celui qui ne connaît pas la prière, qu'il aille par nos montagnes, et il verra qu'il apprendra promptement à prier sans que personne le lui enseigne ! » De là l'influence considérable dont jouit le prêtre en Navarre et dans les trois provinces ; d'ailleurs la configuration du pays, la dispersion des *caserios,* exigent la présence d'un clergé quatre fois plus nombreux qu'en aucune contrée de l'Espagne ; mais cet état de choses n'est point sans danger, et les anciens législateurs semblent l'avoir bien compris : il était interdit aux prêtres de se mêler de politique ; même le fuero de Tolosa porte expressément que quiconque venant voter, aura été vu avec un ecclésiastique, sera pour cela seul exclu du vote. Que de malheurs eussent pu être évités, si l'on s'en était rigoureusement tenu à l'esprit de sagesse et de prévoyance qui avait dicté cette loi ! Je ne voudrais me faire l'écho d'aucune accusation portée à la légère ; j'ai rencontré moi-même dans le pays basque des prêtres éclairés, tolérants, dignes de tous les respects ; mais ce besoin qu'on a d'un grand nombre de curés et de vicaires parlant la langue euskarienne ne permet pas de les choisir tous avec soin. Beaucoup, comme instruction, comme caractère, n'offrent pas de garanties suffisantes ; grossiers et sensuels, aimant l'oisiveté et la bonne chère, leurs mœurs privées elles-mêmes ne sont pas toujours sans reproche, et je sais plus d'un village où le curé serait le seul qui tienne une conduite peu régulière et donne le mauvais exemple. Oublieux de leur dignité, ils se montrent partout, dans tous les endroits publics et même à l'auberge au sortir de la messe : c'est là qu'ils prêchent et pérorent, là qu'ils proclament hautement leurs opinions politiques, là qu'on les entendait naguère maudire la révolution et lancer leurs souhaits de mort contre les soldats du gouvernement, heureux encore quand ils n'allaient pas, jaloux du rôle de *cabecilla* et troquant le bréviaire contre le fusil, porter dans la lutte, avec leur cruauté froide, toute l'amertume de leurs rancunes, toute l'aigreur de leurs passions cléricales ! Certains, à l'église même, récitent les offices avec une volubilité et un sans-façon scandaleux que rend plus sensible encore l'attitude recueillie des assistants. Le Basque, en effet, est si sincèrement croyant que ce qui ruinerait la foi d'un autre lui est une nouvelle occasion d'affirmer la sienne; faisant la part de la faiblesse humaine afin de pouvoir conserver plus pure en lui-même l'idée de la grandeur divine, jamais il ne s'en prend à la religion des fautes ou des erreurs de ses ministres, et, par une suprême marque de respect envers l'habit sacré dont ils sont revêtus, plutôt que de les accuser ou de les railler, il préfère détourner les yeux.

Le dimanche, dès le matin, chaque *caserio* prend un air de fête : la jeunesse, toujours impatiente, se rend à la première messe avec l'aurore, les parents et les vieillards attendent la grand'messe, celle de dix heures. Cependant sous l'effort des petits garçons du village hardiment grimpés en haut de la tour, les cloches tout à coup s'ébranlent et jettent leur appel sonore aux quatre coins de l'horizon; et déjà, par tous les chemins, par tous les sentiers, le long des coteaux tapissés de fougère et d'ajoncs, au travers des bois de hêtres et de châtaigniers, les bonnes gens, à trois ou quatre, descendent vers l'église; le chef de famille avec le béret neuf, les sandales en cuir jaune, la veste bleue où courent

sur le devant et les épaules de fines broderies,
la mère, invariablement vêtue de couleur sombre,
la tête enveloppée d'une mante noire qui lui cache presque le front. A l'intérieur de l'église,
les deux sexes sont séparés : les hommes occupent, soit en face du chœur, soit dans le chœur
même, des bancs de bois dont le premier, plus
commode et plus orné, est réservé à l'alcade et
aux autorités; les femmes prennent place dans
le bas de la nef sur les dalles de pierres ou les
larges madriers de bois qui recouvrent le sol.
Chaque famille a sa dalle assignée, portant un
numéro distinct et qui naguère encore marquait
le lieu de sa sépulture; ainsi s'explique l'habitude des femmes basques d'assister à la messe en
vêtements de deuil; en venant à l'église, on rendait
visite à ses morts. Point de chaises; les paroissiennes s'agenouillent à terre, selon l'usage espagnol, et, quand la fatigue arrive, elles s'accroupis-
sent sur les talons; devant chacune d'elles, même
la plus pauvre, est posé un cierge, ou tout au
moins un long bout de cire enroulé, qu'elle laisse
brûler pendant le temps de l'office; à côté une
petite corbeille de jonc où sur une serviette blanche se trouvent, avec un pain d'une demi-livre,
des légumes, des œufs frais, du chanvre, du vin,
des fruits, plus souvent encore quelques *cuartos*,
modeste offrande destinée au pasteur. La messe
terminée, le curé, suivi de sa servante ou du sa-

cristain, recueille ces provisions dans un grand panier, prononce pour le repos des morts de chaque famille un certain nombre de prières, puis rentre au presbytère avec le produit de sa tournée. Quand une famille vient de perdre un de ses membres, il est d'usage que la mère ou la veuve du défunt fasse une neuvaine, en assistant régulièrement à la messe du matin, et chaque fois l'offrande se renouvelle, comme aussi les prières du curé.

Une chose m'avait toujours péniblement étonné en parcourant le pays basque espagnol, c'est que chez des populations aussi pieuses, aussi croyantes, les cimetières demeurassent dans un tel état de négligence et d'abandon. Sans doute on en trouverait quelques-uns, à Ayeguy, à Abadiano, soigneusement entretenus, plantés d'arbustes et de fleurs ; mais c'est encore là l'exception. La plupart sont odieux à voir : aucune allée tracée, aucune tombe indiquée ; ni tertres ni gazon, pas même une pauvre croix de bois. Tel est le cimetière de Puente-la-Reina, ville de plus de trois mille âmes ; à part deux ou trois pierres funéraires gisant çà et là, et qui portent le nom de quelque noble famille, on dirait un coin de champ abandonné. Celui de Tiebas, sur la route de Tafalla, occupe l'emplacement d'une maison déserte, dépourvue de toit, et dont les quatre murs lui servent de clôture ; les morts sont enfouis au fur

et à mesure dans ce qui faisait autrefois le sol de
la cuisine et de l'écurie. A Peña-Cerrada enfin,
des crânes, des tibias, tous les ossements trouvés quand on ouvre des fosses nouvelles sont
jetés pêle-mêle auprès de la porte, et le prêtre
les chasse du pied en passant. Comme un jour,
devant un *campo-santo* de village, où s'ébattaient
quelques pourceaux, je m'échappais en critiques
un peu vives, un médecin du pays, homme fort
sensé, me prenant par le bras : « Entendons-nous
bien, me dit-il, parce que nos paysans négligent
leurs cimetières, ce n'est pas à dire qu'ils manquent de respect pour leurs morts, c'est plutôt
que l'endroit attribué aux sépultures ne leur
semble pas assez auguste, assez sacré. Vous con-
naissez l'ancienne coutume, venue des premiers
temps du christianisme et conservée religieusement chez nous, d'enterrer les morts sous les
dalles de l'église. En 1825, je crois, pour des raisons d'hygiène faciles à comprendre, la population s'accroissant chaque jour, une loi spéciale
défendit, pour toute l'Espagne, de déposer les
corps autre part que dans un cimetière particulier établi à une certaine distance des habitations. Peu de mesures révolutionnaires devaient
être aussi mal accueillies dans notre pays ; celle-
ci froissait un sentiment autant qu'un usage, et
le sentiment, vous le savez, ne raisonne pas ; plusieurs fois depuis, il a fallu rappeler sévèrement

les autorités locales à l'exécution de la loi. Néanmoins, et bien que la terre du *campo-santo* ait été bénie par le prêtre, le peuple refuse de s'y agenouiller; l'église est toujours restée pour lui le véritable lieu des sépultures : c'est là qu'il vient implorer Dieu pour ses morts, là que les femmes allument un bout de cierge en leur mémoire, là qu'elles apportent l'offrande qui doit assurer à ces pauvres âmes quelques prières de plus. D'ailleurs, je vous le dis tout bas, il n'est pas prouvé qu'aujourd'hui même, en plus d'un village et en dépit de la loi, les morts ne soient pas encore enterrés à l'église. Cela se pratique d'autant plus aisément que, dans les petites localités où il n'y a pas de fossoyeur en titre, ce sont les parents et les amis du mort qui se chargent de l'inhumation; de jour, après l'office, on le dépose ostensiblement dans le cimetière officiel; la nuit venue, on le transporte dans la nef. Vous-même, n'avez-vous pas vu déjà des femmes, entrant à l'église, plonger mystérieusement un petit vase dans le bénitier et le remplir d'eau lustrale qu'elles vont verser ensuite par le trou de la dalle sur la terre où dorment leurs chers défunts? Vous me direz qu'au point de vue administratif il y a là un abus, et qu'il vaudrait mieux pour nos paysans s'en tenir tout simplement à la loi, qui est sage et prévoyante. Aussi n'ai-je l'intention de rien excuser; seulement, je vous ferai observer qu'en somme,

si dans les grands centres où la mortalité est
considérable ces inhumations intérieures risque-
raient d'avoir les plus funestes conséquences,
dans des villages de quelques centaines d'âmes,
où quatre ou cinq corps à peine descendent au
tombeau chaque année, elles sont complètement
inoffensives. La vraie morale à tirer de tout ceci,
c'est qu'il ne suffit pas, pour y réussir, de decré-
ter ce qui est bon, et qu'on ne change pas d'un
trait de plume les vieilles mœurs d'un pays. »

Au sud de Vergara se trouvent les eaux sul-
fureuses de Santa-Agueda et d'Arechavaleta, les
plus renommées peut-être parmi celles de la province, qui en compte beaucoup d'excellentes. La
ville de Mondragon, propre, blanche, bien bâtie,
se ressent du voisinage et du passage des baigneurs. Un peu plus à l'est est Oñate, siége
d'une antique université. Fondée en 1542 par don
Rodrigo Sanchez de Mercado, évêque d'Avila,
celle-ci n'était plus qu'une simple école d'agriculture quand tout récemment don Carlos imagina
de la rétablir sur l'ancien pied et de lui rendre
ses chaîres de théologie, de jurisprudence, de
droit canon et de philosophie. L'ouverture des
cours eut lieu le 16 décembre 1874, sous la présidence de don Carlos; lui-même prenait plaisir à
interroger les élèves, — je n'ai pu savoir sur
quelle matière, — et l'université fonctionna dès
lors régulièrement jusqu'à la fin de la guerre.

Le bâtiment qu'elle occupait, quoique petit, est des plus harmonieux et des mieux compris que je connaisse, et plus d'une ville de premier ordre s'enorgueillirait à bon droit de ce joyau perdu au fond des vallées du Guipuzcoa. On y suit dans tous ses caprices ce singulier mélange de l'art païen et de l'art chrétien, propre aux débuts de la renaissance. Deux corps principaux le composent, ornés d'élégantes colonnes cannelées et formant pavillon de chaque côté de la façade. Des chimères et des centaures, sculptés en bas-reliefs, décorent la base des piliers ; plus haut dans des niches s'alignent des statues de saints, et sous un large cintre, au-dessus de l'entrée, l'image du fondateur prie agenouillée. On monte aux galeries intérieures du premier étage. par un escalier dont la voûte, curieusement ciselée dans le bois de châtaignier, est admirable de délicatesse et de conservation. Pourtant ni ces magnificences ni le tombeau lui-même du généreux prélat, tout entier en marbre de Paros et situé dans l'église d'Oñate, ne valent, selon moi, le simple cloître, vaste à peine de quelques mètres carrés, qui accompagne l'église et qui date de la même époque. Bâti au-dessus d'un petit affluent de la Deva, qui arrose la ville, il est suspendu entre ciel et terre, et cette position singulière, la vue des eaux que l'on domine comme d'une terrasse, leur léger murmure en fuyant le long

des piliers, l'humidité qui s'en dégage et retombe en pleurs sur les dalles, donnent au lieu
tranquille et solitaire je ne sais quel charme,
quelle poésie pénétrante.

Les environs d'Oñate sont couverts d'admirables forêts de hêtres et de chênes, s'étendant
sur un vaste espace, à travers un fouillis inextricable de petites vallées toutes plus sauvages
les unes que les autres, et, malgré mes cartes,
ayant perdu mon chemin, je me rappelle y avoir
erré plus de dix heures à l'aventure. Enfin j'arrivai à Ormaiztegui ; vu à quelque distance, du
haut des versants boisés dont il est entouré, au-
dessus de lui le gigantesque viaduc qui, en dix
enjambées, franchit la vallée de l'Areria, le village
présente un aspect charmant ; mais la réalité ne
vaut pas l'apparence : ce n'est rien qu'un hameau
sale, triste, pouilleux, et les habitants par malheur sont tels que le hameau. Ormaiztegui pourtant est la patrie de don Thomas Zumalacarregui,
le héros de la première guerre civile, le seul
homme vraiment supérieur qu'ait jamais eu le
parti carliste ; on montre encore l'endroit où il
est né, près de l'église, dans une humble chaumière, précédée d'un petit jardin et occupée par
de pauvres cultivateurs comme l'étaient ses parents ; la chambre principale, écrasée par le toit
et percée d'une étroite fenêtre qu'envahissent
les plantes grimpantes, contient pour tout meu-

bles, outre le lit, deux de ces larges coffres au dos arrondi, qui servent aux montagnards à serrer leur linge. Frappé d'une balle à la cuisse devant Bilbao, le général revint mourir non loin de là, à Cegama, où ses restes maintenant reposent. Quelques jours après, don Carlos le nommait capitaine général des armées royales, comte de Zumalacarregui, duc de la Victoire, grand d'Espagne de première classe ; ses titres et pensions étaient, aux termes du décret, reversibles sur la tête de sa veuve et de ses trois fils ; vains honneurs que devaient rendre plus vains encore l'insuccès final des armes du prétendant. Un de ses frères, âgé de quatre-vingt-cinq ans, vit encore, m'a-t-on dit, pauvre prêtre desservant d'une bourgade voisine.

La station de Zumarragua n'est pas loin ; j'y vais prendre le train qui me conduit à Tolosa. Cette ville fut jadis le siége d'assemblées célèbres et le témoin de grandes batailles, et il semble qu'elle n'ait pu prendre son parti de sa déchéance ; elle a je ne sais quel air maussade et renfrogné qui fait avec l'éclat et la fraîcheur de la campagne voisine le contraste le plus frappant ; ses rues sont droites et bien empierrées, mais sans animation, sans commerce ; il y a pourtant quelques belles fabriques de draps et de papiers peints aux environs ; les maisons, largement écussonnées, ont ce cachet de solidité massive et

de sombre tristesse qui marque les vieilles constructions espagnoles ; dans la basilique de
Santa-Maria, à peine entré, le froid de la pierre
vous étreint aux épaules et vous force à trembler.
Charles VII, comme autrefois son aïeul, avait
fait choix de Tolosa pour une de ses capitales ;
il y avait installé une école de cadets d'infanterie,
et le *Cuartel real,* journal officiel de la monarchie,
s'y publiait ; c'est assez dire quels sont en politique les sentiments de la population tolosane.
Par contre, à cinq lieues plus loin, la poétique
et vaillante petite ville d'Hernani, sentinelle
avancée de Saint-Sébastien, se laissait mitrail-
ler pendant des mois entiers plutôt que d'ouvrir ses portes aux carlistes ; on l'aperçoit au
passage du train, fièrement campée sur son cô-
teau, avec son clocher crénelé comme un château-
fort, son hôtel de ville éventré, ses maisons étoi-
lées de balles, et tant de blessures encore
béantes attestent éloquemment l'énergie de ses
défenseurs et leur libéralisme invaincu.

CHAPITRE XIII

Comme la Bizcaye, le Guipuzcoa possède une
ligne de côtes fort découpées et un certain nombre de ports qui acquirent autrefois par la pêche
et le commerce une importance considérable ;
ils exportaient en quantité le fer, le cuivre,
l'étain, les cuirs, les tissus de laine et de lin ;
on y salait aussi beaucoup de poissons ; mais
la chasse de la baleine faisait encore leur
meilleur revenu, chasse si fructueuse alors
et si facile que le seul produit des langues,
réservé de droit pour les fabriques des églises
et les confréries des marins, leur fournissait chaque année des ressources suffisantes. Des char-
pentiers de Gênes et de Pise, les plus habiles
constructeurs de l'époque, amenés à grands frais
en Espagne, avaient appris aux habitants de ce

littoral à faire des navires excellents; Zarauz,
Orio, Pasages, eurent des chantiers de premier
ordre, et la réputation s'en est perpétuée jusqu'à
nos jours. Quant à la part que prirent les Guipuzcoans dans toutes les luttes, dans tous les
voyages d'explorations et de conquêtes où s'il-
lustra pendant trois siècles la marine espagnole,
que de noms glorieux à citer : Juan de Echaide,
qui découvrit Terre-Neuve, Sébastian del Cano,
qni le premier fit le tour du monde, Miguel
Lopez de Legazpi, qui soumit les Philippines
et y fonda la première ville espagnole dans l'île
de Zebu, Diego de Harra, qui fit la conquête
de la Nouvelle-Bizcaye, Antonio Oquendo, le
héros cantabre, et, plus près de nous, Blas de
Lezo, le défenseur de Carthagène-des-Indes contre les Anglais! En 1728, les négociants de la
province avaient constitué, sous le nom de Compagnie de Caracas, une association commerciale
ayant son siége principal à Saint-Sébastien et qui
donna longtemps de l'ombrage aux Anglais.
Cette compagnie, en retour des avantages qu'on
lui avait faits, rendit au gouvernement d'immenses services ; elle fut assez puissante pour pro-
téger les colonies espagnoles en Amérique et
contribua largement de ses deniers aux fortifications de la Havane. Mais la gloire la plus récente,
l'une des plus pures aussi qu'ait eues le pays,
est celle de Churruca, natif de Motrico, officier

aussi instruit que vaillant. A Trafalgar, il commandait, comme brigadier de la marine royale, le *San-Juan-Nepomucen*, vaisseau de 74 canons. Entouré par cinq bâtiments anglais, après quatre heures d'une admirable résistance, il eut la cuisse droite emportée par un boulet. En tombant, il donna ordre de clouer son pavillon, soutint pendant trois heures encore le courage de ses hommes et mourut sans avoir vu la reddition de son vaisseau. Les cortès de Cadiz décrétèrent qu'il y aurait toujours à l'avenir un navire portant son nom dans la flotte espagnole.

Je m'étais peu à peu rapproché de la côte ; quittant la route d'Hernani et de Saint-Sébastien, je descendis par la gauche le cours de l'Oria jusqu'à la mer. A l'embouchure de la rivière est l'ancien bourg du même nom, Orio, dont la vie se retire graduellement, et un peu plus loin Zarauz. Avant la construction d'un petit môle, ce dernier n'avait d'autre port que sa plage, longue de plus de 1 mille, mais soumise à l'inconvénient du flux et du reflux, et les pêcheurs, chaque jour, étaient obligés de tirer leurs chaloupes à sec sur le rivage. Aujourd'hui Zarauz est surtout connu comme station de bains ; la reine Isabelle en avait fait un de ses séjours préférés, et au mois de septembre 1868 elle s'y trouvait avec ses enfants quand éclata à Cadiz la révolution qui devait lui coûter le trône. Dans la grande rue, entre autres vieilles maisons il en est une, de dimensions inusitées, moitié forteresse, moitié palais, dont les fenêtres ornées de trèfles et barrées de listeaux, les portes étroites, l'escalier couvert, le double chemin de ronde extérieur facilement reconnaissable, réalisent le modèle le plus parfait de force polie et de fière élégance. A proximité de l'église, une autre tour féodale a été ingénieusement transformée en clocher.

Naguère encore une jolie route toute neuve menait de Zarauz à Guetaria. Etroite et sinueuse, elle suivait à mi-côte la ligne des âpres falaises qui en cet endroit dominent l'Océan, tantôt mordant sur le roc pour s'ouvrir un libre passage, tantôt pesant sur des remblais et comme suspendue au-dessus des flots. Trois ans de guerre, le manque d'entretien, le courroux réuni des éléments, l'ont eu bientôt ruinée; à chaque pluie d'orage, les eaux torrentielles tombant de la montagne affouillent la chaussée; de son côté, la vague mine les murs de soutènement, descelle les pierres et les réduit en galets. Quoi qu'il en soit, par curiosité, confiant aussi dans l'habitude que j'avais acquise des expéditions de ce genre, je continuai à longer la côte au lieu de prendre par l'intérieur des terres. A certains endroits, toute trace de la route avait disparu; la roche seule restait avec ses parois à pic, rendues plus glissantes par l'humidité; à peine rencontrais-je, de loin en loin, une

touffe d'herbe où m'accrocher de la main, un petit
renfoncement, une saillie du mur vertical où poser le pied avec précaution, et dans le bas, prêt à
me recevoir au moindre faux pas, un lit de blocs
écroulés hérissait ses vives arêtes au-dessus de
la vague. Vint un moment où je ne pus plus ni
avancer ni reculer ; je pris le parti de m'asseoir ;
alors seulement j'aperçus le merveilleux spectacle que j'étais venu chercher et sur lequel, dans
ma préoccupation, je n'avais pas encore pris la
peine de jeter les yeux. La mer était calme, l'air
un peu lourd ; le soleil ne s'était pas montré de
toute l'après-midi, mais il faisait encore plein
jour ; les longues houles, se chassant l'une l'autre
par un mouvement continu, venaient se heurter
contre la première assise de la falaise ; elles s'in-
dignaient d'abord de cet obstacle inattendu, se
haussaient au flanc des rochers, s'allongeaient en
sifflant comme les langues multiples d'un monstre de la fable ; puis, vaincues, retombaient en
impalpable poussière d'écume. Au-delà l'horizon
s'étendait à perte de vue ; il fallait y regarder
avec attention pour comprendre où se terminait
la mer, où le ciel commençait, tant la limite
était douteuse, tant l'un et l'autre avaient la même
teinte incertaine, la même palpitation orageuse et
le même infini. Dans le lointain passait un paque-
bot, mais si peu distinct, que sa longue coque
peinte et le panache de fumée qu'il traînait après

lui faisaient à peine un point noir dans la brume.
Combien de temps je demeurai ainsi abîmé dans
une contemplation muette, je ne sais; une vague
plus forte que les autres, et qui me couvrit
d'embrun, me rappela au sentiment de la réalité;
la marée montait; à tout prix il me fallait arriver
à Guetaria avant la nuit; je me levai donc précipitamment et me disposai à renouveler les
miracles d'équilibre qui m'avaient conduit sain
et sauf jusque-là.

Par bonheur, toute cette dernière partie de la
route était à peu près intacte, et je ne tardai pas
à distinguer en face de moi la masse sombre des
murs de la ville. Guetaria occupe le milieu même
d'une petite langue de terre que termine un pic
aigu couronné d'une forteresse. En vertu de sa
position exceptionnelle, pendant la dernière
guerre elle était restée au pouvoir des libéraux,
mais les carlistes tenaient les alentours; aussi
a-t-elle été cruellement éprouvée. Au surplus,
toute son histoire n'est qu'une longue succession
de calamités. Déjà, en 1597, un incendie la détruisit presque entièrement; quarante ans plus tard,
une escadre espagnole brûlait dans son port;
en 1836 enfin, comme elle se relevait à peine des
suites de la guerre de l'indépendance, assiégée
et prise par les carlistes, elle eut tellement à
souffrir du feu de leur artillerie que sur cent dix-
neuf maisons qu'elle enfermait dans ses murs,

seize seulement demeurèrent debout. Tant de
malheurs n'ont pas été sans laisser de traces ;
les ruines nouvelles s'ajoutant aux décombres
du passé obstruent le sol d'énormes monceaux
de pierres et de plâtras ; les hautes maisons sans
toitures, avec leurs portes défoncées et leurs
fenêtres veuves de volets, ouvrent lugubrement
sur le vide et semblent ricaner comme des têtes
de morts ; non loin du port, l'unique église de
San-Salvador menace de s'effondrer au premier
souffle du vent. De peur d'accident, il a fallu
boucher les fenêtres et les rosaces ; les pierres
se délitent, rongées par la flamme des incendies,
et de longues lézardes sillonnent. les piliers.
Pourtant, à défaut d'un goût bien pur, cette
église autrefois fut remarquable d'élégance et de
légèreté ; à la hardiesse incomparable des ogives,
à la disposition des tribunes intérieures faisant
courir autour de l'édifice une fine balustrade
découpée à jour et surmontée de sveltes colonnettes, à la forme irrégulière du chœur, on reconnaît un des échantillons les plus curieux du
genre gothique flamboyant. En sortant, près de
la porte, une pierre tombale, portant quelques
caractères et des figures à demi effacées, attire
l'attention ; je me penche et j'y lis ces mots :
Esta es la sepultura del insigne capitan Juan Sebas-
tian de El Cano...

El Cano! A ce nom, l'esprit évoque mille récits

16*

d'expéditions lointaines et de courses aventureuses. Né à Guetaria vers la fin du XVe siècle, comme à peu près tous ses concitoyens il s'était de bonne heure consacré à la marine. Malgré quelques difficultés au début, sa réputation n'avait pas tardé à s'établir, puisqu'en 1519, se trouvant à Séville, il fut nommé *maestre* ou second de la *Concepcion*, un des cinq navires qui faisaient partie de l'expédition de Magellan. Il ne s'agissait rien moins que de mettre à exécution le plan primitif de Christophe Colomb, d'arriver aux Indes par la route de l'occident et de disputer aux Portugais, maîtres de la route de l'est, le commerce des épices, le plus riche qu'on connût alors. On sait comment en effet Magellan trouva à l'extrémité sud de l'Amérique le détroit auquel la postérité a donné son nom; mais descendu dans l'île de Zebu, l'une des Philippines qu'il venait de découvrir, il périt misérablement à la suite d'un combat livré contre un des petits rois voisins. Cette mort, celle des personnages les plus considérables de l'expédition massacrés traîtreusement par le roi de Zebu dans un festin, la perte de trois des navires qui composaient la flottille, avaient porté Sébastian del Cano au commandement d'un des deux navires restants, la *Victoria*, de 102 tonneaux. Ils arrivèrent enfin aux Moluques, nouèrent des relations avec les chefs indigènes et firent leur chargement d'épices; mais, quand on voulut mettre à la voile, la *Trinidad* faisait eau de toutes parts : elle dut rester au port pour être radoubée, et la *Victoria* seule entreprit le retour en Europe. La traversée fut longue et périlleuse ; outre que le navire était vieux et terriblement fatigué par vingt-huit mois de navigation, il lui était interdit d'aborder aux côtes, alors occupées par les Portugais. Neuf semaines on louvoya avant de pouvoir doubler le cap de Bonne-Espérance, et le 6 juillet 1522 la *Victoria* entrait enfin dans le port de San-Lucar-de-Barrameda, trois ans moins quatorze jours après en être sortie. Sur soixante hommes partis des Moluques, il ne restait plus que dix-huit Européens et quelques Indiens, tous à demi-morts, exténués de fatigues et de privations. A peine arrivé, El Cano partit pour Valladolid, où se trouvait alors la cour ; Charles-Quint le reçut à merveille, écouta avec beaucoup d'intérêt le récit de son voyage, et, pour lui témoigner sa satisfaction, lui octroya l'usage d'un blason en deux parties ainsi composé : château d'or en haut sur champ de gueule, en bas champ d'or semé d'épices dont deux bâtons de cannelle, trois noix muscades en sautoir et deux clous de girofle ; au-dessus de l'écu un heaume fermé et pour cimier le globe terrestre avec cette légende : *Tu primus circumdedisti me;* en même temps il lui accordait une pension viagère de 500 ducats d'or par an à percevoir sur la chambre du commerce des épices établie à la Corogne.

Bientôt après partait la nouvelle flotte qui, aux ordres de Frey Garcia de Loaïsa, commandeur de l'ordre de San-Juan, devait assurer le résultat des premières découvertes ; mais cette expédition échoua lamentablement ; le capitaine général mourut pendant la traversée de l'Océan-Pacifique ; El Cano lui-même, à qui revenait après Loaïsa le commandement en chef, ne lui survécut que de quelques jours. Le gouvernement de Charles-Quint, toujours obéré, se montra peu reconnaissant envers la famille du vaillant marin ; sept ans après la mort d'El Cano, sa vieille mère réclamait encore l'arriéré de sa solde et de sa pension, et cette somme ne fut jamais payée. Cependant une pierre funéraire avait été placée dans l'église de Guetaria à sa mémoire ; en 1800, on lui éleva une statue de marbre près de l'endroit qu'occupait jadis la maison où il était né. Cette statue fut brisée par les boulets carlistes lors de la première guerre civile ; une autre en bronze l'a remplacée ; elle se voit sur le port. Le grand navigateur porte l'élégant costume du XVIe siècle : culottes bouffantes, justaucorps à crevés et toque à plumes ; un bras tendu vers la haute mer, il semble indiquer à ses compagnons la route où les guidera son génie ; à sa gauche est une ancre, et de l'autre côté, sur un socle auquel il s'appuie, son écusson et sa noble devise ; mais, hélas ! le port lui-même, d'où sortaient autrefois pour la grande pêche des flottilles entières, le port languit dans le plus lugubre abandon, quelques débris d'embarcations pourrissent près du môle à demi-écroulé et la citadelle qu'on aperçoit au-delà ne veille plus que sur un désert.

Pendant que je m'abandonnais à cette tristesse des choses, le crépuscule était descendu peu à peu ; c'était l'heure ou jamais de s'inquiéter d'un gîte et d'un souper. Je frappai d'abord à une grande maison qu'on m'avait désignée comme la *posada*, puis à une seconde et à une autre encore ; partout la même réponse : « *Nada*, nous n'avons rien, adressez-vous ailleurs. » J'eus beau déclarer que je me contenterais de peu, ces malheureux, comme hébétés, semblaient ne pas m'entendre. En dernier lieu, j'entrai au hasard dans une salle basse ; une vieille femme, vêtue de noir, était accroupie sur sa chaise, seule et sans lumière ; elle releva brusquement la tête, et quand j'eus fait ma demande : « Pourquoi venir ici ? me dit-elle d'un ton farouche et trouvant avec peine les mots espagnols ; il n'y a rien à manger ici ; la guerre, les contributions, les soldats à loger, on nous a tout pris, nous sommes ruinés... — Mais où voulez-vous donc que j'aille, ma bonne femme ? m'écriai-je ; j'ai faim et je suis fatigué. — Où ?

je ne sais pas... à Zumaya. C'est cela, à Zumaya...; il y va des étrangers... La distance?... Trois quarts d'heure au plus par la montagne. Vous verrez... Allez, allez. » Cela dit, elle reprit son attitude méditative et s'enferma dans un silence absolu. Que faire en cette occurrence? Quoique l'heure fût déjà avancée, peut-être le conseil avait-il du bon et trouverais-je à Zumaya un accueil plus hospitalier. La route, si l'on peut donner ce nom à l'affreux sentier hérissé de quartiers de rocs et coupé de crevasses qui rampe sur les rugosités de la crête, m'était totalement inconnue ; la lune manquait au ciel, et le scintillement des étoiles très-nombreuses ne suffisait pas à dissiper l'obscurité. Malgré tout, j'avançais rapidement grâce à la perspicacité instinctive que donne l'habitude des montagnes ; déjà les trois quarts d'heure fixés par la vieille étaient depuis longtemps écoulés et je n'apercevais aucune trace d'habitation; la mer que je sentais voisine, mais que je ne pouvais voir, battait la grève avec un bruit sourd et cadencé, qui montait comme la respiration lente de la nuit. Enfin un groupe de lumières m'apparut au loin; c'était Zumaya : bientôt après le sentier finissait avec la montagne et je me trouvai sur une vaste plage sablonneuse : je m'y engageais sans défiance dans la direction des lumières, quand je m'entendis héler et deux hommes s'approchèrent de moi. « *Hombre,* où diable allez-vous donc par là ? me dit l'un d'eux que je n'eus pas de peine à reconnaître pour un *carabinero* ainsi que celui qui l'accompagnait. Avez-vous donc envie de vous jeter à l'eau ? » Je lui racontai mon histoire, comment j'avais été reçu à Guetaria et le conseil que m'avait donné la vieille. « *Carlistona !* enragée carliste ! reprit le brave homme, elle a failli vous jouer un vilain tour. Comment ne pas vous dire qu'avant la ville vous rencontreriez l'embouchure fort large de l'Urola, qu'il n'y a pas de pont ni de gué à plus de trois lieues de distance et qu'à cette heure le passeur est couché et ne fait plus le service ? Enfin, ils ont tant souffert là-bas, vous savez... il ne faut pas trop leur en vouloir ; mais vous avez faim sans doute ; nous n'avons pas de vivres ici et je ne connais dans les environs qu'une pauvre cabane de paysans où vous risquez fort de ne rien trouver non plus. Essayons pourtant ; le moment n'est pas encore venu où les contrebandiers peuvent tenter un coup, nous allons vous conduire. » Au bout de vingt minutes d'une marche assez difficile qui de plus en plus nous éloignait de la côte, nous frappâmes à une porte. Une grande et belle fille de dix-huit ans vint ouvrir. L'habitation se composait d'une immense salle carrée ; à droite et à demi-distance du toit surplombait un vaste appentis de bois, noir et enfumé, où l'on grimpait par une échelle à bar-

reaux plats ; c'est là évidemment que couchait la
famille ; des fourrages et des instruments d'a-
griculture gisaient en dessous. A gauche, séparées à peine par une barrière à hauteur
d'homme, étaient parquées toutes les bêtes de la
ferme, les vaches, les mules, les moutons qu'on
entendait s'agiter derrière la cloison, et ce voisinage, l'haleine chaude de tant d'animaux entas-
sés, rendait l'atmosphère de la pièce presque
insupportable. L'intervalle entre l'appentis et
l'écurie servait tout à la fois de cuisine et de
lieu de réunion. A cette heure, la famille était
assise autour de la table, le père, la mère et les
sept enfants, depuis la fille aînée qui s'était levée
pour nous ouvrir, jusqu'au dernier venu, petit
garçon joufflu de près de trois ans. Leur repas
consistait en une soupe au lait où le pain de maïs
nageait par larges tranches. Tous du reste paraissaient jouir d'une excellente santé et d'un
meilleur appétit. On m'offrait l'hospitalité ; je bus
seulement un verre d'eau et pris un morceau de
pain ; puis de retour au rivage, étendu sur le sable et soigneusement enroulé dans le grand man-
teau d'ordonnance dont malgré mes protestations
l'un des douaniers s'était défait en ma faveur,
tandis que les deux braves garçons se prome-
naient de long en large, s'arrêtant parfois pour
scruter l'horizon, je m'endormis à la douce clarté
des étoiles, au milieu du grand murmure de la

mer dont les flots mourants arrivaient presque à
mes pieds.

Le lendemain, dès cinq heures, le passeur venait me prendre dans son bac et me déposait
sur le quai de Zumaya, à l'autre rive du fleuve.
La ville, assez proprette, ne manque pas d'une
certaine animation en été, grâce à la proximité
de l'établissement thermal de Cestona et aux
visites des baigneurs qui, pendant la cure, s'y
rendent en partie de plaisir. Là encore les vieilles maisons seigneuriales sont en majorité. On
ne comprendrait guère aujourd'hui des gens,
avec l'aisance et la position que cela suppose,
se faisant construire un palais dans de pareils
trous; mais à l'époque, la séparation existait
beaucoup plus tranchée entre les habitants de
deux provinces ou de deux cités; les familles,
même les plus riches, n'émigraient pas facilement, et chacune d'elles se perpétuait aux lieux
mêmes de son origine. Au-delà de Zumaya, toujours suivant la côte, on trouve Deva, un peu
plus considérable; mais le port, formé par l'embouchure de la rivière, s'ensable chaque jour davantage, au désespoir des habitants qui vivaient
surtout de la pêche. Sur ce littoral, tout homme
est marin en naissant, l'enfant nage presque avant
de savoir marcher, et, plus que la terre elle-
même, l'eau paraît être son véritable élément.
J'ai encore présente à mes yeux une petite scène

maritime dont le hasard me fit témoin à Deva.
Les garçons sortaient de l'école; ils avaient déposé à l'écart leurs livres et leurs vêtements, et
tous, debout sur la jetée, nus comme Dieu les
fit, la peau bronzée par le soleil, dont les derniers rayons venaient mordre leurs reins et leurs
cuisses, ils criaient, s'interpellaient tour à tour,
comme les héros d'Homère avant le combat; un
artiste grec eût trouvé là le plus gracieux sujet
de peinture décorative. Au signal convenu, ils
plongeaient tous ensemble et disparaissaient
sous les flots; celui qui ressortait le plus loin
était proclamé vainqueur. A gauche de l'estuaire
s'avance une roche dont la masse énorme, s'ef-
feuillant par larges plaques, présente à l'œil une
surface nue comme une table de marbre : c'est
elle qui, si malheureusement, arrête le sable à
l'entrée du port; en 1857, les ingénieurs du gouvernement essayèrent de la faire sauter, mais
sans grand succès. Quant à Motrico, qui déjà
confine à la province de Bizcaye, quoiqu'il n'ait
pas à craindre la même cause de ruine, son port
aussi a beaucoup souffert de la guerre; les jetées
surtout sont dans un état pitoyable. D'ailleurs la
ville est fort curieusement groupée sur le penchant d'une colline qui regarde la mer, et la
beauté de ses promenades, l'étendue de son enceinte, le nombre et la magnificence de ses maisons neuves, l'originalité de ses vieilles tours,

éclairées d'ouvertures geminées où se retrouvent l'influence arabe, attestent un passé qui ne fut pas sans gloire et une prospérité qui n'a point encore disparu.

Par hasard un petit caboteur, de passage à Motrico, repartait au point du jour pour Saint-Sébastien ; j'allai trouver le patron, qui très-volontiers me prit à son bord. De la sorte, au désagrément du retour par la même route, je substituais l'imprévu d'une délicieuse promenade en mer. La barque, toutes voiles au vent, filait avec rapidité, coupant droit le flot qu'agitait à peine un balancement régulier ; çà et là quelque vague, plus impatiente que les autres, élevait sa crête écumeuse, miroitait un moment au soleil avec des reflets changeants, mêlés d'argent, d'azur et d'or, et soudain s'affaissait. Nous restions toujours en vue de la côte, et dans ce demi-brouillard, produit à la fois par l'éloignement et par l'évaporation de la mer, je prenais plaisir à reconnaître les lieux que j'avais traversés naguère : Zumaya l'inhospitalière, comme une chauve-souris cramponnée au rocher ; Zarauz, la protégée des rois, mollement couchée sur sa plage. Au soir nous jetions l'ancre dans le port de Saint-Sébastien, situé tout au pied du mont Orgullo, où s'élève la citadelle. On n'a plus à décrire Saint-Sébastien. Autant et plus qu'une ville espagnole, c'est une ville française où, pour

mieux dire, cosmopolite. Ses rues dallées, larges
et droites, ses hautes maisons de pierre, la plupart occupées par des hôtels ou des cafés, ses
magasins éclatants, ses enseignes en langues
multiples, ses promenades, qui tiennent la place
des anciens remparts, récemment démolis, sa
plage, une des plus vastes du monde, couverte
de cabines qui sont comme une cité nouvelle,
sa régularité, sa blancheur, lui donnent l'air
coquet, élégant et mondain, mais un peu banal
et déjà vu de toutes les grandes stations bal-
néaires. Aussi bien la frontière est proche, et
le chemin de fer de Bayonne à Madrid la met en
relations constantes avec nos départements du
midi, et par eux avec le reste de l'Europe; les
noms mêmes, à partir d'ici, n'ont pas besoin
pour être entendus de conserver la forme nationale, et l'on prononce indifféremment Saint-
Sébastien ou San-Sébastian, Fontarabie ou Fuen-
terrabia. Quand j'y arrivai, toute la ville était
en émoi à l'occasion des fêtes de l'Assomption,
et les étrangers, Français ou autres, venus en
grand nombre pour assister aux courses de taureaux, remplissaient les rues et les places d'une
foule aussi bruyante que bigarrée.

La *concha* de Saint-Sébastien, quoique ouverte
à l'entrée par l'île de Santa-Clara, offre par elle-
même un mouillage assez peu sûr, et le port
proprement dit n'en occupe, avec ses jetées,

qu'une très-minime partie ; par contre, à cinq quarts de lieue à l'est et à l'embouchure de l'Oyarzun, s'ouvre la baie de Pasages, la plus vaste et la plus sûre de tout le littoral cantabrique. L'entrée resserrée entre deux rochers énormes, forme un étroit goulet qui l'isole de l'Océan non moins qu'il l'en rapproche et la fait semblable à un lac. Napoléon, frappé de cette situation providentielle, avait résolu d'y créer un port militaire de premier ordre, où les flottes de tous ses états eussent pu trouver un abri. L'importance de Pasages était grande au dernier siècle, et plus encore au temps de la maison d'Autriche ; de ses chantiers de construction sortaient alors des navires de 800 tonneaux. Malheureusement, les atterrissements considérables produits, soit par l'Oyarzun, soit par l'action des pluies qui ravinent et lavent jusqu'au roc les montagnes voisines, lui ont fait perdre la meilleure partie de ses avantages. A plusieurs reprises, la ville et la province ont essayé de remédier au mal, mais toujours le manque d'argent ou les événements politiques ont prévalu sur ces bonnes intentions. Il n'est pas jusqu'à une société fondée récemment et se proposant d'obtenir, en une demi-douzaine d'années, l'entier nettoyage du port, qui n'ait été fort mal à propos arrêtée par la guerre. Aux deux côtés du chenal se trouvent les villes jumelles de Pasages, San-Pedro à gauche et San-Juan à droite. L'une et l'autre se composent, dans leur plus grande étendue, d'une rangée de maisons uniques, dont le derrière donne sur le port et la façade sur une rue intérieure taillée à pic dans le roc ; en plus d'un endroit, les maisons, enjambant la voie, s'accrochent à la montagne et ne laissent au-dessous d'elles qu'une allée couverte ; beaucoup d'emplacements aussi sont abandonnés. On passe de la rive gauche à San-Juan sur de petites barques manœuvrées par des femmes. La réputation des batelières de Pasages date déjà de loin. Philippe IV avait admiré leur adresse en 1660 lorsqu'il amena l'infante Marie-Thérèse à Irun pour épouser Louis XIV, et, de retour a Madrid, il en fit venir un certain nombre qu'on vit promener les nacelles royales sur la pièce d'eau du Buen-Retiro.

Une dernière étape m'amène à Irun. Singulière histoire que celle de cette petite ville dont les débuts furent si pénibles ! Elle dépendait de la juridiction de Fontarabie, et, comme on craignait qu'en s'étendant davantage elle n'attirât à elle la population de la place, on s'ingénia par tous les moyens à entraver son développement. En 1499, un arrêt du conseil royal défendit qu'on élevât à Irun plus de maisons que celles qui existaient pour le moment ; les marchandises et provisions dont les habitants avaient besoin ne pouvaient être

achetées ailleurs qu'à Fontarabie. Maintenant
les rôles sont intervertis. Grâce au surcroît de
vie et de commerce que les chemins de fer susci-
tent sur tout leur parcours, et bien que la station
soit établie à quelque distance de la ville, Irun
ne peut manquer de grandir et de prospérer.
Déjà ses rues s'élargissent, ses maisons s'éclai-
rent ; hommes et choses, tout s'anime, et l'ordre,
la propreté, le travail, lui seront une ample com-
pensation à l'originalité et à la couleur locale
qui s'en va. Fontarabie, au contraire, gardant
son caractère, voit chaque jour précipiter sa
décadence. Isolée sur une pointe de terre à
l'extrémité de la péninsule, ne menant nulle part,
ne servant plus à rien, sombre, triste, oubliée,
avec ses remparts croulant dans leurs douves,
ses palais éventrés, son vieux château noir de
poudre, elle autrefois le boulevard de l'Espagne,
qui souffrit tant de siéges, qui résista à tant
d'assauts, elle assiste de loin, farouche, au spectacle de la civilisation moderne et aux progrès
de son ancienne rivale. A la vérité, si elle se peut
vanter d'avoir détrôné Fontarabie, Irun n'est pas
sans connaître déjà les inconvénients de la grandeur ; c'est elle désormais qu'on attaque et qu'on
assiége. Pendant six jours, du 4 au 10 novembre
1874, les carlistes, qui occupaient les hauteurs
voisines, entretinrent contre elle un feu terrible
d'artillerie, et il fallut toute la promptitude et

toute la décision du brave général Loma, arrivant à la hâte avec un corps expéditionnaire, pour la préserver d'une destruction complète. Néanmoins les faubourgs de la ville n'existaient plus, des pâtés entiers de maisons s'étaient écroulés sous les bombes; dans la campagne, les fermes et les villas étaient devenues la proie des flammes allumées dans l'attaque ou la défense par l'un ou l'autre des deux partis. Combien de temps ces ruines attendront-elles pour être relevées? Je ne saurais dire; mais quand, prenant le train qui devait m'emmener vers Hendaye et la France, je voulus par la portière jeter un dernier adieu à la terre d'Espagne, mes yeux reconnurent, hélas! ces vestiges de la guerre civile que j'y avais trouvés un peu partout et qui avaient si fort attristé mon voyage.

LES FUEROS

CHAPITRE XIV

Indépendance originelle des Basques. — Codes des trois
provinces. — Lois civiles et criminelles. — Organisation
municipale. — Assemblées générales. — Noblesse universelle. — Conditions du service militaire. — Exemption
d'impôts. — Code de la Navarre. — Les autres provinces
ont eu leurs fueros.

On ne saurait parler des provinces basques
sans entrer dans quelques détails sur leurs *fueros*,
sans expliquer en quoi consiste cette organisation
particulière dont elles ont joui jusqu'à nos jours.
La question a été traitée bien des fois déjà :
elle n'en demeure pas moins un des problèmes
les plus complexes et les plus délicats que présente l'histoire du droit public, et même la
difficulté s'accroît de tout ce qui devait servir

à la résoudre. Comment, en effet, concilier des assertions aussi contradictoires? Comment reconnaître la vérité dans cette accumulation de preuves et de raisonnements où l'esprit de parti apporte depuis près d'un siècle plus de passion que de logique, plus de talent que de bonne foi? Faudra-t-il, avec les adversaires des fueros, n'y voir qu'un régime odieux, un ensemble de franchises obtenues à titre gracieux de la faveur des rois, le dernier débris d'une législation surannée, justifiable peut-être en son temps, mais aujourd'hui impraticable? Dirons-nous, au contraire, avec leurs défenseurs, qu'ils représentent la meilleure forme de gouvernement qui ait été pratiquée parmi les hommes, la réalisation anticipée du bonheur social que d'autres recherchent dans des réformes dangereuses ou d'ambitieuses théories? Assurément les institutions libres, mises en regard des lois qui régissent un état despotique, peuvent passer pour des privilèges ; mais au sens exact du mot, il n'y a point de privilèges, quand un peuple avec son sol natal a hérité de ses ancêtres des institutions libres : ce sont alors des droits véritables, et ces droits, il lui est permis de les maintenir, de les défendre. Tel serait le cas du peuple basque : l'autonomie qu'il possède, il ne la doit à personne ; c'est celle qu'il s'est toujours connue, il ne l'a jamais compromise par des concessions ou des lâchetés, et quand il s'annexait à la Castille, il prétendait non pas l'aliéner, mais bien plutôt la garantir. Aujourd'hui, fondée tout à la fois sur la tradition et sur les traités, elle est le fait qui existe, le droit qui s'impose et contre lequel ne sauraient prévaloir ni la volonté des rois, ni l'exemple des autres nations, ni les principes nouveaux des législations modernes.

Que les Basques aient formé à travers les siècles une nation distincte, indépendante de ses voisins, l'histoire est là pour l'affirmer. Sans remonter jusqu'aux Romains, nous les voyons, après la chute de la monarchie des Goths, pour tenir tête à l'invasion sarrasine, élire librement leur *señores* ou chefs mititaires. En Bizcaye, on adopte l'ordre héréditaire ; l'Alava au contraire conserve inaltéré le droit de la souveraineté populaire, la faculté de « changer de maître sept fois en un jour ; » du reste les trois provinces s'allient alternativemeut, selon qu'il leur plaît, aux deux royaumes voisins de Navarre et de Castille, mais en réservant toujours leur indépendance. Dans la première année du XIIIe siècle, Alphonse VIII assiégeait Vitoria, qui appartenait alors au roi de Navarre ; fort mécontents de ce dernier à cause de plusieurs atteintes portées à leurs libertés, les naturels du Guipuzcoa appelèrent le roi de Castille, proposant de lui remettre la province s'il les prenait sous sa protection. A cet effet, Alphonse VIII se rendit en personne à l'assemblée générale où les Guipuzcoans lui prêtèrent serment de fidélité ; en revanche, ils exigèrent de lui la confirmation de leurs fueros. La réunion de l'Alava offre le même caractère spontané et volontaire. En 1332, séduits par le grand prestige que s'était acquis Alphonse XI, les nobles réunis en confrérie qui formaient le gouvernement de la province décidèrent de lui remettre toute la terre qui n'était pas du domaine royal et qui jusqu'alors vivait sous ses propres lois. A la prière de leurs délégués, le roi se rendit dans la plaine d'Arriaga où se tenaient les assemblées et qui avait donné son nom à la confrérie ; c'est là que, de plein gré, les Alavais lui jurèrent obéissance, moyennant reconnaissance et confirmation de leurs anciens fueros. Un peu plus tard doña Juana Manuel, épouse du roi de Castille Henri II, laissée héritière du señorio de Bizcaye, le transmit à son fils premier né, don Juan, qui le garda quelque temps comme prince, puis, devenu roi, l'incorpora définitivement à la couronne. C'est donc par héritage et non plus par décision volontaire des habitants que s'accomplit cette union ; mais il ne faut pas oublier que, malgré le droit de succession généralement admis dans le señorio, les Bizcayens conservèrent toujours la liberté de changer leur seigneur ; que toujours les rois de Castille, à commencer par

Juan Ier, furent tenus de jurer la conservation
des fueros ; que ces mêmes souverains, à côté
de leur titre de rois de Castille, mettaient celui
de seigneurs de Bizcaye, comme pour bien marquer la différence entre leurs pouvoirs. Une foule
de documents attestent que les trois provinces
furent toujours considérées par eux comme formant un état séparé ; même les corps politiques
reconnurent cette distinction, et quand, en 1506,
la Bizcaye et le Guipuzcoa voulurent faire admettre leurs représentants aux cortès de Burgos,
celles-ci protestèrent énergiquement. Ce n'est
pas tout : longtemps après l'annexion, on voit les
Basques signer en leur nom des traités interna-
tionaux avec les puissances étrangères ; il en est
un, conclu en Angleterre entre le roi Édouard IV
et la province de Guipuzoca, où les deux parties se
jurent trêve et amitié pour dix ans, durant lesquels
elles auront mutuellement liberté de commerce et
de communications ; la paix d'Utrecht réseve au
Bizcayens et aux Guipuzcoans des privilèges de
pêche ; enfin pendant les guerres du XVIIIe siècle
entre l'Espagne et la France, la Bizcaye et le Guipuzcoa célèbrent des traités de paix et de commerce avec la province française du Labourd,
sans intervention du gouvernement espagnol. En
faut-il davantage pour démontrer l'entière indépendance et l'autonomie absolue du pays basque
avant comme après sa réunion à la Castille ?

Et maintenant quelles sont au propre ces lois particulières, ces fueros auxquels les Basques se montrent si attachés et que les rois leur confirment d'une façon si expresse? Dans la langue du moyen-âge, le mot a beaucoup d'extension et sert à désigner en général tout ce qui, à divers titres, peut revêtir force de loi et constitue le droit civil, politique et administratif d'une nation. Ici, plus précisément, les pactes primitifs conclus entre le seigneur et ceux qui l'avaient élu, des décisions conformes aux anciens usages et aux coutumes nées elles-mêmes des besoins et des conditions du pays, furent l'origine des fueros. Le plus ancien cahier de lois manuscrit date en Bizcaye de 1452; il fut rédigé à la demande de l'assemblée générale siégeant à Guernica, « pour ce que, dit l'exposé, en grands dommages et erreurs étaient tombés et tombaient chaque jour les Bizcayens, pour n'avoir pas écrits leurs priviléges et franchises. » Remanié en 1526, ce recueil, connu sous le nom de *Fuero de Bizcaye*, est resté en vigueur jusqu'aujourd'hui : le premier article porte que le seigneur, quand il reçoit le señorio, doit venir en personne jurer le maintien des fueros à Bilbao, Larrabezuza, Guernica et Bermeo, et, s'il n'y vient pas, passé un an, les Bizcayens sont relevés de leur devoirs envers lui, et ses commandement seront écoutés, mais non accomplis, *obedecidas, pero no complidas*. La collection d'Alava

prit naissance à la création des tribunaux institués par Henri IV pour réprimer les guerres des
bandos; complétée successivement par un grand
nombre d'ordonnances et de cédules royales, elle
fut rédigée d'une façon définitive en 1463 ; là
encore, quand le souverain, pour la première
fois, se disposait à entrer dans Vitoria, on fer-
mait devant lui les portes de la ville, et elles
ne lui étaient ouvertes qu'après qu'il avait juré
solennellement de maintenir les lois du pays.
Quand au recueil du Guipuzcoa, il date, sous sa
forme dernière, de 1696, bien qu'en principe il
remonte au xive siècle. Comme les précédents, il
a été officiellement confirmé par tous les souverains d'Espagne, y compris Isabelle II.

A les étudier de près, ces trois codes offrent
entre eux de notables divergences ; il ne traitent
ni des mêmes matières, ni avec la même étendue ; on y signale des lacunes, et sur les points
principaux ; mais tout cela importe peu. En effet,
la majeure partie de la législation basque repose
sur des coutumes immémoriales ayant force d'ob-
servance à défaut de loi écrite ; et de là vient,
comme disent Marichalar et Manrique, deux des
auteurs qui ont le mieux approfondi la question,
que dans toutes les sanctions et reconnaissances
qu'ont données les monarques du régime spécial
aux trois provinces, ils ont compris toujours les
us et coutumes de chacune d'elles à l'égal de ses

lois et privilèges. Aussi ne suffit-il pas, pour leur dénier tel droit, qu'il ne soit pas porté sur les monuments légaux, car il faudrait pouvoir prouver en même temps qu'il n'appartenait pas à la coutume.

Seul, le recueil de Bizcaye traite des dots, des donations, des héritages, — car, dans les matières purement civiles, les deux autres provinces ont toujours suivi le code général du royaume, — et ses dispositions tendent toutes à un double but : assurer avec le sentiment de la famille le principe de l'autorité paternelle, qui est l'origine de toute autorité, maintenir autant que possible en l'état existant l'organisation économique du señorio. Ainsi, chacun des deux époux est considéré par la loi comme possédant à titre égal la moitié des biens du ménage, quel qu'ait était du reste son propre apport, et, à la mort du mari, la femme conserve la libre disposition de sa part, sauf dans le cas de secondes noces. Le père, en sa qualité de législateur domestique, peut, de son vivant comme à l'article de la mort, disposer librement de tous ses biens, meubles et immeubles, en faveur de l'un de ses enfants ou petits-enfants, à l'exclusion des autres ; mais il n'aurait garde d'user jusqu'au bout du pouvoir que la loi lui met dans les mains ; tout se borne de sa part à choisir pour héritier du domaine le fils le plus habile aux travaux des champs, avec obligation pour l'élu de fournir à ses frères et sœurs certaine somme d'argent qui leur sert de dot et qui est fixée le plus équitablement possible, selon l'état de la fortune patrimoniale ; par ce moyen, le domaine ne court pas le risque d'être divisé, ce qui, à la longue, ne laisserait pas d'amener les résultats les plus déplorables dans un pays comme la Bizcaye, où la propriété est déjà très-morcelée. En dernier lieu, si les biens-fonds retournent toujours à la famille, si nul ne peut disposer de ses biens immeubles en faveur d'un étranger tant qu'il y a parent au quatrième degré ; si, en cas de vente, la préférence est toujours donnée aux parents sur les autres acheteurs ; si même les biens acquis pendant le mariage par l'un ou l'autre des époux sont considérés comme biens patrimoniaux pour les effets de leur transmission, rien ne prouve mieux que ces restrictions imposées à la propriété le respect profond de la famille, qui a tant contribué jusqu'ici à la prospérité matérielle et morale du señorio.

Les codes des trois provinces s'occupaient en grand détail de la justice criminelle, et le fait n'a rien d'étonnant si l'on songe aux temps troublés de leur formation ; mais un décret royal du 29 octobre 1841 a étendu au pays basque l'administration judiciaire commune à tout le royaume. D'ailleurs, on retrouverait dans cette partie des fueros le même sentiment de fierté et de mâle indépendance qui en a dicté tous les articles. « Aucun Bizcayen ne pourra être jugé que par ses juges naturels, et, s'il est domicilié hors du señorio, par le juge-mayor de la salle de Bizcaye, en la chancellerie de Valladolid ; — aucun Bizcayen ne peut être arrêté sinon par ordre du juge compétent dans le cas de flagrant délit, pour viol, larcin et autres crimes que le fuero détermine expressément ; — en tous les autres cas, le juge doit se borner à lancer un avis d'appel ; — en vertu de cet avis, le prévenu est cité sous l'arbre de Guernica, durant trente jours, pour avoir à se présenter dans la prison publique du señorio sous peine d'être condamné comme rebelle ; — les Bizcayens ne peuvent être arrêtés pour dette ordinaire, ni leur maison, leurs armes ou leur cheval séquestrés ; — en conséquence, aucun exécuteur de justice ne pourra s'approcher de la maison d'un Bizcayen à la distance de quatre brasses contre la volonté du maître, sauf avec un greffier et sans armes, pour l'unique objet de reconnaître les biens séquestrables et de les inventorier. » En somme, une grande idée ressort de cette législation : le respect profond de l'individu, dans ses biens comme dans sa personne.

L'organisation municipale était tout entière fondée sur la coutume, et les trois codes n'en parlent pas. Voici du reste les règles générales posées par le principe foral : chaque municipe était autonome et formait comme un petit état dans la province ; l'autorité directrice était constituée par le conseil ou *ayuntamiento,* et ses membres, choisis dans le municipe et nommés par lui, étaient responsables devant leurs électeurs ; les juntes générales et la députation forale, en d'autres termes le pouvoir législatif et le pouvoir exécutif de la province, veillaient à empêcher de leur part tout abus d'autorité, mais sans jamais empiéter sur leurs droits. Le conseil se réunissait librement en session ordinaire ou extraordinaire et fixait le nombre des séances qu'exigeait l'expédition des affaires ; il prenait par lui-même les mesures de police urbaine ou rurale, votait et approuvait son budget, nommait ses employés, achetait, vendait, plaidait, contractait des emprunts, le tout avec une entière liberté. La présidence appartenait à l'alcade. Les charges municipales duraient un an et nul magistrat sortant ne pouvait être réélu immédiatement. Tous ceux qui avaient exercé les hautes charges municipales formaient ce qu'on pourrait appeler le sénat municipal ; ils assistaient aux séances avec voix consultative mais sans vote. Quant au système suivi pour les élections, il variait à l'infini selon les localités : ici les magistrats sortants nommaient leurs successeurs ; là-bas l'élection était confiée à un certain nombre de propriétaires ; plus loin on procédait par tirage au sort, ailleurs par suffrage universel, ailleurs encore par élection à deux degrés. Aujourd'hui toutes ces différences ont complètement disparu en vertu de la loi organique municipale du 8 janvier 1845, rendue extensive aux trois provinces basques ; c'est le gouvernement qui nomme les alcades et les conseils ont perdu leurs anciennes attributions, au plus grand profit du système égalitaire et centralisateur.

Le fuero reconnaît en principe l'usage immémorial de célébrer des assemblées, mais là encore il laisse les détails à régler à chaque province. En Alava, les juntes générales ordinaires se réunissent deux fois par an, celles de novembre à Vitoria et celles de mai dans le village ou la ville désignée lors de la dernière session. Les juntes de Guipuzcoa se célèbrent au milieu de l'année dans une des vingt et une villes désignées par le fuero et durent ordinairement onze jours. Quant à celles de Bizcaye, elles n'ont lieu que tous les deux ans, pendant la première quinzaine de juillet, à l'ombre du chêne foral de Guernica. A dire vrai, les différences entre les trois provinces ne portent sur rien d'essentiel et nul régime administratif n'a su réaliser plus pleinement la variété dans l'unité. Dans les cas graves et urgents, des juntes extraordinaires sont convoquées par la députation. Les juntes générales, une fois constituées, résument en elles-mêmes toutes les attributions, et toutes les autorités forales demeurent suspendues. Les accords des juntes obligent toute la province, et ceux qui refusent de s'y prêter sont punis d'amende, sans préjudice de l'exécution du décret. En Alava et en Guipuzcoa, les séances ont lieu à huis-clos, mais les délibérations et les votes sont rendus publics. Chaque canton ne dispose que d'une voix, bien qu'il ait le droit de nommer deux représentants, et même, si ces deux délégués sont en désaccord, leur vote est annulé de ce fait; il n'est pas permis de s'abstenir, sauf autorisation de l'assemblée, et les affaires se décident à la majorité. L'Alava compte 55 voix pour autant de cantons, la Bizcaye 112, et le Guipuzcoa 54; seulement dans cette dernière province, les votes sont *foguerales* et non plus personnels, c'est-à-dire qu'on calcule la valeur des voix d'après le nombre de feux que renferme chaque canton. La présidence des juntes appartient en Alava au député général, et dans les deux autres provinces au corrégidor; le président n'a pas le droit de voter. A Guernica, si c'est la première fois que le corrégidor préside l'assemblée, il doit, avant même la ratification des pouvoirs, prêter serment sur les Évangiles de garder et de faire garder les fueros, libertés, bons usages et coutumes de Bizcaye; établi par les Rois Catholiques, cet officier est nommé pour trois ans et sa mission se borne à veiller aux droits et prérogatives de la couronne, en laissant à la junte toute liberté d'action. On appelle *pères de province,* en Bizcaye et en Alava, tous ceux qui ont été députés généraux ou qui, en récompense de services extraordinaires, ont reçu des juntes ce titre honorifique ; ils ont place dans l'assemblée avec voix consultative seulement et composent le sénat provincial ; avec eux siégent deux légistes plus spécialement chargés de donner leur avis au point de vue du droit. Quand il se présente quelque affaire importante et que l'accord ne peut se faire entre les membres de l'assemblée, la décision est renvoyée à la session prochaine, afin que les représentants, de retour dans leurs colléges respectifs, puissent consulter l'opinion de leurs commettants. Pour être représentant *(procurador)*, il faut être originaire de la province et connu comme homme de bien, être âgé de vingt-cinq ans, avoir maison ouverte dans le canton ; sont exclus : ceux qui ont à débattre avec la junte des intérêts particuliers, les créanciers de la province, les employés du gouvernement central, les employés payés de la province, les ecclésiastiques, et, en dernier lieu, tous ceux qui sont sous le coup d'un jugement pour crime de droit commun.

Longtemps les avocats n'eurent pas le droit d'être élus, « parce qu'ils s'intéressent pour les malfaiteurs et cherchent questions et disputes les uns avec les autres » ; mais un décret récent est revenu sur cette exclusion. La charge de représentant est obligatoire sous peine d'amende ; par contre, il n'est pas permis de s'offrir comme candidat; les représentants touchent, pendant la durée des juntes, une modeste rétribution qui varie selon les ressources du canton qui les nomme. Quant à la manière dont se pratique l'élection, comme pour les conseils municipaux, liberté complète est laissée à chaque localité, et tous les systèmes s'y retrouvent, depuis le suffrage universel jusqu'à l'élection à deux degrés. Les attributions des juntes générales s'étendent à tout ce qui concerne l'administration de la province, comme la confection des lois de concert avec le pouvoir central, le vote du budget, la répartition proportionnelle de l'impôt foral entre les cantons, l'adoption des mesures nécessaires touchant la police, les ponts et chaussées, les établissements de bienfaisance, le culte et le clergé, l'instruction publique, enfin la nomination des employés et de la députation générale. Anciennement, les juntes d'Alava et de Guipuzcoa possédaient des pouvoirs judiciaires assez étendus que la loi de 1841 leur a ravis. La députation générale ou pouvoir exécutif se compose d'une seule personne en Alava, de deux en Bizcaye, de trois en Guipuzcoa; c'est au député général qu'il appartient, comme magistrat suprême, de convoquer les juntes et de faire exécuter leurs accords; dans les cas graves et d'intérêt commun, il est d'usage que les députés des trois provinces se réunissent en compagnie de trois

conseillers et s'entendent ensemble pour la défense des fueros ; les actes de cette assemblée
sont dressés en triple et portent l'empreinte du
sceau aux trois mains enlacées avec la noble devise *Irurac-bat*, littéralement *les trois-une,* emblème
de la confraternité euskarienne. En Bizcaye, depuis la fin du xive siècle, les juntes sont partagées
en deux fractions politiques, *gamboïnos* et *oñecinos,*
dont les noms rappellent les anciennes querelles
des *bandos.* Du reste tout s'y passe à l'amiable ;
chaque parti nomme parmi ses membres une députation complète, et, comme la charge doit durer
deux ans, les oñecinos l'exercent la première année, les gamboïnos la seconde, et de la sorte tout
le monde a part au gouvernement. Dans le principe, il existait, au point de vue légal, une différence absolue entre les villes de Bizcaye fondées
ou repeuplées par les seigneurs et la terre *infanzonada* occupée par les communes rurales ou *anteiglesias ;* en effet, les exemptions et coutumes,
maintenues là-bas de temps immémorial et converties plus tard en fueros, appartenaient exclusivement aux *infanzones,* naturels de Bizcaye :
c'étaient des lois générales votées par les juntes,
au lieu que les priviléges des villes étaient des
concessions particulières émanées du seigneur
seul et dépendant de sa volonté ; mais en 1630, à
la suite d'un accord fait par les diverses populations qui composaient le señorio et approuvé par

Philippe III, toute distinction disparut entre les villes seigneuriales et la terre *infanzonada;* celles-ci, renonçant à leurs priviléges particuliers, adoptèrent le *fuero* général qui était la véritable loi originaire du señorio, et depuis lors, égales de droits et d'obligations, elles ont pris part aux juntes au même titre que les *anteiglesias.*

Une des attributions principales dont les juntes étaient investies consistait dans la révision des lettres et cédules que le gouvernement suprême adressait à la province, avec faculté de lui refuser l'approbation sans laquelle les ordres royaux ne pouvaient être exécutés. Ce droit, généralement connu sous le nom de *pase* ou permis foral, tendait à prévenir toute violation du fuero. En outre, les habitants étaient autorisés à tuer partout où ils le rencontreraient quiconque tenterait d'exécuter ou faire exécuter une ordonnance à laquelle la province aurait refusé son *pase.* Sous Henri IV, les Guipuzcoans massacrèrent à Tolosa le juif Gaon, fermier-général des rentes de Castille, qui voulait lever une contribution non consentie par la province, et le roi ne tira aucune vengeance de sa mort. L'existence du *pase foral* est un argument décisif en faveur de l'indépendance originaire du pays basque; évidemment aucun souverain n'a pu, par pure grâce, accorder à ses sujets une prérogative de cette nature, car alors elle eût été révisable à la

volonté du donateur, ce qui impliquerait contradiction. Quant à la considérer comme une
atteinte à la majesté royale, qu'on se rappelle
dans quelles conditions s'est accomplie la réunion
des trois provinces à la couronne. De ce qu'elles
conservaient le régime auquel elles étaient accoutumées et qui leur était précisément garanti par
le pacte d'annexion, il n'y avait là rien d'humi-
liant pour le roi non plus que dans les précautions prises pour éviter toute violation du fuero.
A bien voir, on ne trouverait dans aucun pays
une loi fondamentale plus prudente, une garantie
plus sérieuse de la liberté des peuples contre
les empiétements du pouvoir central.

Que penser maintenant de la prétention des
Basques qui se disent tous nobles d'origine?
D'où que leur vienne cette noblesse universelle,
qu'elle ait pour cause leur résistance unanime
et victorieuse contre les Arabes, les Goths ou
même les Romains, un fait certain, c'est qu'elle
est attestée par les documents les plus authentiques. « Tous les naturels et habitants de ce
señorio, dit le fuero, sont hidalgos notoires non-
seulement en Bizcaye, mais au dehors, à la seule
condition de prouver qu'ils sont fils de parents
bizcayens. » En même temps, le fuero interdit
le territoire aux Mores et juifs même convertis,
aux nègres, aux mulâtres, et ordonne que les
étrangers qui voudront s'y établir soient tenus

de fournir des preuves de « pureté de sang »
dans l'espace de soixante jours. Des dispositions
analogues veillaient en Guipuzcoa à ce que rien
ne vînt corrompre ou altérer la *limpieza de sangre*
particulière aux fils du pays. Du reste, cette noblesse universelle des Basques n'entraînait point
de degré ni de classification, c'était la noblesse
inférieure, *infanzonia,* ne jouissant pas des prérogatives qui étaient au moyen âge le propre du
riche-homme ou d'un chevalier des ordres militaires. Bien plus, si elle leur assurait encore de
nombreux avantages vis-à-vis des autres habitants non nobles de la monarchie, entre eux elle
ne leur en procurait aucun; le privilége de la
noblesse disparaissait par cela même qu'il était
général. Enfin les juntes respectives de Bizcaye
et de Guipuzcoa avaient grand soin de maintenir
cette égalité toute démocratique en empêchant
les personnages influents d'introduire dans les
deux provinces des distinctions féodales, et maintenant encore elles n'admettent pas l'usage des
titres de noblesse qui, purement honorifiques,
pourraient éveiller cependant une idée de supré-
matie. En Alava, la situation n'était plus la
même, sans doute à cause du voisinage de la
Castille, et la noblesse n'était pas le privilége de
tous : au plus loin que l'on remonte, on y trouve
des seigneurs particuliers avec leur cortége
obligé de serfs et de vassaux. En revanche, les

hidalgos de ce pays jouissaient d'une prééminence
essentielle sur ceux des deux autres provinces-
sœurs ; et c'est qu'outre les priviléges inhérents
à la *hidalguia* en général, en 1332, Alphonse XI
leur concéda le privilége principal et distinctif de
la noblesse castillane, à savoir l'indemnité de
500 sous d'or pour blessure ou outrage fait à
toute personne noble. Aussi, tandis que, pour
faire preuve de noblesse en Bizcaye et en Guipuzcoa, il suffisait de prouver qu'on était né ou
issu de parents nés sur le territoire de la province, en Alava, au contraire, il fallait prouver la
noblesse de sang dans ses ascendants, conformément aux lois de Castille, car seule elle donnait
droit à l'indemnité des 500 sous d'or. Il n'y a donc
pas à confondre la noblesse particulière d'Alava,
convertie en noblesse de sang par la concession
d'Alphonse XI, avec celle de Bizcaye et de Guipuzcoa, noblesse de sol, générale, telle qu'on ne
la connut nulle part ailleurs.

L'universalité de la noblesse, tant chez les Bizcayens que chez les Guipuzcoans, suppose que
tous avaient l'obligation d'accourir à la défense
du territoire comme aux expéditions entreprises
par leur seigneur. En effet, par suite de la situation politique au moyen âge, la noblesse ayant
pour base le métier des armes, on ne comprend
pas plus de noblesse sans soldats que de soldats
sans noblesse. Aussi le fuero de Bizcaye marque-

t-il expressément jusqu'à quel point les Bizcayens, répondant à l'appel de leur seigneur, sont
tenus de le suivre sans solde : ce point est l'arbre
Malato, à Luyando, qui faisait autrefois la limite
extrême de la province. De même le fuero de
Guipuzcoa constate qu'à l'égard des hidalgos,
naturels et habitants de la province, l'usage
toujours observé fut « que le monarque leur donnait une solde pour tout le temps qu'ils devaient
servir volontairement hors de leur pays sur l'ordre de la province et à la demande de sa majesté. » Voilà pour les guerres ordinaires ; mais,
en cas d'invasion ou de péril extrême, tous les
hommes valides, père et fils, *padre por hijo*, sans
condition de solde, sont convoqués ; en 1706 parut
un décret de la junte du Guipuzcoa ordonnant
que tous les hommes de seize à soixante ans se
tiendraient prêts à marcher, et que chaque famille aurait dans sa maison des armes à feu. En
Alava également, si le fuero ne dit rien du service militaire, l'usage et la tradition sont entièrement conformes à ce qui se pratique dans les
deux autres provinces. Il n'est donc pas vrai,
comme on le croit généralement, que les Basques
se prétendent exempts du service militaire ; jamais ils ne se sont refusés et ne pouvaient se
refuser, d'après le fuero, à l'appel du seigneur ;
mais il est admis aussi, et la coutume précieusement conservée a pris chez eux force de loi, que

le seigneur ne les appelle que dans les besoins pressants du pays, et l'on ne trouverait pas, au cours de leur histoire, l'exemple d'une seule levée non motivée et arbitraire. Chose non moins curieuse et qui montre bien la confiance que les souverains avaient en ces montagnards, les Guipuzcoans conservaient le droit de nommer le colonel qui commandait leur contingent, ainsi que les commissaires chargés de régler les étapes et de fournir au logement des troupes royales passant par leur territoire; en Alava, ces attributions revenaient au député général, qui était en même temps le chef de toutes les forces militaires de la province.

Quant au service sur mer, volontaire de la part des Guipuzcoans jusqu'au temps des Rois Catholiques, il devient alors obligatoire. On trouve cette obligation consignée d'une manière expresse dans le recueil de 1482, et il ne paraît pas que la province ait jamais protesté contre la faculté reconnue au roi de destiner les marins du Guipuzcoa au service de la flotte; tout au plus ose-t-elle intervenir pour que les levées se fassent avec le moins de préjudice et de rigueur possible. Ainsi il est réglé qu'un tiers seulement du contingent sera composé d'anciens marins et le reste d'apprentis, afin qu'il ne manque pas de gens expérimentés pour les pêcheries de Terre-Neuve, et les hommes mariés sont particulièrement ménagés. Plus tard, ces conditions s'aggravent, surtout pendant le xviie et le xviiie siècle: c'est l'époque où la province d'Alava elle-même, bien qu'elle n'ait aucune ville sur la côte, dut fournir à plusieurs reprises, outre des bois de construction pour les navires, des hommes pour compléter les équipages de la flotte. Enfin l'ordonnance générale de marine du 12 août 1802, réformant ou complétant d'anciennes ordonnances, établit le service particulier auquel la Bizcaye et le Guipuzcoa sont tenus dans l'espèce; les gens de mer du pays basque ne sont pas soumis au système des classes; ils continuent à dépendre de leur juridiction ordinaire; ils peuvent pêcher et naviguer librement sur leurs côtes, mais non au-delà, à moins d'être formellement inscrits sur le rôle de leurs confréries ou associations; les hommes inscrits sont seuls astreints au service de la flotte, et leur état numérique, transmis à qui de droit par la députation, sert à fixer le contingent que fournira chaque province. De tout cela il résulte que le Guipuzcoa et la Bizcaye doivent le service sur mer, en temps de paix comme en temps de guerre, mais toujours avec l'intervention des autorités forales et dans des conditions spéciales et privilégiées.

Au même titre que l'obligation du service militaire, l'exemption d'impôts fut dans les provinces basques la conséquence naturelle de la no-

blesse générale et originaire. La Bizcaye ne
connut jamais rien des contributions ordinaires
et extraordinaires établies en Castille, comme la
moneda forera qui se payait tous les sept ans et
à chaque avènement au trône, l'*alcabala*, droit de
cinq pour cent sur toute marchandise vendue, la
contribution des *millions* et beaucoup d'autres. En
constatant cette exemption, le fuero de Bizcaye
indique les droits auxquels les Bizcayens sont
obligés envers leur seigneur et qui se bornent à
un certain cens emphythéotique pour les maisons
bâties sur les terres lui appartenant, à 16 deniers
vieux sur chaque quintal de fer travaillé dans les
forges de Bizcaye, à la rente des monastères et
« à la dîme de mer » dans les villes maritimes
qu'il avait fondées ou repeuplées. En Guipuzcoa,
où de très-bonne heure les charges de la province
furent réparties d'après le nombre des feux, il
n'est pas douteux qu'une partie de l'argent perçu
ne fût également réservée pour le roi ; plus tard
elle dut payer l'*alcabala,* mais, sur ses instances,
au temps de doña Juana, le chiffre de cet impôt
fut établi d'une manière fixe et permanente. En
Alava enfin, où existait la distinction entre nobles et plébéiens, les premiers étaient exempts
de tout tribut, mais les paysans vivant sur les
terres seigneuriales étaient tenus de payer au
roi, en dehors de la rente qu'ils devaient au propriétaire, deux sortes d'impôts annuels, le *semoyo*

et le *bœuf de mars*, l'un en nature et l'autre en argent. Toutefois l'*alcabala* s'introduisit aussi en Alava, sans doute à la même époque où Alphonse XI l'établissait en Castille ; mais comme le motif de cette mesure ne pouvait être plus patriotique, car il s'agissait d'en consacrer le produit à la guerre des Mores, et que la province venait de s'allier tout récemment et de son plein gré à la couronne, il est à croire qu'elle s'y prêta sans difficultés. Bref, dans les trois provinces, tout ce que les naturels sont tenus de payer consiste en quelques redevances fixes et parfaitement déterminées. A la vérité, en mainte occasion, elles ont accordé aux souverains des subsides extraordinaires, et contribué autant qu'aucune autre aux charges de l'Etat ; mais ç'a été toujours à titre de don gracieux et volontaire et jamais ces services n'ont pris le caractère de contribution permanente. En 1812, les cortès de Cadiz ayant décrété l'abolition de toutes les redevances seigneuriales, le semoyo, le bœuf de mars, la taxe sur le fer et autres de même genre ont disparu du pays basque.

Par un privilége analogue, les trois provinces jouissaient de la liberté de commerce pleine et entière pour tous les objets de première nécessité et cette exemption s'étendit successivement aux autres articles. En effet, bien que dans les ports basques, comme Bilbao et Saint-Sébastien,

le seigneur perçût certains droits sur les marchandises importées de l'étranger, dans le reste
des provinces la liberté des transactions était absolue et les douanes étaient établies le long des
rives de l'Èbre ou sur les points extrêmes confinant à la Castille. Les Basques furent toujours
exempts de contributions indirectes, telles que
l'impôt du sel, du tabac, des liqueurs, le papier
timbré, les permis de chasse. La nécessité de
prévenir les fraudes, qui pouvaient se commettre
à la faveur de ces libertés, obligea souvent les
monarques à prendre, de concert avec les autorités forales, d'énergiques mesures contre la
contrebande ; mais, en résumé, on peut dire
que le pays basque, jusque dans la sphère économique, se considérait vis-à-vis de la Castille
comme un état complètement séparé, et cette
situation exceptionnelle n'a disparu que devant
la loi de 1841 qui a reculé les douanes à la
frontière.

Telle est cette organisation spéciale des provinces basques, appropriée à leurs besoins et
à leurs intérêts, léguée par la tradition, con-
firmée par les contrats les plus solennels et les
plus sacrés. Ses principes fondamentaux sont :
l'administration du pays par le pays, entendue
dans le sens le plus large du mot, en dehors de
toute immixtion étrangère ; la franchise de toute
charge ou obligation qui semblerait attentatoire

à la liberté et à l'égalité des naturels; le *pase foral* enfin, témoignage et garantie tout à la fois de leur indépendance originelle. Prétendre que les institutions basques soient l'idéal de la perfection sociale et qu'elles doivent rester stationnaires ne serait ni juste ni raisonnable; le fuero de Bizcaye les reconnaît lui-même perfectibles et révisables : « Et le seigneur, dit-il, viendra à Guernica, et là, avec l'accord des Bizcayens, si quelques fueros sont bons à enlever et d'autres à corriger, il les fera enlever et en donnera d'autres de nouveau, s'il est besoin, toujours avec ledit accord des Bizcayens. » En effet, le temps ne marche pas en vain et les besoins nouveaux exigent en tout des réformes. Qui pourtant oserait de bonne foi blâmer les Basques de l'attachement qu'ils montrent pour leurs fueros? Dans un message solennel adressé en 1864 à la reine Isabelle, la junte générale de Bizcaye s'exprimait en ces termes : « Il y a, señora, dans vos vastes domaines, un pauvre coin de terre voilé par les brouillards et battu par les flots. D'étroites vallées le composent et de hautes montagnes hérissées de roches, coupées de précipices. Il semble que Dieu ne l'eût destiné qu'à porter des broussailles, et à servir d'asile aux bêtes sauvages, tant la nature s'y montrait avare de ses moindres dons; mais un jour, — voici de cela bien des siècles,— dans ce coin stérile vint s'établir

une race dont l'origine est un mystère impéné-
trable à la sagesse humaine, et cette race aimant
Dieu, la liberté et le travail trouva sur un sol
infécond la liberté que d'autres ne trouvent pas
dans les pays les plus fertiles et les plus favorisés. Le coin où ce peuple vit est celui que forment les trois provinces basques, et la source
de leur félicité presque miraculeuse est en ces
libertés qui, depuis les temps les plus reculés, les
animent et les soutiennent dans la vertu et le
travail. » A l'exposition universelle de Paris de
1867, devant le jury spécialement chargé de récompenser les personnes, les établissements ou
les pays qui auraient su le mieux assurer aux
classes laborieuses le bien-être intellectuel, moral et matériel, le comte de Moriana, membre
espagnol du jury, fit valoir les titres des provinces basques. Il expliqua non-seulement leurs
libertés politiques et administratives, mais aussi
leur amour de la famille, leur respect de l'autorité, l'entente et la bonne harmonie qui règnent
entre les diverses classes de la société, le développement croissant de l'industrie, du commerce,
de la bienfaisance et de l'instruction. Cet élo-
quent exposé attira l'attention du jury et valut
aux provinces basques, dans la distribution
solennelle des récompenses, après rapport con-
forme des commissaires envoyés sur les lieux,
une mention honorable parmi les pays dont les

institutions contribuent le plus au bonheur et à la moralité des habitants.

Au surplus, les provinces basques ne furent pas toujours les seules à posséder une organisation particulière ; jusqu'à notre époque la Navarre, peuplée de Basques en grande partie, se gouverna avec ses propres lois civiles et politiques. On connaît l'histoire de ce pays et ses principaux monarques : don Sancho le Grand, qui fit une royauté de la Castille pour la donner à son fils Fernando ; Alfonso Sanchez le Batailleur, qui prit aux Mores dix villes importantes ; don Sancho le Fort, qui décida en faveur des chrétiens la grande bataille de las Navas ; don Carlos le Mauvais, qui fut l'ennemi de la France pendant un règne de vingt ans ; don Juan II d'Aragon, qui fit empoisonner son fils don Carlos, prince de Viana, et sa fille doña Blanca, parce que tous deux revendiquaient la couronne du chef de leur mère ; François Phœbus, de la maison de Foix, et enfin Catherine sa sœur, femme de Jean d'Albret, que les Espagnols appellent Juan de Labrit [1] et qui fut

1. Ce sont les Espagnols qui ont raison. Labrit, lieu d'origine de la famille d'Albret. aujourd'hui chef-lieu de canton, et situé à 27 kilomètres nord de Mont-de-Marsan, n'est qu'un humble village perdu au milieu des landes et des *pinadas*. Son nom Labrit, que les habitants du pays prononcent encore ainsi, était pour les Français du nord le Bret, d'où par corruption Albret ; il paraît lui-même être venu du mot latin *leporetum*, lieu peuplé de lièvres.

le dernier roi de la Navarre indépendante. En effet, sous les prétextes les plus futiles, Ferdinand le Catholique envahit ce royaume et s'en empara sans coup férir en 1512, ne laissant aux souverains légitimes que leurs états de Béarn, de l'autre côté des Pyrénées. Du moins usa-t-il envers les Navarrais des ménagements les plus grands, et tous ses successeurs après lui, comme s'ils voulaient faire oublier, par leur douceur et leur bienveillance, l'odieux de cette agression. C'est ainsi que la Navarre conserva, même après la conquête, toutes ses libertés. Elle aussi, comme les provinces basques, avait son fuero général écrit ; mais tandis que dans la Bizcaye et le Guipuzcoa, pays toujours indépendants, les habitants étaient tous égaux entre eux, en Navarre, où la majeure partie du territoire, quelque temps occupé par les Mores, fut graduellement reconquise et repeuplée par les chrétiens, l'état social reconnaissait une foule de classes et de catégories, telles que riches-hommes, chevaliers, hidalgos de lignage et de parchemin, bourgeois, étrangers et vilains. Les nobles, pendant tout le moyen âge, jouirent de droits considérables et fort pesants pour les vilains : ils ne payaient aucun impôt ni eux ni leurs intendants ; ils avaient droit de domicile dans le canton où ils ne demeuraient pas, pourvu qu'ils y possédassent une habitation ; leurs demeures étaient un lieu d'asile, sauf pour les voleurs et les traîtres ; le noble n'était pas tenu d'accomplir sa promesse envers un vilain ; le noble accusé de vol par un vilain était absous la première fois en donnant sa parole ; le noble héritait du vilain, à défaut d'héritier direct, et les terres ainsi héritées étaient exemptes d'impôt ; les hidalgos ne pouvaient être jugés que par le roi en union de trois riches-hommes ou *infanzones ;* les hidalgos ne pouvaient être mis à la torture, ni leurs armes et leurs chevaux retenus pour dettes sinon par les fermiers ou percepteurs des droits royaux. La séparation était si tranchée entre les nobles et les vilains que l'hidalgo perdait sa noblesse en épousant une femme de l'autre classe. Quand le vilain mourait, ses fils venaient trouver le seigneur et, se mettant à genoux, le suppliaient de les recevoir pour ses vassaux. Les vilains étaient tenus de servir à la guerre tout le temps et chaque fois que le roi l'exigeait. Nombreux étaient les impôts que payaient les paysans du domaine royal, mais dès la fin du XIIe siècle, les communes commencèrent à adopter un type unique de contribution ; pour les paysans dépendant d'un seigneur, ils ne devaient rien au roi, à la différence de ceux de Castille, où le roi conservait toujours la *moneda forera.* Le mode d'élection le plus répandu dans les communes royales était l'élection directe par le tirage au sort. Quant à la justice, aucun Navarrais ne pouvait être arrêté ni ses biens séquestrés, pourvu

qu'il fournit caution : d'autre part, il était défendu
aux autorités de faire aucune enquête sans plainte
ou réclamation de la partie civile. Au criminel,
les Navarrais ne pouvaient être jugés que par les
tribunaux de la cour suprême, et les juges devaient tous être naturels du royaume, sauf cinq
que le fuero accordait au roi.

C'étaient les cortès qui, de concert avec le
roi, faisaient les lois et décidaient de la paix et
de la guerre ; bien plus, au commencement du
xv⁰ siècle, par suite de la pénurie des rois et de
l'abandon qu'ils firent à la nation de ce qui leur
restait de leur domaine particulier, les cortès
s'engagèrent à subvenir aux dépenses de l'état et
à l'entretien de la maison royale ; dès lors elles
possédèrent le droit de voter l'impôt ordinaire et
extraordinaire. Elles se composaient de trois ordres : le clergé, dont faisait partie les dix grands
dignitaires de l'église ; la noblesse, comprenant
une centaine de membres, tant personnes titrées
que chefs de lignage ; enfin le tiers-état, formé
des représentants de trente-huit villes, ne dis-
posant chacune que d'une voix, bien qu'elles pussent envoyer deux ou trois délégués. La faculté
de convoquer les cortès appartenait au roi, et en
son nom, depuis l'annexion, au vice-roi. Les trois
ordres se réunissaient dans la même salle sous
la haute présidence de l'évêque de Pampelune.
Le vice-roi, avant l'ouverture des cortès, jurait

de sauvegarder tous les fueros et priviléges des Navarrais, « les rendant meilleurs et non pires. » La discussion était générale au milieu des trois ordres réunis, mais le vote avait lieu séparément; il fallait la majorité dans chaque ordre pour que le vote des trois fût valable. Les séances étaient secrètes. Tout d'abord, les cortès avaient soin d'examiner si les violations du fuero, signalées par les chambres précédentes, avaient reçu réparation : dans le cas contraire, elles ne procédaient à aucun accord ultérieur, le vote du budget par exemple. Pendant leur absence, une députation permanente de six membres choisis dans leur sein veillait sur la conduite des officiers royaux, et l'un de ces membres, résidant à Madrid, transmettait sans retard à sa majesté les plaintes du royaume. Les ordres du monarque devaient être visés par le conseil de Navarre et tous ceux qui portaient atteinte aux fueros étaient « écoutés et non accomplis ». En 1841, à la suite de la première guerre civile, par un accord conclu avec le gouvernement central, la Navarre consentit à prêter le service militaire comme les autres provinces non exemptes, à subir les contributions indirectes, à l'exception du papier timbré, à payer en outre un impôt direct et fixe d'un million et demi de réaux par an, plus trois millions pour la dotation du clergé. Quoique cet impôt ne fût pas tout à fait calculé d'après la

richesse du pays, il n'en constituait pas moins
un grand sacrifice pour les Navarrais, qui voyaient
l'ancien don gracieux converti en contribution.for-
cée. Les douanes étaient portées à la frontière de
France, l'administration de la justice, l'organisation municipale étaient rendues conformes à celles de tout le royaume; enfin le vice-roi était
supprimé et ses pouvoirs partagés entre un commandant militaire et un gouverneur politique,
président de la députation. Dès lors on pouvait
dire que la Navarre était virtuellement égalée
aux autres provinces de la monarchie.

En consultant l'histoire, on voit que cette situation des provinces basques et de la Navarre,
exceptionnelle à notre époque, fut un temps l'état
normal de toutes les contrées de la péninsule ; chacune d'elles avait ses libertés particulières, ses fueros garantis par les serments des rois et plus ou
moins vastes, plus ou moins précieux, selon ses origines et la façon dont elle était entrée dans le faisceau de la monarchie. Tel l'Aragon où la royauté
était née dans les mêmes conditions qu'en Navarre,
de l'élection d'un chef par ses pairs ; tel encore le
royaume de Valence, qui fut conquis par l'Aragon
et qui lui emprunta une partie de ses lois. Le code
primitif des Aragonais portait en propres termes
« que si jamais le roi violait leurs fueros, ils auraient le droit d'élire à sa place un autre roi, fût-
il païen; » même quand cette formule eut disparu,

il resta encore « entre le rois et les sujets quelqu'un pouvant plus que lui et eux. » C'était le *justicia*, magistrat suprême, devant lequel il était permis de déférer les actes du monarque et de ses officiers, et ce représentant de la nation n'était lui-même jugé par personne. Les libertés de la Castille, soumises plus directement à l'autorité des rois, périrent les premières sous Charles-Quint après la défaite des *comuneros*. En 1592, les Aragonais ayant osé soutenir contre Philippe II son ministre rebelle, Antonio Perez, le monarque, pour les punir, leur enleva avec leur *justicia* la plupart de leurs prérogatives ; les autres ne survécurent que peu de temps. « En vertu du juste droit de conquête, dit Philippe V dans son décret du 29 juin 1707, et considérant aussi que l'un des principaux attributs de la souveraineté est l'imposition et la surpression des lois, lesquelles je pouvais modifier, même sans les grands et fondés motifs qui aujourd'hui m'y poussent en ce qui touche les habitants de Valence et d'Aragon, pour cela, comme pour mon désir de réduire tous mes royaumes d'Espagne à l'uniformité des mêmes lois, j'ai jugé bon d'abolir et retrancher, comme aujourd'hui je fais, tous les fueros, priviléges, pratiques et coutumes jusqu'ici observés dans lesdits royaumes de Valence et d'Aragon. » Philippe V se vengeait ainsi de l'aide que ces deux pays avaient prêtée à l'archi-

duc Charles, son compétiteur, durant la guerre de
la succession, et depuis ce jour en effet, ils n'ont
gardé de leur code spécial que la partie purement
civile.

Quoi qu'il en soit, plus heureuses que leurs
voisines, les provinces basques avaient pu conserver leurs institutions libérales et démocratiques.
Sans doute il leur a fallu pour cela beaucoup d'é-
nergie, de prudence et d'adresse; mais n'y aurait-il pas aussi de Basque à Castillan une différence de races qui a rendu plus admissible et plus
durable cette variété des législations? Un fait à
noter, c'est qu'en France même, où l'autorité
royale fut de bonne heure si fortement constituée
et où les dissemblances entre les différentes provinces ne portaient guère que sur des points secondaires d'administration, les habitants du Labourd, de la Basse-Navarre et de la Soule,
formant ensemble la partie basque du territoire
français, jouirent jusqu'à 1789 de priviléges vraiment inouïs. La Soule, qui n'a guère que huit
lieues de long sur quatre de large, veillait elle-
même à la garde de ses frontières ; ses troupes
nationales consistaient en un bataillon d'infanterie
dont elle nommait les chefs. Les lois du pays
étaient contenues dans une récapitulation de ses
us et coutumes faite du temps de François Ier et
approuvée par ce prince. Il y était dit que tous les
Souletins sont francs, de libre condition et sans

aucune tache de servitude ; qu'en tout temps et lieu ils ont droit de porter des armes pour leur propre défense et celle du pays ; qu'on ne peut les obliger à servir au dedans ou au dehors de la province, sinon en temps de guerre et sur l'ordre du roi ; qu'en se mariant ils peuvent constituer des majorats, et que s'ils commettent quelque faute grave, celle de haute trahison par exemple, ils auront la tête tranchée, double privilége réservé aux nobles ; qu'ils peuvent construire librement sur leurs domaines ; qu'ils ne seront pas soumis à la gabelle ni à aucun droit d'exportation sur leurs marchandises jusqu'à la cité de Toulouse ; qu'ils ne fourniront aucun tribut ni impôt, hormis une certaine somme répartie entre les chefs de famille et payée à l'amiable ; qu'enfin ils ne doivent rien au roi pour leurs terres, bien qu'ils ne reconnaissent d'autre seigneur que le même roi. Il existait quelque chose de semblable dans les deux districts voisins, où les habitants avaient religieusement conservé les antiques libertés de la race commune. Aussi non-seulement les Basques français étaient-ils toujours regardés comme des frères par les Basques de l'autre versant, mais dans le reste de l'Espagne ils jouissaient des mêmes faveurs que leurs congénères. Au commencement du xviie siècle, nombre de naturels du territoire de Saint-Jean-Pied-de-Port possédaient des emplois en Na-

varre et en Castille, et, si quelque habitant de la
Soule voulait s'établir en Espagne, il lui suffisait
de prouver quatre générations d'origine basque
pour être reconnu comme noble et admis dans
tous les ordres militaires qui exigeaient des
preuves de noblesse. Les priviléges des Basques
français ont disparu en 1790 sous le terrible niveau de la révolution, mais il ne semble pas
qu'elle ait aussi bien réussi à effacer la ligne de
démarcation qui sépare le Basque de tous ses
voisins ; ces populations subissent nos lois, elles ne
les ont pas encore acceptées ; bien plus, pour
échapper à la conscription, la fleur de leur jeunesse émigre chaque année, sans espoir de retour, dans les contrées les plus malsaines du
Nouveau-Monde, et, d'après les documents officiels, sur le chiffre total des réfractaires français,
le département des Basses-Pyrénées en a compté
parfois à lui seul les deux cinquièmes ou la
moitié.

CHAPITRE XV

Attaques de l'absolutisme et des libéraux. — Godoy et Ferdinand VII. — Loi de 1839. — Don Manuel Sanchez Silva. — Dévouement des Basques à la monarchie. — Le fueros ne sont pas la véritable cause de la guerre.

A la vérité, si les Basques espagnols ont pu sauver si longtemps leur autonomie, ce n'a pas été sans peine, et plus d'une fois, princes ou ministres, les représentants du pouvoir central se sont ingéniés à restreindre leurs droits. Tantôt c'est Philippe III qui tente d'introduire en Bizcaye la contribution des millions; tantôt c'est Philippe IV qui veut soumettre le señorio à l'impôt du sel; un jour doña Juana institue en Guipuzcoa, contrairement au fuero, un alcade mayor; une autre fois, Charles III enlève à la même province l'usage du *pase foral*. A tous ces abus d'autorité, à toutes ces violations du fuero, seules ou réunies selon les circonstances, les trois provinces opposent une résistance infatigable jusqu'à obtenir

gain de cause ; le plus souvent, déclarant l'ordre
royal « écouté et non accompli, » elles font agir
auprès du roi qui, après enquête, revient sur sa
décision ; mais parfois aussi, par l'obstination
des ministres, la querelle s'envenime. Fortes de
leur droit, elles n'hésitent pas alors à élever la
voix en face des plus puissants monarques, pro-
testant qu'elles s'opposeront à la violence par les
armes, menaçant même de rompre le pacte conclu jadis avec la monarchie. L'histoire a conservé la fière représentation que les Bizcayens
adressèrent en 1601 au roi Philippe III : « Seigneur, disaient-ils, vu par nous, antique et ho-
norée seigneurie de Bizcaye, combien mal votre
majesté est informée pour vouloir nous faire tort
et maltraiter tant à l'improviste en récompense
des nombreux, grands et loyaux services que
cette seigneurie a rendus et rend encore à la couronne royale de votre majesté en ordonnant que
nous ayons à payer certains tributs et droits
comme paient les autres bonnes gens de ces
royaumes de Castille, ayant fait junte générale en
notre ville de Guernica, nous avons jugé que nous
devions demander humblement à votre majesté
qu'elle veuille bien ordonner que soit effacé, rayé
et corrigé de ses royales pragmatiques ce qui
nous touche, car juste est notre demande, et sup-
plions votre majesté qu'il n'y ait pas lieu de faire
que nous soyons obligés à défendre notre très-

chère et aimée patrie, jusqu'à voir brûlée et dé-
solée cette seigneurie et morts nos enfants, nos
femmes et nos familles, et chercher qui nous se-
coure et traite bien. »

Cependant le triomphe des Basques n'était jamais que momentané. Attaqués longtemps par
l'absolutisme et dans l'intérêt du pouvoir royal,
les fueros devaient l'être aussi au nom des idées
libérales et démocratiques. Les principes d'unité
et d'égalité proclamés par la révolution française
commençaient à se répandre en Europe et comptaient déjà jusque dans la péninsule des partisans
déclarés. Un d'eux était Godoy, connu plus tard
sous le nom de prince de la Paix, simple soldat
aux gardes, élevé par l'amour d'une reine impu-
dique jusqu'aux plus hautes dignités de l'état.
Quelle que fût l'origine de sa faveur, Godoy ne
manquait comme ministre ni d'intelligence ni de
bonne volonté, mais une grande chose lui faisait
défaut : la dignité de caractère. Il avait envoyé
dans les provinces basques un certain Zamora,
sa créature, pour suivre de près les événements
de la guerre, qui, depuis la mort de Louis XVI,
divisait la France et l'Espagne. Le traité de Basilea mit fin aux hostilités, et, en félicitant Godoy
de la paix, Zamora lui disait : « Si cette paix
était suivie de l'union des provinces au reste de
la nation sans les barrières forales qui les séparent et en font comme un membre mort du

royaume, votre excellence aurait fait une de ces
grandes choses que nous n'avons plus vues depuis le temps du cardinal Ximenez et du grand
Philippe V. » La proposition sourit au favori ;
mais, pour mieux préparer l'opinion publique, il
chargea Antonio Llorente, un ecclésiastique, de
démontrer historiquement que jamais les Basques n'avaient été indépendants et qu'ils n'étaient
pas unis non plus, comme on croyait, par des
pactes volontaires à la couronne. Cette œuvre
fut publiée en 1806, avec ce titre : *Notices historiques sur les trois provinces basques*. Llorente était
un homme d'une érudition peu commune, mais
du caractère le moins estimable, « parfait coquin,
sauf la prêtrise, » *un bribon salvo la tonsura,*
me disait un Basque de mes amis, non sans quelque rancune. Il avait reçu de Godoy une place
de chanoine de la cathédrale de Tolède avec la
charge de maître de théologie de la même église.
Pour contenter celui qui le payait si bien, il
n'hésita pas à fausser l'histoire, donnant comme
authentiques des textes notoirement apocryphes,
tronquant ou supprimant les uns, altérant les autres, et les interprétant à sa guise. Le plus curieux, c'est que quelques années plus tard, après
la chute de Godoy, se trouvant lui-même émigré
en France, il aurait fait offrir aux provinces basques d'écrire un autre livre en réfutation à celui
qu'il avait publié contre elles, offre qui, par un

sentiment de dignité de la part des députés, ne fut point accueillie. Toujours sous l'inspiration de Godoy, l'académie royale d'histoire entreprit un grand dictionnaire géographique et historique qui devait embrasser toutes les provinces de l'Espagne et qui, commencé par la Navarre, l'Alava, la Bizcaye et le Guipuzcoa, n'alla pas plus loin, comme si de la sorte son but était suffisamment atteint; fait avec un réel talent, ce livre, lui aussi, témoigne d'un parti-pris évident contre les Basques. « La première conséquence de tout cela, dit excellemment M. Canovas del Castillo, c'est que la question des fueros resta dès lors posée, non dans la forme profitable et nécessaire d'une conciliation nationale, mais dans la forme de controverse passionnée, toujours près d'être tranchée par la force. »

L'insatiable ambition de Napoléon Ier, la chute de la dynastie des Bourbons qui entraînait celle du favori, ne permirent pas à Godoy de donner suite à ses desseins; ils furent repris plus tard par Ferdinand VII. Dans l'intervalle, les cortès de Cadiz avaient fait paraître leur fameuse constitution. Gens honnêtes, mais sans expérience, remplis d'illusions généreuses, les législateurs de 1812 n'avaient pas peu contribué, en proclamant l'égalité de tous les Espagnols devant la loi, à alarmer les Basques dont les adversaires devenaient chaque jour plus entreprenants. Ferdinand VII, non point par souci de l'égalité qui l'inquiétait médiocrement, mais pour satisfaire ses instincts autoritaires, résolut d'en finir avec les fueros. Dès le mois de novembre 1815, une junte fut nommée dans le but apparent de s'enquérir des fraudes et des abus commis au détriment du trésor, et cette junte, quatre ans après, développa son opinion dans un rapport en forme d'étude historico-légale où elle niait l'indépendance originelle des provinces basques et concluait à l'abolition de leurs priviléges, abolition déjà décidée dans l'esprit de Ferdinand et de ses ministres. Et, en effet, le 16 février 1824, un décret lancé par le roi sans accord préalable avec les provinces leur demandait, pour une période de quatre ans, un don gracieux annuel de trois millions de réaux; cette contribution temporaire ne devait pas tarder, selon toute évidence, à devenir perpétuelle, et, en laissant aux députations le soin de répartir et de lever l'impôt, le roi, fort habilement, se déchargeait sur elles de tout l'odieux d'une semblable mesure. En même temps, à l'exemple de ce qu'avait fait Godoy avec Llorente, le ministre Calomarde chargeait un autre chanoine, don Thomas Gonzalez, de former une collection de documents relatifs au pays basque. Ce Gonzalez n'avait rien de son prédécesseur qu'une immense érudition; sa probité était au-dessus du soupçon; mais faible, sans volonté, il ne sut ni refuser la besogne qu'on lui confiait ni se soustraire aux instructions perfides que Calomarde lui faisait tenir en secret. Son recueil ne contient guère que des pièces défavorables ou indifférentes aux provinces basques. Du reste, toutes ses insinuations comme aussi celles de l'académie d'histoire et les attaques virulentes de Llorente et de la junte des abus ont été victorieusement réfutées par un fils du pays basque, don Pedro Novia de Salcedo, dont l'ouvrage en quatre volumes, très-complet, parut en 1851.

Les choses en étaient là quand les événements de France et la révolution de 1830 vinrent effrayer le gouvernement et couper court à tous les projets de réformes. Ferdinand VII mourut, et peu après éclatait la guerre civile. Les tendances du parti constitutionnel qui arrivait au pouvoir avec la régente n'étaient que trop connues ; quelques imprudents ne s'étaient-ils pas vantés déjà de vouloir tout d'abord réformer le clergé, supprimer les dîmes et abolir les fueros ? Ces menaces ne pouvaient manquer d'avoir un funeste retentissement parmi des populations également dévouées à leurs institutions anciennes et à leur religion. Le parti apostolique sut habilement exploiter le mécontentement des esprits, il excita les défiances, attisa les haines, déclara astucieusement à ces hommes naïfs, amoureux de liberté, mais répugnant d'instinct à toute nou-

veauté, que l'absolutisme était la seule digue à
opposer aux idées antireligieuses et révolutionnaires et parvint à les convaincre qu'en soutenant
don Carlos ils défendaient la foi et les fueros.
Quoi qu'il en soit et par une conséquence facile
à comprendre, jamais les fueros ne furent plus
souvent violés que durant cette guerre et par le
prince même qui leur devait ses meilleurs soldats. Don Carlos ne permit pas que les juntes
générales se réunissent une seule fois, et, bien
qu'il y eût une junte ou comité auxiliaire de la
guerre, ce comité était occupé beaucoup plus
à faciliter l'action du pouvoir suprême et à fournir aux réquisitions de l'armée qu'à gouverner
le pays selon la coutume. De là peu à peu
la division qui s'établit dans le camp carliste
entre les partisans des fueros et les royalistes
intransigeants, les uns voulant par-dessus tout
sauver leurs libertés séculaires, les autres prêts
à tout sacrifier au roi, leur propre liberté comme
les biens d'autrui; cette division, en s'accentuant,
devait amener la fin de la guerre. En effet, que
le gouvernement de la reine promît de ne pas
toucher à l'organisation spéciale des provinces,
et du même coup on séparait la cause des Basques de celle du prétendant. Déjà, en 1837, Espartero leur disait : « Comme général en chef de
l'armée de la reine et au nom de son gouvernement, je vous assure que les fueros que vous

avez craint de perdre vous seront conservés et
que jamais on n'a pensé à vous en dépouiller; »
et deux ans plus tard à Vergara, après que le
convenio eut été définitivement conclu, en présence des bataillons guipuzcoans qui, toujours
inquiets que leurs priviléges ne fussent pas
maintenus par les cortès, avaient jusque-là retardé leur soumission : « Je vous promets, leur
répétait-il dans une chaleureuse allocution, que
l'on vous conservera vos fueros, et, si jamais quelqu'un tentait de vous en dépouiller, mon épée
serait la première à sortir du fourreau pour vous
défendre. » Enfin le premier article du *convenio*
portait explicitement : « Le capitaine-général
don Baldomero Espartero recommandera avec
instance au gouvernement l'accomplissement de
sa promesse formelle de proposer aux cortès la
concession ou modification des fueros. » Espartero tint parole, et les cortès, de leur côté, faisant droit à sa recommandation, votèrent la fameuse loi du 25 octobre 1839, qui commence
ainsi : « Art. 1er. Les fueros des provinces basques et de la Navarre sont confirmés sans préjudice de l'unité constitutionnelle de la monarchie.
Art. 2. Le gouvernement, aussitôt que l'opportunité le permettra et après avoir entendu les provinces basques et la Navarre, proposera aux
cortès les modifications indispensables que dans
les fueros réclame l'intérêt des mêmes provinces

concilié avec l'intérêt général de la nation et de la constitution de la monarchie. » Que signifiait pour les législateurs cette formule un peu trop vague peut-être « sans préjudice de l'unité constitutionnelle de la monarchie » et cette autre non moins élastique « l'intérêt des provinces concilié avec le bien général de la nation? » Une longue discussion s'engagea dans les chambres, où prirent part les orateurs les plus distingués et après laquelle le doute n'est plus permis. Selon les propres paroles du ministre de la justice, M. Arrazola, « par unité constitutionnelle, il faut entendre la conservation des grands principes sous lesquels vivent et se gouvernent tous les Espagnols, en d'autres termes un roi unique et une représentation nationale commune. » Les assistants se rangèrent à cette explication, et il resta établi que le texte de la loi n'attaquait en rien les bons usages et coutumes des provinces basques, qu'aucune contradiction n'existait entre le maintien des fueros et les principes fondamentaux de la monarchie. Quant à ces modifications dont parle l'article second, à bien en pénétrer l'esprit et la lettre, puisqu'elles ne doivent porter que sur l'indispensable et tourner elles-mêmes à l'avantage des Basques, il ne s'agit pas évidemment de détruire en leur principe les fueros les plus importants qui, depuis des siècles, constituent la vie politique et sociale du pays ; tout au

plus, et avec leur assentiment, peut-on se permettre quelques corrections, telles d'ailleurs
qu'ils les ont toujours admises, tendant à améliorer graduellement le régime foral selon les besoins des temps et les données de l'expérience.
Le 16 novembre de cette même année parut un décret royal invitant les provinces basques et la Na-
vare à nommer chacune deux députés ou plus qui
vinssent conférer avec le gouvernement en vue de
la meilleure exécution de la loi. Ces commissaires
se réunirent à Madrid dans les premiers jours
du mois de mai 1840. Ceux de Navarre traitèrent
séparément avec les ministres, et cet accord,
converti en projet de loi et voté par les cortès et
le sénat presque sans discussion, fut promulgué
le 16 août 1841 ; la Navarre y perdait, comme
nous l'avons vu, la meilleure part de ses fueros.
Quant aux trois provinces, après de longs débats,
comme on ne parvenait pas à s'entendre, le règlement définitif fut renvoyé à un moment plus
opportun, et depuis lors il en a toujours été
ainsi, quoique plusieurs hommes politiques, ministres ou autres, aient essayé à leur tour de
trancher la question.

Entre tous les adversaires de fueros, il n'en
est point à coup sûr qui ait montré plus de persévérance que don Manuel Sanchez Silva, séna-
teur du royaume. De taille plutôt petite que
moyenne, l'œil pétillant, les lèvres fines, que

plisse par moments un malicieux sourire, dans les gestes une exubérance et une agitation toutes méridionales, esprit ardent, caractère énergique, tel est l'homme au physique et au moral. Abondant comme un Espagnol et spirituel comme un Andalou, il joint à l'éclat et à l'agrément de la parole une rigueur dans le raisonnement, une netteté qui n'est qu'à lui. Il s'était promis de consacrer sa vie à faire rentrer les Basques dans la loi commune, il s'est tenu parole, et comme le vieux Caton, qui devant le sénat romain ne terminait jamais son discours sans rappeler aux pères conscrits le voisinage de leur insolente rivale, ainsi, depuis plus de trente ans, M. Sanchez Silva n'a jamais pris la parole sans prononcer, lui aussi, son *delenda est Carthago,* il faut détruire les fueros ! Pourtant en nulle occasion il ne montra plus de talent et d'énergie que dans la session du sénat de 1864. La discussion commença à propos d'un amendement à certain article qui établissait dans le remboursement du tiers des subventions affectées aux chemins de fer une distinction pour les provinces basques. Reprenant ou résumant tous les arguments de Llorente et de la junte des abus, en ajoutant de nouveaux, commentant les textes, retournant les mots, tour à tour ironique, insinuant, passionné, durant trois longues séances consécutives il occupa l'attention du sénat. Son triple discours ne tendait à rien moins qu'à prouver que le livre intitulé *Fuero de Bizcaye* est faux, que celui de Guipuzcoa est mutilé, que celui d'Alava contient un ensemble de priviléges qui n'est pas de la province et qu'en outre il est frauduleusement copié de l'original, que la Bizcaye n'a jamais élu son seigneur, que l'Alava et le Guipuzcoa ont été conquis par Alphonse VIII, qu'il ne peut y avoir eu pacte entre ces provinces et les rois de Castille, que les Basques n'ont jamais été tous nobles, comme ils le prétendent, qu'ils n'étaient dispensés en aucun cas du service militaire, que les exemptions d'impôts consignées dans les trois recueils se rapportent aux hidalgos seulement, comme il arrivait dans toute l'Espagne, que la plupart des lois qu'ils contiennent sont tombées en désuétude, qu'enfin aujourd'hui on ignore en quoi consistent légalement les fueros d'Alava, de Guipuzcoa et de Bizcaye.

L'attaque était vigoureuse, les noms de justice et de droit spécieusement retournés contre ceux mêmes dont ils font la principale défense. Le malheur est qu'à vouloir trop prouver on ne prouve rien. Ainsi, en ce qui touche l'authenticité des fueros, il semble bien difficile d'admettre que des monarques aussi puissants, aussi jaloux de leur autorité que l'étaient don Pèdre le Justicier, Charles-Quint et Philippe II aient poussé la négligence ou la longanimité jusqu'à jurer et signer de confiance, comme le prétend M. Sanchez Silva, les recueils falsifiés qu'on leur soumettait. En l'admettant, est-il possible que leurs ministres et leurs conseillers, le conseil de Castille lui-même, cette assemblée composée des jurisconsultes les plus sages et les plus instruits du royaume, se soient laissé prendre au même piége aussi grossier ? D'autre part, nous l'avons dit, aucun des recueils de fueros n'est complet, et tous trois présentent dans leur ensemble des différences assez nombreuses. Or une des erreurs où sont tombés le plus fréquemment les adversaires des Basques, c'est la confusion qu'ils font de choses parfaitement distinctes, donnant par exemple aux fueros municipaux le caractère général, et réciproquement, ou, mieux encore, brouillant ensemble les fueros respectifs des trois provinces : s'il y eut des suzerains et des vassaux en Alava, on transporte en Bizcaye et en Guipuzcoa les mêmes divisions sociales; si l'on trouve des traces d'*alcabala* en Alava et en Guipuzcoa, on prétend que la Bizcaye paya aussi cet impôt. Ce sont là de pauvres chicanes. Assurément d'entre les fueros beaucoup sont tombés en désuétude, un plus grand nombre, avec ou sans l'assentiment des intéressés, ont été réformés ou même complètement supprimés : ainsi les lois relatives à la justice et à l'administration municipale, la liberté de commerce, le *pase foral*.

Mais précisément, moins il leur en reste, plus les Basques s'attachent à les défendre, et ce n'est point, quoi qu'on dise, un vil intérêt qui les guide. Combien de fois ne se sont-ils pas dévoués déjà pour la défense de l'Espagne et de la monarchie ? Un décret royal, expédié le 18 avril 1595, dispense le señorio du payement des frais de résidence au corrégidor et à ses lieutenants « en considération que la Bizcaye avait versé tant de sang sur terre et sur mer au service de sa majesté, que la majeure partie de ses habitants mâles étaient morts et qu'il y avait dans le señorio plus de dix mille veuves. » En 1642, sous Philippe IV, aux demandes qui lui étaient faites, la province d'Alava répondit que « dans les six dernières années elle avait donné quatre mille hommes et fait des frais immenses ; certains villages n'avaient plus que deux habitants en âge de porter les armes. » Quant au Guipuzcoa, selon qu'il appert des actes de la province relatifs à la première moitié du xviiie siècle, sur un espace de près de cinquante ans, elle n'a pas manqué, fût-ce une année, de fournir des hommes tant sur mer que sur terre, et dans des proportions vraiment fabuleuses par rapport à sa population. Il serait difficile après cela de taxer les Basques d'égoïsme ou de lâcheté, et de fait, lorsqu'ils refusent de se soumettre à la loi commune, ils ne songent point à ménager leur sang ou leur argent : *no por el huevo, sino por el fuero,* dit un vieil adage du pays ; il ne s'agit pas tant de l'œuf que du fuero, ni de la chose que du principe ; ce qu'ils veulent, c'est rester maîtres d'eux-mêmes, c'est conserver la libre disposition de leurs actions, de leurs fortunes et de leur vie, c'est enfin sauvegarder cette indépendance dont les autres ont pu faire bon marché, mais qu'ils jugent eux-mêmes plus nécessaires à leur existence que l'air qu'ils respirent ou que le sol qui les nourrit.

Le réquisitoire de don Manuel Sanchez Silva n'avait pas été sans soulever dans une partie de l'auditoire de nombreuses interruptions ; quand il eut fini, deux des représentants les plus instruits et les plus respectés du pays basque, don Pedro de Egaña et don Joaquin Aldamar, se levèrent successivement et reprirent un à un pour les réfuter les arguments de leur collègue. La discussion fut close par le président du conseil des ministres, M. Mon, qui déclara que le gouvernement avait vu sans plaisir prévenir son initiative et que, cette fois encore, il jugeait bon de renvoyer à des temps meilleurs le vote d'une loi de modification des fueros. Quatre ans après éclatait la révolution de Cadiz qui eut pour conséquence, au sud l'insurrection cantonaliste de Carthagène, au nord l'insurrection carliste ; mais tandis que la première était bientôt réprimée, la seconde prenait peu à peu toute l'importance

d'une véritable guerre civile. Dès lors, dans le
public comme dans la presse, les fueros furent
remis en question; à toutes les accusations dont
on les chargeait naguère s'ajoutaient de nouveaux
et de plus sérieux griefs : « Ce sont eux, disait-
on, qui sont la cause de la guerre en entretenant
dans les provinces une force matérielle et morale
dont elles abusent, un esprit d'indépendance et
de particularisme qui tourne en haine ouverte
au moindre prétexte. Tant qu'on n'aura point
supprimé les fueros, il n'y aura pas en Espagne
de paix durable. Or l'occasion ne saurait être
plus propice. En dépit de l'extrême condescen-
dance dont on faisait preuve à leur égard, les
Basques ont pris de nouveau les armes contre
la mère-patrie; pour les réduire, celle-ci s'est
résignée aux plus cruels sacrifices; un jour ou
l'autre ils seront vaincus. Ne saura-t-on pas
alors profiter de la victoire? Verra-t-on se renouveler les scandales de Vergara? Verra-t-on libres
de tout impôt, exemptés de la conscription, ceux
mêmes par qui les charges de l'Etat se sont
effroyablement accrues et qui, sans remords, ont
versé à flots le sang espagnol sur tant de champs
de bataille? Et qu'on n'allègue plus les conventions passées ni le contrat bilatéral qu'ils ont
été les premiers à rompre; ingrats et rebelles,
ils doivent être traités comme tels, et puisque ce
sont les fueros qui leur tiennent le plus au cœur,

c'est dans les fueros, en plein cœur, qu'il faut les frapper. La justice et la sécurité de l'Espagne l'exigent également. »

Ainsi s'exprimaient les adversaires des provinces ; mais où voit-on que les fueros aient été la cause de la guerre? Les Catalans, depuis près de deux siècles, ont perdu les leurs ; est-ce que les Catalans ont cessé pour cela de se révolter? La Navarre, depuis l'accord de 1841, paie à l'Espagne l'impôt du sang et de l'argent; est-ce que toute insurrection est devenue impossible en Navarre? A partir du convenio, l'attitude des provinces basques avait toujours été franche et loyale malgré les soulèvements qui éclataient à chaque instant à Barcelone, à Valence, à Malaga, à Madrid, et, cette fois encore, elles n'ont pris les armes qu'après que tout le pays était en feu autour d'elles. Dans le seul royaume de Valence, les bandes armées ont compté jusqu'à vingt mille hommes, et en Catalogne dix mille au moins, avec cette circonstance que là tous les carlistes étaient volontaires, tandis que dans les provinces un bon nombre avait été levé par la force. En même temps la Castille envoyait à don Carlos une division entière et l'Aragon plusieurs bataillons. Qui ne sait d'ailleurs que chaque ville de quelque importance, Madrid en tête, avait son comité carliste, que cinquante-quatre députés carlistes siégèrent aux cortès de 1871 et que plus de soixante feuilles de cette opinion se publiaient dans la péninsule? Non, la cause du soulèvement carliste n'est pas et n'a jamais été une simple question forale, limitée au territoire basque; la véritable cause était bien autrement grave, religieuse autant que politique, commune à toute l'Espagne et l'on peut dire à toute l'Europe : c'était l'antagonisme toujours subsistant entre le passé et le présent, entre les traditions de l'ancien régime et les principes de la Révolution; tous les soutiens du parti absolutiste et ultramontain ne s'y sont point trompés. Quant à la part que peut avoir eue dans la dernière guerre le mot de fueros, elle retombe tout entière sur ceux qui ont trouvé bon de les prendre pour prétexte et de les faire servir à leurs fins personnelles. D'un autre côté, dans les trois provinces, le parti libéral n'est ni moins vaillant ni guère moins nombreux que le parti carliste; que les campagnes, de gré ou de force, aient suivi la cause de don Carlos, la plupart des villes, même de troisième ordre, lui ont courageusement résisté. Or que serait-il arrivé si la même bannière qui flottait à Estella, à Durango, à Tolosa, eût été arborée à Bilbao et à Vitoria, à Pampelune et à Saint-Sébastien, si tout le pays depuis la ligne de l'Èbre eût été fermé aux troupes du gouvernement, si elles n'avaient eu aucun point où se ravitailler et reformer leurs colonnes ? Et cepen-

dant, sans rien entendre, parce que le mouvement n'a pas été particulier au pays basque ;
parce que les provinces voisines, Santander, Saragosse, aujourd'hui les plus acharnées contre
les fueros, n'ont pas été les moins promptes à se
déclarer pour le prétendant ; parce que le gouvernement central, dans son incurie, a négligé de
prendre les mesures qui eussent pu étouffer en
germe l'insurrection ; parce que le pays basque
a le plus pâti de cette guerre à laquelle des in-
trigants ou des ambitieux l'ont forcé de servir
de théâtre ; parce que les libéraux basques ont
en grande partie décidé le triomphe des armées
de Madrid, ce sont les seules provinces basques
que l'on punira, et seules on les rendra responsables d'une faute commune à toutes ? En quoi
cela est-il juste ? En quoi même l'abolition des
fueros assure-t-elle la sécurité de l'Espagne, s'ils
ne sont qu'un des éléments secondaires de la rébellion, si la guerre réellement a été question de
principes beaucoup plus que d'intérêts locaux ?

CHAPITRE XVI

Loi de 1876. — Opposition de la junte de Bizcaye. — Décret du 5 mai. — Exaspération des esprits. — La différence des races. — Intérêt commun de l'Espagne et des provinces, à une prompte conciliation.

Tel était l'état de la question lorsqu'au mois de février 1876 la guerre prit fin, et des discussions stériles on dut passer aux actes. Le président du ministère, M. Canovas, n'avait jamais fait mystère de son opinion, et s'il rendait pleinement justice au caractère et à l'honnêteté du peuple basque, il jugeait les fueros désormais incompatibles avec la dignité et l'intérêt de l'état. « On ne peut nier, avait-il dit, que l'homme ne soit obligé de rendre ou de payer tous les services qu'il reçoit d'autrui, et il est notoire que les Basques ne rendent ni ne paient beaucoup de ceux qu'ils reçoivent des autres Espagnols. Cette loi naturelle, et par conséquent imprescriptible, suffirait à annuler les titres historiques, même en les tenant tous pour authentiques et incontestables… Des systèmes d'obligations unilatérales dès l'origine, et perpétuellement profitables à une seule des deux parties, sans doute les siècles en ont connu, mais sous les noms odieux de servitude et d'esclavage, et de nos jours des obligations semblables ne sont consenties ni par le droit civil, ni par le droit public. » C'est dans ces idées que fut rédigé le projet de loi sur les fueros qui, présenté successivement aux deux chambres et légèrement modifié par la commission du sénat, fut définitivement voté le 21 juin 1876. Il y était dit qu'en vertu des devoirs que la constitution a toujours imposés à tous les Espagnols, les trois provinces sont tenues de présenter dans les cas de remplacements ordinaires et extraordinaires de l'armée le nombre d'hommes qui leur revient, comme aussi de payer dans la proportion correspondante les contributions et impôts ordinaires et extraordinaires compris dans les budgets généraux de l'état. Du reste, le gouvernement était autorisé à laisser à l'arbitrage des députations forales les moyens de fournir chacune leur contingent ; à admettre dans la perception des impôts toutes les modifications de forme réclamées par les conditions locales ou conseillées par l'expérience ; à comprendre dans le cas d'exemption ceux ou les fils de ceux qui, durant la dernière guerre, ont soutenu les armes à la main les droits du roi légitime et de la nation, sans que les exemptions puissent diminuer l'effectif à fournir par chaque province ; à octroyer des dispenses de paiement des nouveaux impôts, pour les termes jugés convenables, à condition qu'aucun ne dépasse dix ans, aux populations et aux particuliers qui se sont rendus dignes d'une telle faveur par leurs sacrifices pour la cause légitime. M. Sanchez Silva demandait que les députations forales fussent remplacées par des corps élus désormais selon les règles générales du royaume ; cette proposition n'eut pas de suite.

La loi était votée, restait à l'appliquer. La fin de l'année se passa sans incident ; mais dès le mois de janvier 1877, quand il s'agit de dresser la liste de conscription, les difficultés commencèrent ; les deux députations d'Alava et de Guipuzcoa se montrèrent, il est vrai, assez conciliantes ; mais celle de Bizcaye ne voulut rien entendre. A l'exemple des députés, toutes les autorités forales refusèrent de prêter leur concours à l'application de la loi ; force fut donc au gouvernement de nommer d'office un jury chargé de dresser les listes qui devaient servir pour le tirage au sort ; puis la situation devenant de plus en plus tendue, les deux députés, MM. Sagarminaga et Calle, donnaient leur démission ; les deux députés en second prenaient leur place et recevaient du général Quesada, commandant en chef l'armée d'occupation, ordre de convoquer

sans retard une junte extraordinaire. Cette junte
devait nommer, outre une députation nouvelle,
la commission chargée de s'entendre avec le
gouvernement au sujet de la loi. Or, l'assemblée
à peine convoquée à Bilbao, il fut évident que le
parti de l'opposition y dominait et qu'elle se préparait à donner sur les deux points des votes contraires aux vœux du gouvernement. Le général
Quesada prit le parti de la dissoudre, et, quelques
jours après, paraissait dans la *Gazette officielle* un
décret daté du 5 mai, assimilant absolument la
Bizcaye aux autres provinces du royaume : le
gouvernement supprime les autorités forales et
implante dans le señorio le système général tri-
butaire sans aucune distinction de forme ou de
conditions. Aux termes du décret, une députation *provinciale* fut constituée d'office par le général Quesada, et dut aussitôt entrer en fonctions ;
les députés choisis, MM. Gortazar et Vildosola,
étaient, comme tout véritable Euskarien, profondément attachés à leurs institutions nationales ;
mais ils comprirent qu'il fallait céder, sauf à
tirer des circonstances tout le parti possible. Et
en effet, leur présence n'aura pas été inutile
puisqu'à part ce changement nominal de députation *forale* en *provinciale,* le décret du 5 mai n'a pas
reçu jusqu'ici d'autre application. Pendant ce
temps, les opérations du tirage au sort se pou-
suivaient régulièrement : l'Alava devait four-

nir 470 hommes, le Guipuzcoa 640 ; pays pauvre et de peu de ressources, l'Alava a donné les siens, à l'exception des jeunes gens qui tenaient de leur famille les moyens de s'exonérer ; le Guipuzcoa en a racheté les deux tiers et présentera pour le reste des remplaçants. Quant à la Bizcaye, par suite du mauvais vouloir des *ayuntamientos,* les listes des jeunes gens soumis à la loi n'avaient point été convenablement dressées, et on lui demandait d'abord près d'un millier d'hommes ; sur ses réclamations, ce chiffre a été réduit à 694. Elle a voulu, elle aussi, en donnant de l'argent ou des substituts, éluder dans une certaine mesure l'application de la loi ; à cet effet, la députation a pris l'initiative d'une souscription destinée à couvrir les frais du rachat, soit 4 millions de réaux environ, dont elle-même a fourni le tiers sur ses revenus ; le reste, en dépit de l'épuisement de la province, a été souscrit tant par les particuliers que par les municipes. Toutefois, on en conviendra, cet effort vraiment prodigieux ne pourrait se renouveler souvent sans grave préjudice pour la fortune du pays, surtout quand les provinces auront par surcroît à payer l'impôt. Ç'a été une satisfaction donnée à l'opinion publique, fort excusable assurément ; mais, dès l'année prochaine, la Bizcaye et le Guipuzcoa se verront obligés de fournir, comme l'Alava, leur contingent effectif.

Quelle qu'ait été, en cette occurrence, l'attitude différente des trois provinces, ce serait bien mal connaître les Basques que de penser que les mesures gouvernementales n'aient pas fait naître dans tous les cœurs de sourdes colères qui n'attendent peut-être qu'une occasion d'éclater. Peu de temps avant le vote de la loi du 21 juin, en réponse à ce que j'avais écrit [1] sur l'abolition prévue des fueros, Antonio de Trueba, dans ses *Contes du foyer*, me disait : « Pour moi, je vous l'assure, loin de me résigner au grand malheur et à la grande iniquité que vous m'annoncez comme la chose la plus naturelle du monde, ma dernière larme serait pour la pleurer et ma dernière parole pour la condamner. Abolir les fueros ! Autant vaudrait arborer une perpétuelle bannière de rébellion sous laquelle se rangeraient bientôt tous les opposants, semant des promesses et des espérances qui donneraient un fruit amer pour la patrie... Quand le pays de Galles perdait ses libertés, on fit tuer les bardes pour qu'il ne pussent plus ni les chanter ni les pleurer ; de nos jours, on ne pourrait plus tuer les bardes et encore moins dans un pays où chaque lieu donnerait asile à l'un d'eux. Vous qui me croyez capable de chanter au son des chaînes, vous pouvez

---

1. *Revue des Deux Mondes* du 15 janvier 1876, *un Conteur espagnol : Antonio de Trueba.*

être sûr que mon cœur serait assez grand pour contenir le plus indigné de tous. » Et plus récemment une autre personne fort instruite et fort connue m'écrivait : « Non, vous dis-je, notre cher et malheureux pays ne perdra pas ses droits pour tant que ses ennemis y fassent effort. Les peuples, qui ont gardé leurs libertés comme celui-ci pendant vingt-cinq siècles, ne succombent pas à un trait de plume ministérielle ni à l'opinion de 150 individus réunis en parlement; ils pourront se taire devant la force, mais, comme l'a dit Rojas : « L'homme au cœur altier et généreux — pliera le front devant l'adversité, — plutôt que le genou devant le puissant. » Si tel est l'état des esprits parmi les personnes les plus modérées du pays, quelles ne doivent pas être la colère et l'exaspération dans les rangs du peuple où la réflexion ne vient point calmer les violences du sentiment? On ne s'étonnera donc pas que plusieurs entre les plus ardents cherchent déjà dans une nouvelle guerre civile qui rapprocherait tous les Basques, absolutistes ou libéraux, le remède à une situation qu'ils jugent pour eux intolérable. Là encore je citerai les propres paroles d'un témoin : « Hélas! l'avenir s'annonce sous de sombres couleurs. Carliste, républicain, cantonaliste même, tous les partis semblent désormais sympathiques aux Basques pour regagner ce qu'ils ont perdu; peut-être suivraient-ils

de meilleur cœur encore le drapeau séparatiste.
C'est une guerre de races qu'il y aura bientôt ici,
si le gouvernement n'y prend garde. » Voilà certes de graves paroles et l'on peut se demander
dans quelle mesure il est convenable de les di-
vulguer ; mais quoi, le danger n'en existe pas
moins parce qu'on refuse de le voir, et mieux
vaut encore s'en rendre compte et s'efforcer de le
prévenir ou de le détourner. Du moment qu'on
touche à leurs libertés, les Basques se regar-
dent comme dégagés de toute fidélité envers le
gouvernement de Madrid, et ce n'est pas la première fois, sans oublier leur fameuse adresse à
Philippe III, qu'ils songeraient, pour se défendre
ou se venger, à rompre les liens qui les unissent à
la couronne. Pendant la guerre contre la république française, quelques Guipuzcoans, désireux
de jouir d'une indépendance absolue et persuadés
que leur province, toute petite qu'elle est, pourrait former une république libre et souveraine
avec l'appui de la France, avaient résolu de ne
point s'opposer à l'invasion ; ils ouvrirent aux
Français, déjà maîtres de Fontarabie, les portes
de Saint-Sébastien, et, pour achever leur dessein, ils allaient, conformément au fuero, se réunir à Guetaria, quand le représentant de la Con-
vention, Pinet, que ces menées inquiétaient, donna
ordre d'arrêter les chefs du mouvement et même
de les juger comme rebelles. Quelque temps

après, la paix fut conclue par le traité de Basilea, et l'Espagne, pour recouvrer les places que les Français occupaient dans le pays vasco-navar-rais, dut céder la patrie espagnole de l'île de Saint-Domingue. Pourtant les officiers républi-cains semblent avoir caressé un moment l'idée de détacher ces provinces du domaine espagnol; l'adjudant-général Lamarque écrivait à Moncey, le 17 thermidor an III : « La députation d'Alava montre toujours la meilleure volonté ; je vous dirai, entre nous, que les gens de ce pays me sem-blent redouter la paix plus qu'ils ne la désirent ; ils craignent qu'oubliés entièrement dans le traité, ils ne soient sacrifiés à l'Espagne qui peut-être les dépouillera de leurs privilèges. Ils méritent un meilleur sort et soyez convaincu que si vous l'ordonniez, tous courraient aux armes. Les ota-ges de Bizcaye se sont expliqués confidentielle-ment dans les même termes. » Et Moncey lui-même, dans une dépêche au ministre de la guerre, reconnaissait que « les populations de Bizcaye et d'Alava avaient reçu ses soldats comme des frè-res et amis et qu'elles prêtaient leurs services avec franchise et loyauté. » Pendant ce temps, il est vrai, les contingents basques faisant partie de l'armée espagnole défendaient le terrain pied à pied devant l'ennemi ; mais dans ces provinces, comme dans le reste de l'Espagne, les gens des classes éclairées avaient accueilli favorablement au début l'apparition des idées françaises ; les autres songeaient avant tout à leurs fueros qu'ils voyaient menacés par les politiques de Madrid, sans s'apercevoir que les projets de réforme venaient précisément d'outre-monts. A peine détrompés, les uns et les autres n'allaient pas tarder à se tourner résolûment contre la France. Néanmoins, en 1864, M. Sanchez Silva reprochait encore aux Basques leurs sympathies étrangères et don Pedro de Egaña dut se lever pour les en défendre. Ces sympathies existaient-elles réellement ou bien n'étaient-elles pas chez plusieurs le fait d'une attitude politique où il entrait, en somme, plus de dépit contre les Espagnols que de véritable affection pour nous? Dans la foule des brochures plus ou moins bizarres publiées à propos de la dernière guerre civile, il en est une intitulée *Vive la Navarre!* et dont l'auteur, qui signe simplement « Un paysan navarrais, » va jusqu'à conseiller à ses compatriotes la séparation d'avec l'Espagne et l'union à la France. Moi-même je ne cacherai pas qu'à plusieurs reprises, tant en Navarre que dans les provinces basques, j'ai entendu ouvertement soutenir par des hommes dont je ne pouvais suspecter ni l'honorabilité ni la bonne foi cette idée d'une annexion à la France qui ne m'a jamais paru une solution et qu'un Français, en tout cas, ne songerait pas à leur proposer.

Nous touchons ici de nouveau à cette question

de race que, je signalais plus haut et qui, seule à
mon sens, permet d'expliquer sûrement l'histoire
et la politique séculaires du peuple basque. S'il
a eu ce courage et ce bonheur insigne de conserver des libertés que d'autres se sont vu ravir, ce
n'est pas seulement, comme on l'a dit, que les
Basques aient toujours pris soin d'envahir à la
cour les places qui donnaient l'oreille du maître
et d'user de cette influence au bénéfice de leur
pays natal, ce n'est pas non plus que les prêtres
aient depuis longtemps choisi ce coin de terre
comme la place d'armes et le port de refuge du
catholicisme attaqué et qu'ils aient employé, pour
le défendre et le servir auprès des gouvernements, toutes les subtilités de leur politique :
la véritable raison doit être cherchée plus haut.
Race mystérieuse, l'Euskarien n'a point de frères
parmi les autres peuples de l'Europe ; aussi distinct de l'Espagnol que du Français, il confine
à l'un et à l'autre sans s'être jamais confondu avec
eux ; il a pu voir peu à peu diminuer son influence
et resserrer son territoire, mais il a toujours
gardé avec sa belle langue harmonieuse [1] et ses

1. On ne peut nier pourtant que la langue basque n'ait
subi, surtout dans ces derniers temps, par suite du progrès
constant des communications, un mouvement de recul assez
prononcé. Comme l'a dit M. E. Reclus : « Chaque grande route
qui pénètre dans le territoire basque, fait en même temps

mœurs patriarcales la pureté de son sang. La diffé
rence d'origine, voilà vraiment ce qui a fait sa force,
son audace. Aujourd'hui encore, si plusieurs
là-bas, contrairement à l'idée que nous nous
faisons nous-mêmes de la patrie moderne, semblent assez volontiers admettre la pensée d'une
séparation, ne nous en étonnons pas trop. Que
d'autres recherchent dans quelle mesure les
Celtes, les Phéniciens, les Romains, les Goths,
les Mores, ont modifié le fond ibérique des habitants de la péninsule jusqu'à former l'Espagnol
actuel ; pour sa part, à tort ou à raison, quoique
né sur le même sol, l'Euskarien ne se croit pas
Espagnol et ne veut pas l'être, et, malgré les
alliances que les circonstances ou l'intérêt
commun ont pu lui faire contracter avec ses
voisins de Castille, il entend bien n'avoir pas
abdiqué sa nationalité. Un jour, en plein sénat,
M. de Egaña laissa échapper le mot qui fut aus-
tôt relevé et qu'il se hâta de retirer ; en réalité,

une trouée dans la langue elle-même. » Serrés de près, au
sud par les Espagnols, au nord par les Français, les Basques
sont forcés d'accommoder leur langage au goût et à l'esprit
des étrangers qui ont affaire avec leur pays. Jusqu'en
1835 on criait en Basque le lait à vendre dans les rues de
Pampelune ; aujourd'hui, on crie *la leche !* C'est au séjour
de don Carlos, le premier Prétendant, et de 30,000 Castillans absolutistes que la Navarre a dû ce résultat.

il n'avait fait qu'exprimer une idée commune à
ses compatriotes. Lors de la discussion sur la loi
du 21 juin, faisant allusion à l'acte de la junte
générale de Guernica par lequel en 1857 le prince
impérial des Français avait été déclaré Bizcayen
d'origine, M. Sanchez Silva reprochait aux
Basques en raillant d'avoir osé, de leur chef,
nationaliser Espagnol le fils de Napoléon III ; en
effet, d'après son raisonnement, tout Bizcayen
étant Espagnol, qu'avaient-ils fait en le reconnaissant Bizcayen que le nommer Espagnol ? Or
M. Sanchez Silva se trompait. La junte de Guernica avait prétendu nommer le prince Bizcayen, et
rien que Bizcayen, et si la distinction n'est pas
bien claire pour un Espagnol, il semble que pour
les Basques elle le soit très-suffisamment.

Je n'ignore pas tout ce qu'on peut dire à l'en-
contre de ces opinions, et moi-même je les explique plus que je ne cherche à les défendre ; encore
estimera-t-on que c'est montrer déjà beaucoup
de complaisance pour ces montagnards remuants
et orgueilleux et se faire mal à propos l'écho de
leurs revendications égoïstes ; mais j'en appelle à
tous ceux qui ont pu les voir de près, les étudier.
Est-il possible, quand on les connait, de se défendre pour leur caractère d'un profond sentiment
d'estime et de respect? D'ailleurs, je le répète,
au double point de vue légal et historique, leur
droit, selon moi, est indiscutable. Aujourd'hui

on se refuse à l'admettre parce qu'ils ne sont ni
plus nombreux ni plus forts; mais qu'ils eussent
seulement la même puissance matérielle que
possède la Belgique, la Suisse ou le Portugal, et
il n'est pas un diplomate qui ne s'empressât de
reconnaître leur existence officielle dans tous les
traités. Est-ce à dire que les fueros doivent et
peuvent durer? Sincèrement, je ne le crois pas. Il
faudrait n'être pas né Français, ne pas savoir
tout ce que la révolution, bien qu'exagérant les
idées centralisatrices, a détruit d'injustes barrières et de préjugés odieux, n'avoir pas senti
grâce à elle se resserrer ces liens qui établis-
sent entre des compatriotes comme une association fraternelle, pour ne point souhaiter que
l'Espagne jouisse, elle aussi, des mêmes bienfaits. Mais je voudrais qu'ici la réforme eût lieu
sans secousse : *summum jus, summa injuria,* l'excès du droit fait l'extrême injustice, dit un axiome
bien connu. Or il n'est pas douteux que certains
priviléges que défendent les Basques ne soient en
désaccord complet avec les conditions d'existence
des sociétés modernes; il n'est pas douteux non
plus qu'ils n'aient retiré et ne retirent encore de
leur alliance avec l'Espagne de très-grands bénéfices. Eh quoi! pour en profiter, n'ont-ils pas eux-
mêmes, en mainte occasion, consenti de bonne
grâce à modifier leurs fueros? Par exemple, ont-
ils protesté contre le décret des cortès de Cadiz

abolissant, chez eux comme en toute l'Espagne, les redevances seigneuriales? De plus, s'ils paient de leurs deniers le clergé paroissial et les chemins communaux, l'entretien des routes générales et le traitement de l'évêque de Vitoria ne restent-ils pas toujours à la charge de l'Etat? C'est l'Etat qui a contribué pour une bonne part à la construction de leurs voies ferrées; l'Etat qui les couvre de son pavillon en tous lieux et qui prend sur lui de venger leurs querelles comme il arriva dans la guerre de 1865 engagée contre le Pérou à propos d'injures faites à des commerçants vascongades; l'Etat qui entretient chez eux et à leur profit les postes, les télégraphes, les phares, la garde civile. Enfin les Basques sont reçus dans toutes les écoles et toutes les administrations du gouvernement, ils sont admis à tous les honneurs, à tous les emplois au même titre que les autres Espagnols; si donc ils vivent avec l'Espagne dans des rapports aussi étroits, si même ils y trouvent leur avantage, pourquoi refuseraient-ils de faire, à leur tour, quelques concessions? On ne veut point leur imposer de joug odieux ni d'obligations serviles, tout ce qu'on leur demande c'est de se plier à la loi commune, c'est de partager les mêmes charges qui sont celles de leurs nationaux.

A la vérité, je reviens ici sur une question déjà vidée; depuis la loi du 21 juin les fueros n'existent plus et toutes les provinces de la monarchie espagnole sont uniformément soumises au même régime ; et pourtant, le dirai-je? rien n'est vraiment fait encore tant que les Basques n'auront pas eux-mêmes souscrit aux mesures qu'on leur impose, tant qu'il existera entre les populations des deux rives de l'Èbre des ferments de haine et de discorde. Quel intérêt peut avoir l'Espagne à une solution à l'amiable, tout le monde le comprend ; la situation du pays basque, sa topographie particulière, l'énergie indomptable de ses habitants, qui faisait dire au Grand-Capitaine, Gonzalve de Cordoue : « J'aimerais mieux être dompteur de lions qu'avoir charge de Bizcayens ; » leur unanimité pour tout ce qui touche aux fueros, jusqu'aux habitudes de révolte que deux guerres civiles si longues et si rapprochées ont contribué à répandre chez eux, tout commande à leur égard une politique de prudence et de tempérament. Certes, on peut compter sur la sagesse de M. Canovas ; il a médité l'apologue du *Père et ses enfants;* il ne cherche pas à rompre le faisceau d'un seul coup, mais brise les difficultés une à une; au lieu d'imposer la loi sur-le-champ dans toute sa rigueur, il en a d'abord appliqué l'article principal relatif à la conscription et au service militaire; aujourd'hui il lève la contribution du sel, demain il lèvera celle des tabacs, plus tard il exigera les impôts en tout comme en Espagne ; le système est habile et a quelques chances de réussir ; peut-être faudrait-il plus encore. Quand la révolution française entreprit de vaincre les résistances particularistes de la Bretagne et de la Vendée et de leur imposer les mêmes lois qu'elle avait décrétées pour tout le pays, au moins leur apportait-elle un progrès : c'était le code régularisé, simplifié, une administration plus active, une justice plus prompte et plus sûre, des charges peut-être aussi lourdes mais mieux équilibrées, une perception moins coûteuse, l'égalité pour tous remplaçant les priviléges et les abus d'autrefois. Est-ce bien le pas ici ? Personne n'ignore l'état de pénurie et de désordre auquel les fautes du passé et les imprudences du présent, le despotisme des rois, l'incurie des ministres, l'indolence du peuple, les exagérations des partis, l'obscurantisme du clergé, les *pronunciamientos* des généraux, ont réduit cette malheureuse Espagne et qui s'est étendu à tous les membres du corps national. Qui donc, de gaîté de cœur, voudrait accepter les conséquences d'une situation qu'il n'a point faite et, renonçant aux avantages que lui a procurés à lui-même son travail, sa bonne conduite, son économie, partager la misère et la vie d'expédients d'un voisin paresseux, prodigue et fou ? Déjà en 1839 le comte de Ezpeleta s'écriait avec grande raison : « Comment allons-nous abandonner un système d'administration où le recouvrement des rentes publiques ne coûte que 2 pour 100, pour en adopter un autre où il monte à 50 ? » Depuis lors, les choses n'ont guère changé, et il ne s'agit pas seulement de la perception des impôts ; combien d'abus en tout genre qui attendent encore d'être réformés et dont les Basques étaient jusqu'ici à couvert ! Que l'Espagne moralise son administration, qu'elle renvoie aux champs ou aux métiers cette horde de *cesantes* faméliques, artisans de révolutions, toujours prêts à renverser le ministère actuel pour revenir au pouvoir avec leur parti, qu'elle corrige son cadastre, qu'elle éclaire son budget, qu'elle organise sa police sur un meilleur pied, qu'elle fasse servir les fonds de l'Etat à des dépenses reproductives, qu'elle veille avec plus de soin qu'elle ne l'a fait encore à tous les services publics, aux progrès de l'agriculture, de l'industrie, du commerce, de l'instruction ; qu'elle cherche à devenir enfin une nation heureuse et prospère, et les provinces alors ne refuseront pas de partager la loi commune. Mais ce qui plus que tout le reste hâtera cet accord, c'est la conduite digne et sage des autorités chargées de représenter dans le pays basque le gouvernement central ; par leur réserve en effet, par leur esprit de douceur et de conciliation, elles pourront calmer bien des rancunes, dissiper bien des défiances, apaiser bien des craintes. On n'a pas oublié les recommandations que Pline le Jeune adressait à son ami Maximus, nommé gouverneur de l'Achaïe : « Songez, disait l'honnête et délicat écrivain, songez que vous êtes envoyé dans la province d'Achaïe, cette véritable et pure Grèce où la civilisation, les lettres, l'agriculture même ont, dit-on, pris naissance ; songez que vous allez gouverner des cités libres, c'est-à-dire des hommes vraiment dignes de ce nom, des hommes libres par excellence qui, grâce à leurs vertus et à leurs mérites, par les alliances et les traités, ont su conserver le plus beau des droits que nous tenions de la nature. Respectez leur ancienne gloire et cette vieillesse même qui, vénérable chez les hommes, est sacrée dans les villes ; honorez leur histoire, leurs grandes actions, leurs fables mêmes. Ne blessez personne dans sa dignité ni dans sa liberté, que dis-je ? dans sa vanité. Souvenez-vous que c'est Athènes que vous allez voir, Lacédémone que vous devez gouverner ; leur enlever l'ombre et le nom de liberté qui leur restent serait de la dureté, de la cruauté, de la barbarie. » Est-ce vraiment des Grecs et des Romains qu'il s'agit, et ces conseils, où le bon sens s'exprime avec tant d'éloquence et d'autorité, ne s'appliquent-ils pas à merveille aux hommes et aux événements d'aujourd'hui ?

Mais si l'Espagne a tout avantage à une récon-

ciliation complète et sincère, soutenir que les
Basques n'y ont pas moins d'intérêt pourra paraître un paradoxe à leurs yeux : rien n'est plus
vrai cependant. Supposons qu'à la première occasion, profitant des embarras de la mère patrie,
ils veuillent rompre violemment les liens qui les
unissent depuis tant de siècles à la couronne
d'Espagne. Une tentative de ce genre ne rencon-
trera guère de sympathie en Europe ; l'attention
ni le bon vouloir des gouvernements ne s'adres-
sent plus aujourd'hui aux petites nationalités,
loin de là, et il est peu probable que les Basques, quelle que fût du reste la couleur de leur
drapeau, fussent plus heureux que don Carlos
lui-même pour obtenir des chancelleries étrangères le titre de belligérants. La France même, dont
plusieurs déjà escomptent l'appui, la France a
appris à restreindre son ambition à la mesure de
ses forces et de ses droits, elle se gardera bien
de s'immiscer dans les affaires intérieures de
l'Espagne. Or que peut faire un petit pays
de 800,000 habitants à peine contre les quarante-
cinq autres provinces de la monarchie qui n'en
comptent pas moins de 15 millions? Fatalement,
par la force du nombre, cette raison décisive des
guerres modernes, celles-ci tôt ou tard ne peuvent manquer de l'emporter. Admettons pourtant
cette fois encore que l'Espagne, de gré ou de
force, mais toujours par impossible, les autorise

à se séparer d'elle : quel usage feront les Basques de leur indépendance ? Le nombre et la commodité de leurs ports, l'inépuisable richesse minière de leur sol, tant de conditions favorables au commerce et à l'industrie, n'ont pas échappé à l'esprit pratique et calculateur de l'Angleterre. Déjà, car la loi n'interdit pas aux étrangers d'acheter chez eux du terrain, une bonne partie de leurs mines en exploitation est entre les mains des insulaires et le nombre des fabriques anglaises s'y accroît chaque jour. Qu'ils réfléchissent au sort du Portugal devenu aujourd'hui un simple entrepôt anglais et, par haine de l'influence espagnole, tombé sous le protectorat absorbant de la grande puissance maritime. Se voient-ils, eux aussi, dépossédés de leurs domaines, réduits peu à peu au rôle de manœuvres et d'ouvriers, chercher et travailler, au compte des industriels de Londres et de Liverpool, ce fer dont ils étaient seuls jadis les maîtres libres et fiers? Combien il vaut mieux, et dût-il d'abord leur en coûter quelque chose, consolider avec l'Espagne une union fondée non-seulement sur l'histoire, mais sur mille rapports de voisinage et d'habitude. Après tout, bon gré, mal gré, ils font partie de la péninsule et les Espagnols sont encore leurs protecteurs et leurs alliés les plus naturels. D'ailleurs ces sacrifices dont on parle tant ne leur seront pas aussi pesants qu'il peut sembler au

premier abord. A cause du peu d'étendue des
provinces basques et de l'insuffisance du terrain
cultivable, la population n'y peut dépasser certaines limites ; des milliers de jeunes gens, chaque année, s'embarquent par les ports de l'ouest
de la France et vont chercher fortune en Amérique ; quelques-uns, bien longtemps après, retournent au pays avec le fruit de leur travail et
de leurs économies, mais combien aussi succombent dès le début à la misère et aux maladies !
On peut mettre en fait que la conscription et la
vie de caserne ne coûteront jamais aux provinces
ce que leur coûtent l'émigration et la vie des
pampas. Quant aux impôts qu'elles n'étaient point
accoutumées à payer, la stérilité de leur sol, qui
leur fut longtemps un titre valable à cette exemption, n'en est plus un tout à fait ; jusqu'ici la pêche,
l'agriculture faisaient le principal de leurs revenus
et pour une part aussi l'exploitation du fer ; cette
dernière industrie a pris récemment une extension inattendue, elles y trouveront le moyen de
faire face aux exigences du budget plus aisément
encore que les autres provinces, si pauvres, si
arriérées. En somme, parce qu'ils auront perdu
leurs fueros, les Basques n'en seront pas moins
un des peuples les plus fortunés de la terre ;
leur prospérité ne tient pas tant à des priviléges
qu'à la constitution patriarcale de la famille, à
l'organisation rurale du pays, à l'honnêteté et à

l'amour du travail qui distinguent tous les habitants, et ces avantages, personne ne les leur peut enlever. Au lieu de persévérer dans une attitude d'opposition dont on ne prévoit pas bien le résultat, qu'ils acceptent franchement une transaction devenue inévitable et reconnaissent la loi, qu'ils renoncent officiellement, par la voix de leurs députations, comme la Navarre le fit autrefois, à ceux de leurs droits qui blessent les intérêts et les sentiments les plus chers de leurs compatriotes. Au lieu de rester à l'écart, toujours sur la défensive, qu'ils veuillent bien se mêler à la vie et aux travaux de la nation, que dis-je? se mettre à sa tête. De tout temps les Basques qui ont cherché en Espagne fortune ou position y ont merveilleusement réussi, et l'on a remarqué déjà que les plus hautes charges administratives avaient été longtemps comme leur apanage exclusif. Il en est de même dans toutes les branches ; aujourd'hui les plus grands noms du commerce de la capitale sont originaires de *l'Irurac-bat* et, pour ne plus citer qu'un exemple, dernièrement, sur sept professeurs composant la faculté des sciences de Madrid, cinq étaient Basques de naissance. Nul ne pourra autant qu'eux aider à la régénération de l'Espagne, car les qualités qu'ils possèdent, qualités d'ordre, d'économie, de travail, sont précisément celles qui lui manquent et dont elle a le plus besoin ;

     BASQUES ET NAVARRAIS

ils sauront les lui donner, les lui inculquer, si l'on peut dire. Là est pour eux le but et l'avenir. Tout ce qui se transforme ne périt pas : disparus comme état particulier, ils revivront plus glorieux, plus puissants que jamais dans un grand peuple qui leur devra une partie de sa grandeur, et, en se prêtant à cette fusion, ils auront servi non-seulement leurs propres intérêts et ceux de la mère patrie, mais aussi la cause de l'humanité qui, si la guerre ne doit pas disparaître d'entre les peuples, demande au moins que la concorde règne entre ceux qui sont nés sous le même ciel et qu'une même terre a nourris!

FIN

TABLE DES MATIÈRES